MW00773263

El Oráculo Tolteca

Otros libros de Víctor Sánchez

Las Enseñanzas de Don Carlos
Aplicaciones prácticas de las obras de Carlos Castaneda

Toltecas del Nuevo Milenio

El Camino Tolteca de la Recapitulación
Sana tu pasado para liberar tu alma

Los Colores de tu Alma
Guía para comprenderte a ti mismo y a los demás

Próximamente:
Conversaciones con el Fuego
El camino al espíritu a través de la naturaleza

Guías digitales
para Recapitulación, Manejo de Energía y más:

https://store.toltecas.com/

El Oráculo Tolteca

La sabiduría tolteca
a través de sus símbolos

VÍCTOR SÁNCHEZ

WISE DEER
PRESS
Santa Fe, New Mexico

Wise Deer Press
Santa Fe, NM
www.wisedeerpress.com

Primera edición: 2004
Segunda edición: 2022

ISBN: 978-1-955453-00-4

Título original: *The Toltec Oracle*
Traducción: Víctor Sánchez

U.S. Library of Congress Cataloging-in-Publication Data
Sánchez, Víctor
The Toltec Oracle / Victor Sanchez.
LCCN 2004005852

Diseño de la portada: Arnulfo Fuentes.
Cuidado editorial: Juan Manuel Alemán S.
Diseño editorial: Tere Aguilera.

*Dedico este trabajo a los exploradores del alma
del pasado, el presente y el futuro.*

ÍNDICE

Agradecimientos IX

Nota del autor X

Sobre la ortografía utilizada para los términos en náhuatl XI

Prefacio XIII

Cambios a la segunda edición XV

I Entrando al mundo tolteca *1*

1 Propósito del Oráculo Tolteca 3

2 Breve mirada a la cultura tolteca 9

3 Procedimientos de consulta del oráculo tolteca 26

II Las cartas del Tonalpohualli *47*

1 Sipaktli - Dragón 49

2 Ehekatl - Viento/Espíritu 58

3 Kalli - Casa 66

4 Kuetspallin - Lagartija 74

5 Koatl - Serpiente 84

6 Mikistli - Muerte 94

7 Masatl - Venado 102

8 Tochtli - Conejo 113

9 Atl - Agua 122

10 Itskuintli - Perro 132

11 Osomatl - Mono 141

12 Malinalli - Hierba 150

13 Akatl - Caña 159

14 Oselotl - Jaguar 166

15 Kuautli - Águila 174

16 Koskakuautli - Zopilote 183

17 Ollin - Movimiento 192

18 Tekpatl - Pedernal 200

19 Kiawitl - Lluvia 208

20 Shochitl - Flor 217

III Las cartas de los Regidores 227

Senteotl - El Uno (La Unidad Sagrada) 229

Tonatiuh - El Padre Sol 232

Ometeotl - La Dualidad Trinitaria 235

Koyolshauki - La Luna 239

Ketsalkoatl - La Serpiente Emplumada 242

Koatlikue - La Madre Tierra 246

Tlawiskalpantekutli - Señor de la Luz 250

Weweteotl - El Abuelo Fuego 253

Sholotl - El Inframundo (La Crisis) 257

Miktlantekutli – Señor de la Muerte 260

Tlalok - La Fuente de la Vida 263

Witsilopochtli - El Colibrí Zurdo 266

Teskatlipoka - El Espejo Humeante 269

Apéndices 273

Fuentes de *El Oráculo Tolteca* 275

Glosario de palabras especiales 280

Bibliografía 287

Acerca del autor 289

Agradecimientos

Quiero reconocer y agradecer, primero, a mi amigo Frank Díaz, pues nuestras conversaciones acerca de la simbología de los calendarios mesoamericanos contribuyeron a mi esfuerzo por interpretarla con un enfoque centrado en el desarrollo humano, que es el núcleo de este trabajo.

Quiero agradecer a aquellos que me bendijeron dejándome solo en el momento correcto, para profundizar en la interminable toma de conciencia de lo que soy.

Quiero agradecer a mi compañera Tere Aguilera por su ayuda en la realización de la versión en castellano de esta obra.

Quiero agradecer a mi madre, quien me enseñó lo que significa ser un guerrero y el poder sanador del amor incondicional.

Quiero agradecer a los Poderíos de la naturaleza por su guía y su suprema indiferencia, que son el mejor espejo con el que podemos contar para profundizar en el conocimiento de lo que somos y de nuestro potencial.

Quiero agradecer a la vida por el increíble regalo de cada nuevo día.

Nota del autor

A lo largo de este libro hago referencia a distintas experiencias sostenidas en compañía de indígenas de la etnia wixarika, quienes me ayudaron a comprender lo que significa honrar los dos lados de nuestra dualidad.

Si bien, resulta comprensible que algunos lectores se sientan motivados a conocer de cerca a estas personas y los lugares donde viven, he elegido deliberadamente –como en mis libros anteriores– no mencionar la ubicación exacta de sus poblaciones para, en lo posible, evitar contribuir con la irrupción descuidada en sus territorios, que a menudo causa problemas y conflictos al interior de sus comunidades. La invasión de sus tierras y lugares sagrados comenzó con la conquista española, seguida de intentos violentos por convertirlos al catolicismo (sin éxito hasta el momento), y después por ataques de ganaderos cuyo propósito fue robar sus tierras. Incluso los administradores del Gobierno han alterado aún más las formas tradicionales de vida de los wixarika, debido a sus planes de desarrollo, a menudo etnocéntricos.

La invasión final se ha efectuado por buscadores espirituales que viajan a sus tierras y lugares sagrados, en su mayoría con buenas intenciones, pero desconociendo los efectos negativos que su presencia lleva a estas comunidades. La última ironía histórica podría ser que las dos cosas que les quedan a los wixarika y otros pueblos indígenas en situación similar –su tradición espiritual y sus lugares sagrados– estén siendo puestos en peligro por quienes buscan la magia, pero ignoran las circunstancias económicas, políticas y sociales contra las que estos pueblos luchan no sólo para conservar sus tradiciones, sino hasta su derecho a la vida.

Espero que los lectores comprendan la elección que he hecho para proteger a los wixarika, y se unan a mí para crear conciencia en torno de esta problemática. Si sentimos respeto y amor por los pueblos indígenas y su sabiduría, debemos desalentar la entrada casual o descuidada de extraños en sus territorios y lugares sagrados, los cuales luchan tan arduamente por preservar.

Sobre la ortografía utilizada para los términos en náhuatl

Cabe aclarar que no es mi intención cumplir con todos los aspectos técnicos observados por lingüistas o etnógrafos de alguna corriente específica, para el registro escrito de la lengua náhuatl. A partir del hecho de que no existe una convención universal acerca de la forma correcta de escribir las lenguas de culturas ancestrales en un alfabeto que les era ajeno, he preferido no seguir el formato castellanizado de algunas palabras de origen nahuatl de uso común en el español que se habla en México, tal y como se puede observar en vocablos como Xochitl, Mexicas, Temazcal o Xochicalco. En lugar de eso, utilizo Sochitl, Meshicas, Temascal, Sochikalko, etcétera. Mi intención al hacerlo, es mantener cierta distancia de los enfoques de estudio que tienden a explicar el mundo prehispánico de México desde una perspectiva europea. En este aspecto, comparto la preferencia de otros autores modernos por utilizar una ortografía consistente en elegir las letras del alfabeto que representen, de la manera más simple y directa, el sonido del náhuatl hablado.

Prefacio

Cuando personas que me conocen desde hace mucho tiempo supieron que estaba armando un oráculo, algunos se sorprendieron un poco, y con razón. Nunca me había sentido atraído por algo relacionado con la predicción del futuro, por la sencilla razón de mi fascinación por el hecho de que tenemos que movernos, tomar decisiones y actuar en medio del misterio que es la vida. Para mí, ese misterio llena de magia a una vida que, de otra manera, sería aburrida y carente de sentido.

Dada mi preferencia por la acción y la experiencia concreta, en lugar de sólo conversar o imaginar, siempre he sido crítico respecto de los enfoques vagos y poco realistas sobre el tema de la espiritualidad. Por ello, he trabajado toda mi vida para desarrollar un acercamiento aterrizado y práctico que nos conduzca hacia un auténtico crecimiento espiritual y personal.

Desde esta perspectiva, fue inusual para mí realizar un proyecto que pudiera verse, en principio, como una herramienta de adivinación, independientemente de su naturaleza real como un dispositivo orientado principalmente a la adquisición de autoconocimiento. ¿Por qué quise hacerlo?

Mi propósito al participar en este proyecto fue la creación de una herramienta que pusiera al alcance del público algunos de los aspectos más poderosos de la sabiduría tolteca, de una manera accesible y fácil de comprender y aplicar. ¿Qué podría ser más simple que consultar unas cartas con fragmentos de la sabiduría tolteca? Esa fue la sencilla idea que me motivó para la elaboración de este oráculo.

En aquel momento, imaginaba una obra "ligera" y accesible para casi cualquier persona interesada, ya sea en la búsqueda espiritual, crecimiento personal o específicamente en el conocimiento tolteca. Debo admitir que cuando se me ocurrió esta idea, no estaba del todo convencido; me incomodaba un poco abordar un proyecto que pudiera ser relacionado con la adivinación. Pese a ello, estuve dispuesto a salir de mi zona de confort, probar un nuevo enfoque y compartir con mis lectores un conocimiento que valoro profundamente. Por ello, decidí poner en marcha la idea y, en consecuencia, comencé mi investigación sobre el tema.

Las principales fuentes de conocimiento sobre la tradición espiritual de los toltecas son las escrituras antiguas llamadas códices (plural de códice), libros pintados creados por escribanos indígenas especializados, que tenían como propósito registrar su conocimiento sagrado (ver Apéndices al final de este libro).

A medida que profundizaba en la investigación de estos códices y los símbolos contenidos en ellos, comenzó a emerger material mucho más sustancioso y práctico del que me había imaginado inicialmente. Descubrí, por ejemplo, que los antiguos toltecas –por quienes siempre he sentido un profundo respeto– habían creado un auténtico oráculo y la forma en que lo utilizaban tuvo mucho sentido para mí. Esto me hizo cobrar una consciencia inesperada sobre lo que la experiencia oracular puede aportar a las personas, y sobre la forma sumamente refinada y sensata en que los toltecas aportaron su contribución en este campo.

Estos hallazgos alimentaron mi curiosidad y motivación. Poco a poco, a partir de mis "conversaciones" con esos viejos pictogramas, se reveló el verdadero propósito de una versión moderna del oráculo tolteca, que pude abrazar sin reservas. A partir de ese momento, el oráculo me llevó, primero, de la reticencia al entusiasmo y, posteriormente, a la pasión.

Cambios a la segunda edición

Mi intención fundamental al escribir esta obra es poner al alcance del mayor público posible el poder transformador del conocimiento filosófico, psicológico y espiritual de la cultura madre de Mesoamérica, a través de un objeto lúdico que pudiera utilizarse casi como un juego. Por este motivo, en su primera edición, este libro formaba parte de un kit que incluía dos mazos de cartas, un tablero, un libro para interpretar sus significados y un estuche. Esa bella edición fue editada y publicada por *Bear & Company*, una división de *Inner Traditions International*, y estuvo disponible a partir del año 2004, hasta el 2020, cuando se agotó la última impresión a cargo de dicho sello editorial.

Esta circunstancia me hizo reflexionar no solamente sobre la importancia de mantener la obra disponible para los lectores interesados en ella, sino también respecto a la mejor manera de acercarla a un público más amplio.

Por ese motivo, para esta nueva edición decidí condensar los elementos del kit anterior, en un libro de fácil manejo que incluyera todo lo necesario, tanto para ser consultado como un oráculo al que podemos formularle preguntas, como para estudiarse como libro de texto acerca de la sabiduría tolteca.

En esta nueva edición, las imágenes de las cartas y del tablero con los cuadrantes de la vida están incluidas dentro del libro. Por ello, cada vez que en el texto aparece la palabra "carta", nos estaremos refiriendo a la imagen que aparece al inicio del capítulo correspondiente.

En cuanto a la mecánica de consulta, esta nueva versión incluye modalidades acordes con sus características actuales, mismas que será debidamente explicada en el capítulo dedicado a los procedimientos de consulta.

Confío en que mis lectores apreciarán la facilidad de uso y la versatilidad que esta nueva versión les ofrece y hago votos para que su encuentro con la profundidad de la sabiduría tolteca, sea fuente de enriquecimiento y alegría en su camino por la vida.

I
Entrando al mundo tolteca

1
Propósito del Oráculo Tolteca

l propósito de este libro es revelar al mundo moderno los
principios filosóficos centrales y la visión espiritual del antiguo pueblo tolteca, así como mostrar su aplicación práctica
en el contexto contemporáneo para la solución de problemas de la
vida diaria.

El Oráculo Tolteca es una recreación moderna del antiguo
oráculo de los toltecas, conocido como la Cruz de Ketsalkoatl o Yolteotl[1]. Es también una herramienta de autoconocimiento útil para
el crecimiento personal y espiritual, pues te permitirá usar la sabiduría de los antiguos toltecas para manejar tus problemas cotidianos de manera efectiva y alimentar tu camino espiritual.

¿Es el oráculo tolteca una herramienta de adivinación?

Cuando las personas se interesan en cualquier tipo de herramienta
de adivinación, a menudo tienen la fantasía, consciente o inconsciente, de que al conocer el futuro con anticipación, podrán tomar
las decisiones y acciones correctas, evitando así correr el riesgo de
dar un giro equivocado y sufrir las consecuencias de una mala decisión. Yo llamaría a esto un acercamiento superficial a un oráculo, y
no es así como funciona uno auténtico.

La vida es y siempre será un lugar de misterio en medio del cual
nos corresponde tomar decisiones y recibir sus consecuencias, ya
sean buenas o malas. No hay forma de predecir el futuro porque
este siempre se está formando en el eterno presente.

Podemos, eso sí, reconocer tendencias y anticipar posibles resultados; y aún mejor, hacer que ciertos resultados sean más proba-
bles. Pero de ninguna manera podemos controlar el futuro y
desaparecer el misterio.

---

[1]La palabra Yolteotl significa "lo sagrado en el corazón"; proviene de las
raíces yolotl, "corazón" y teotl, "Dios" o "sagrado". Este nombre y su significado nos permiten observar la idea tolteca de la función de un oráculo:
abrir tu corazón para que lo habite lo divino.

En el momento en que debes decidir qué camino tomar en una situación determinada o qué harás con el resto de tu vida, existen dos factores críticos que pueden marcar la diferencia en el resultado: ¿cuánto sabes de ti mismo?, y ¿cuánto sabes sobre los principios dominantes de la vida que afectan cada segundo de cada uno de tus días? Es en estas áreas donde el oráculo tolteca te será de gran ayuda.

En términos generales, la experiencia de usar un oráculo consiste en consultar a una deidad con el propósito de encontrar respuesta a una pregunta o solución a un problema. Pero si nos relacionamos con la deidad no como un dios humanizado, sino como el reflejo de un principio rector de la vida –como hicieron los toltecas–, podemos llegar a una comprensión más sólida de lo que es un oráculo real.

En otras palabras, la función principal de un oráculo no es servir como una herramienta de adivinación, sino como una ventana a los principios rectores de la vida y como un espejo para el alma. Consultar las cartas es sólo un medio para hacer que el aprendizaje de estos principios sea un procedimiento fácil y práctico. Sin embargo, debe quedar claro que este también se puede leer como un libro de consulta, incluso sin utilizar las cartas.

Características del oráculo tolteca

Lo que hace único a este oráculo es el hecho de que se basa en una extensa investigación sobre la sabiduría tolteca, también llamada toltequidad, proveniente de las siguientes fuentes:

- Mi trabajo de más de veinte años con comunidades indígenas herederas y guardianas de las antiguas prácticas espirituales toltecas.
- El estudio, traducción e interpretación de códices por parte de los sabios indígenas versados en el saber tolteca[2].
- La experiencia de aplicar los principios básicos de la toltequidad en los campos de crecimiento personal y espiritual, a través

[2]Esta área de mi investigación se realizó en colaboración con Frank Díaz, experto en lingüística, antropología e interpretación de códices mesoamericanos, y autor de *El Evangelio de los Toltecas* (The Gospel of the Toltec) publicado por Bear & Company.

de mi trabajo como capacitador, facilitador de grupos y consultor alrededor del mundo.

Además, lo que hace especial a este oráculo es su diseño como un camino para el desarrollo humano, en lugar de ser sólo una herramienta de preguntas y respuestas. Debido a esto, el tipo de mensaje que recibirás de este oráculo será más rico y profundo de lo que la mayoría de los oráculos disponibles te pueden ofrecer.

Esto, por supuesto, implica que requerirás invertir más tiempo en su consulta, pero aquí es importante darse cuenta de que consultar un oráculo no debe hacerse con prisa. El alma merece tiempo suficiente para recibir el cuidado apropiado.

Esta versión moderna del oráculo tolteca te ayudará a conocer aspectos de ti mismo que aún no has descubierto, y te mostrará las luces y sombras de tu alma.

En relación con tu lado luminoso, descubrirás el poder, los dones y recursos desconocidos que posees para ayudarte en el viaje mágico que es la vida. En cuanto a tus sombras, será el espejo donde podrás apreciar las partes rechazadas de ti mismo que necesitas reconocer y reintegrar. Esto te permitirá crecer y convertirte en un ser humano más completo, capaz de realizar lo que realmente te importa conquistar en tu vida.

Todas estas características serán reveladas en la dimensión dinámica de la vida real, a la luz de sus principios dominantes, tal y como fueron vistos, desarrollados y registrados por los sabios toltecas. Además, estas revelaciones se presentarán en una perspectiva proactiva; esto significa que *El Oráculo Tolteca* no sólo tocará tu alma para generar reflexiones y poderosas tomas de conciencia, también te impulsará a actuar a través de una serie de actividades y ejercicios sugeridos para cada consulta.

El objetivo de este formato es que aprendas los principios toltecas no sólo en la teoría, sino en su aplicación práctica en tu vida cotidiana, y que influyan en la realización de tus sueños más elevados.

En este punto, considero útil recordar que "tolteca" era el nombre de la corriente cultural y espiritual más importante de la civilización en Mesoamérica, y ha sido sinónimo de sabiduría, desarrollo espiritual y virtud moral desde mucho antes de que los europeos llegaran al continente americano.

Como acostumbro decir a quienes asisten a mis conferencias y talleres: independientemente de nuestra nacionalidad, sexo, religión u origen étnico, hay un tolteca escondido dentro de cada uno de nosotros. Ese tolteca interior representa la invitación a descubrir y honrar nuestra propia alma indígena, la cual necesita reconectarse con el universo, la naturaleza, la magia y el misterio del mundo.

Hace mucho tiempo, los ancianos de Teotihuacán revelaron el camino para dar a luz a nuestro tolteca interno en los libros sagrados del wewetlatolli[3]:

> *"Y así es como te convertirás en un tolteca:*
> *cultivando el hábito y acostumbrándote*
> *a consultarlo todo con tu propio corazón".*

Ese es el espíritu con el que fue escrito *El Oráculo Tolteca*; de mi alma tolteca a tu alma tolteca.

Cómo leer este libro

Hay dos formas principales de leer este libro. La primera es en su sentido de oráculo, lo que nos permitirá hacer preguntas de importancia para nuestras vidas y encontrar respuestas provenientes de la sabiduría tolteca. La segunda, como libro de texto para obtener el conocimiento de los conceptos y la visión del desarrollo humano propia de los sabios indígenas del México antiguo.

Si decides leerlo como una guía para hacer preguntas significativas acerca de asuntos importantes de tu vida, necesitarás prestar especial atención a los siguientes apartados:

- Prefacio, pues brinda una idea general del objetivo del oráculo y cómo fue creado.
- Capítulo 2, ya que proporciona un breve resumen de la historia y cultura toltecas, así como los conceptos esenciales de su espiritualidad, los cuales te ayudarán a comprender mejor el significado de las cartas y el sentido general del oráculo tolteca.

---

[3] *Wewetlatolli* se traduce como "la sabiduría de los ancianos". Fue uno de los códigos de comportamiento más sagrados para los toltecas y clave para la organización de la vida social y personal. Se pueden encontrar referencias al wewetlatolli en Sahagún y otros cronistas del siglo XVI.

- Capítulo 3, donde se explican los componentes del oráculo y sus formas de consulta.

- El capítulo específico que contiene el significado de la carta señalada como respuesta a tu pregunta, a través del procedimiento de consulta.

Si eliges leerlo como un libro de texto, aunque en teoría podrías prescindir del capítulo 3, en el que se explica el uso de las cartas para la consulta oracular, te recomiendo que al menos lo revises, para que comprendas cómo se distribuye la información en los capítulos correspondientes. En este caso, deberás tomar en cuenta que, debido a que su contenido es muy rico, leerlos todos de corrido podría resultar demasiada información, difícil de asimiladr en poco tiempo. Por ello te sugiero hacer una pausa después de leer el significado de cada carta, para que tengas tiempo de digerir el contenido en su totalidad y darte cuenta de sus aplicaciones prácticas antes de comenzar con la siguiente.

Palabras indígenas en *El Oráculo Tolteca*

Dado que los orígenes de este libro provienen de antiguas tradiciones indígenas de México, en él aparecen muchas palabras en náhuatl, que es la lengua original de los toltecas. El náhuatl también era hablado por los aztecas, y hoy en día sigue siendo la lengua indígena más extendida en México.

Para facilitar la comprensión de estas palabras, a menudo encontrarás notas a pie de página que explican sus significados. Sin embargo, dado que pueden aparecer muchas veces en el cuerpo del texto, no incluí la misma nota cada vez que se hace mención de ellas. Sobre este tema encontrarás un glosario al final del libro, el cual te recomiendo visitar cada vez que encuentres alguna de estas palabras, hasta que te familiarices con su significado.

La guía de ortografía y pronunciación que sigue a continuación no pretende cumplir con todos los aspectos técnicos y requisitos observados por lingüistas; únicamente se trata de un acuerdo simple y práctico para la mejor comprensión y uso de las palabras indígenas contenidas en este libro.

Clave de pronunciación de palabras en náhuatl

Las vocales de las palabras en náhuatl en este libro suenan siempre como se muestra en la siguiente clave de pronunciación y nunca varían, independientemente de qué letra se encuentre antes o después.

> **Tabla de pronunciación de vocales**
>
> a: se pronuncia como en "alerta"
> e: se pronuncia como en "energía"
> i: se pronuncia como en "imagen"
> o: se pronuncia como en "oso"
> u: se pronuncia como en "utopía"

Las consonantes deben ser pronunciadas usando su sonido normal en español.

2
Breve mirada a la cultura tolteca

Históricamente, la palabra "tolteca" se refiere a la cultura con el nivel de desarrollo más elevado en Mesoamérica[4], representada por los habitantes de la ciudad-estado de Teotihuacán[5] desde el 500 a.C. hasta el 700 d.C. Por mucho tiempo se sospechó que los habitantes de Tula (700-1100 d.C.), zona arqueológica ubicada en el estado de Hidalgo, México, fueron los toltecas originales. Sin embargo, recientemente los historiadores del Instituto Nacional de Antropología e Historia de México han reconocido oficialmente que la cultura tolteca floreció setecientos años antes en Teotihuacán, cuyo nombre significa "el lugar donde los humanos se convierten en dioses" (para evitar confusiones, resulta apropiado llamar toltecas históricos a los habitantes de la antigua Teotihuacán y toltecas étnicos a los de Tula).

Códices de las zonas maya y zapoteca revelan que el nombre original de Teotihuacán era Tula, y ahora los historiadores se están dando cuenta de que Teotihuacán fue el nombre dado a la Tula original por los aztecas (nombre popular de la tribu meshika que luchó contra la invasión española en el siglo XVI). Más tarde, los toltecas de Tula eligieron el nombre de su ciudad capital en memoria de los toltecas originales de Tula-Teotihuacán.

La gran civilización teotihuacana tuvo sus albores en el siglo V a.C. Hacia el siglo III a.C., la construcción de las enormes pirámides del sol y la luna había comenzado. Cuando Jesús de Nazaret nació,

---

[4]Mesoamérica es la región del continente americano donde se desarrollaron las culturas de influencia tolteca, caracterizadas por su forma particular de conteo matemático, sus calendarios, sistemas agrícolas, construcción de pirámides y prácticas religiosas similares. Geográficamente, sus límites son el Trópico de Cáncer, al norte de México, y Nicaragua al sur.

[5]Teotihuacán se localiza 50 kilómetros al norte de la Ciudad de México y en la actualidad es uno de los sitios arqueológicos más importantes del país.

la construcción de dichas pirámides y toda la ciudadela de Teotihuacán ya se había completado.

Teotihuacán extendió su hegemonía cultural y política por toda Mesoamérica[6]. Esta expansión ocurrió de manera pacífica, a través de las actividades de los misioneros del culto a Ketsalkoatl, la Serpiente Emplumada, así como del comercio con otros pueblos indígenas. La influencia tolteca entre las culturas mesoamericanas se evidencia en su método particular de conteo matemático, su calendario, sistemas agrícolas, construcción de pirámides y similitudes en sus prácticas religiosas. Todo el cuerpo de conocimientos desarrollados por los toltecas era conocido como *toltekayotl,* que puede traducirse como "toltequidad".

La palabra "tolteca" ha tenido –y tiene– una variedad de significados a lo largo de la historia. No sólo era el nombre de los pobladores de Teotihuacán –o Tula–, también se utilizaba para implicar cierto nivel de participación o membrecía en la toltequidad. En este sentido, los toltecas son quienes practican y preservan los principios de la toltekayotl. Debido a esto, cualquier mujer u hombre de conocimiento puede ser llamado "tolteca" para indicar su condición como persona de conocimiento.

La siguiente tabla nos muestra una cronología muy simplificada de las principales culturas prehispánicas mesoamericanas[7]:

Cronología Tolteca

- Olmecas – 3500-500 a.C.
- Teotihuacanos – 500 a.C.-700 d.C.
- Toltecas de Tula – 700-1100 d. C.
- Meshikas (aztecas) – 1325-1521 d. C.
- Mayas (período clásico) – 100 a.C.-1000 d. C.
- Mayas (período posclásico) – 1000-1600 d. C.

---

[6] Se ha establecido que misioneros teotihuacanos extendieron la influencia tolteca hasta lugares mayas tan remotos como Tikal, en Guatemala, o las regiones de los indios pueblo en el suroeste de Estados Unidos.

[7] Es interesante notar que las fechas de inicio de las culturas olmeca y teotihuacana continúan siendo atrasadas en el tiempo a medida en que avanzan nuevas investigaciones arqueológicas. Por ejemplo, la zona de La Venta, capital de los olmecas, ha sido recientemente fechada en 3000 a.C.

Influencia de los toltecas en las culturas mesoamericanas

La visión de los toltecas, que tuvo una influencia significativa entre las culturas mesoamericanas, se caracteriza por:

- Creencia en un Dios único, que se manifiesta a través de múltiples fuerzas naturales, también llamadas Poderíos.
- Considerar a la naturaleza como el rostro visible de Dios; por lo tanto, la naturaleza es sagrada.
- Creencia en la evolución personal, que se logra a través de nuestras propias acciones. Esta doctrina fue llamada *masewalitslti,* que significa "el que se hace merecedor".
- Acatar un código social llamado *wewetlatolli,* que significa "las palabras" o "la sabiduría de los ancianos".
- Creencia en que la liberación humana solamente se puede lograr a través del desarrollo de la conciencia.
- Creación de sistemas sociales basados en la participación de la comunidad.
- Respeto profundo por el conocimiento de los mayores.
- Adoración de la Madre Tierra.
- Desarrollo de un calendario extraordinariamente preciso con repercusiones en toda la estructura social.
- El culto a la Serpiente Emplumada.

La Serpiente Emplumada

Los muchos significados de Ketsalkoatl pueden resultar tan confusos para los neófitos, como la palabra "tolteca".

Ketsalkoatl se traduce como "la Serpiente Emplumada" y es el principal símbolo de la cultura tolteca. Representa la fusión de los opuestos: águila y serpiente, lo que vuela y lo que se arrastra, el espíritu y la materia, ascenso y descenso.

Pero Ketsalkoatl tiene varios significados; los tres más importantes son:

1. Deidad: Ketsalkoatl fue uno de los nombres más importantes de Dios para toltecas y mayas. En las leyendas toltecas, esta deidad es creadora del mundo, del maíz, de los hombres, y así sucesivamente.

2. Concepto metafísico y símbolo espiritual: la Serpiente Emplumada representa la unión de los opuestos, núcleo de la

espiritualidad tolteca. A diferencia de las tradiciones judeocristiana y musulmana, donde los opuestos del bien y el mal están siempre en guerra y la felicidad de los seres humanos sólo se logrará cuando el bien destruya al mal, el símbolo de la Serpiente Emplumada expresa la comprensión de que estos opuestos no son enemigos, sino complementarios entre sí. Además, la unión de los opuestos trae como resultado lo sagrado.

3. Personaje histórico: Se Akatl Topiltsin Ketsalkoatl (947-999) fue el líder político y espiritual más importante de la etnia tolteca de Tula. Más venerado que un rey o emperador ordinario, Ketsalkoatl era considerado como un santo. Durante su reinado, los toltecas alcanzaron la cima de su desarrollo espiritual. En lugar de un Dios vivo o salvador de la humanidad, Ketsalkoatl fue visto como un modelo a seguir para el autodesarrollo o toltequidad.

Elementos clave de la cosmovisión tolteca

Para los fines de este libro, debemos prestar atención a ciertos conceptos clave que facilitarán la comprensión del significado de las cartas y la consulta del oráculo.

Para entender las visiones espirituales toltecas, es importante darnos cuenta de que no tratamos ni con la estructura de la cultura occidental racionalista, ni con las tradiciones espirituales orientales. Para captar sus distintos significados, por un momento debemos dejar de lado nuestras ideas preconcebidas y tener la mente abierta; resistir la tendencia de querer comparar y hacer coincidir la espiritualidad tolteca con las tradiciones espirituales con que estamos más familiarizados. Si bien, algunos aspectos de la toltequidad pueden parecer similares a los de otras tradiciones, aprenderás más al distinguir sus diferencias y usarlas para ampliar tu conocimiento o cuestionar lo que conoces hasta ahora.

Interpretación de la sabiduría tolteca

Cuando tratamos de explicar el significado de los conceptos espirituales abstractos, ciertamente entramos en un terreno inestable. En el caso de la espiritualidad tolteca, hablamos de palabras y tiempos antiguos; tratamos con la interpretación de experiencias espirituales que las personas tuvieron hace mucho tiempo, y las descripciones que construyeron para sí. Además, debemos ser conscientes de las diferencias culturales y lingüísticas que pueden afectar nuestra comprensión de una palabra específica, nombre o proceso. En este sentido, toda interpretación es también una traducción. Al analizar los símbolos del Tonalpohualli y las deidades regidoras, me he esforzado por proporcionar una interpretación que sea fiel a su significado original, pero que al mismo tiempo sea funcional en el contexto de nuestra mentalidad, necesidades y circunstancias actuales.

La reinterpretación de la toltekayotl no es nueva a lo largo de la historia. Su origen se pierde en el tiempo. Sabemos que los vestigios arqueológicos más antiguos que representan a un dios dual –una de las características de la toltekayotl– fueron hallados entre las reliquias olmecas de hace 4000 años. No es posible decir con exactitud cómo o cuándo se originaron estas ideas.

Está claro que los olmecas ya poseían muchos de los elementos de la toltekayotl que luego los toltecas de Teotihuacán desarrollaron en niveles mucho más refinados. Pero en ese proceso, los sabios teotihuacanos interpretaron y agregaron, desde su concepción, lo que los olmecas habían hecho. Más tarde, bajo el liderazgo de Ketsalkoatl, los chamanes de Tula reinterpretaron la herencia de sus antepasados teotihuacanos, añadiendo algo propio. Los aztecas intentaron hacer lo mismo, pero el giro militar de su enfoque llevó a la corrupción de la toltekayotl, permitiéndoles volverse más fuertes militarmente, pero a costa de una disminución en su equilibrio espiritual.

Ahora, aquí estamos, dispuestos a conectar con el rastro que los antiguos toltecas nos han legado y aprender de ello. Tenemos el mismo desafío y responsabilidad que nuestros predecesores. Debemos rescatar, estudiar, interpretar y agregar algo nuestro en la sucesión continua de la toltekayotl.

No somos receptores pasivos de una tradición dada y definitiva. Tengo que hacer mi parte, como tienes que hacer la tuya, a medida que apliques estos principios ancestrales en tu vida y encuentres un significado específico que tenga sentido para ti.

Esto sucede con todas las tradiciones. No son estatuas fijas sin movimiento, sino entidades dinámicas con vida, movimiento, flujo, crecimiento y cambio. Hemos recibido algo valioso de nuestros antepasados, y podemos dar algo a cambio. Tenemos que reconstruir la toltekayotl de la manera que mejor satisfaga las necesidades de nuestro tiempo.

Este libro es un esfuerzo por reconocer, agradecer y aportar algo propio al de los chamanes del pasado, quienes emprendieron la sagrada tarea de construir caminos hacia el Espíritu, no sólo para ellos y sus hijos, sino para toda la humanidad, hasta el fin de los tiempos.

¿Toltekayotl es una religión?

Cuando hablamos de la tradición espiritual tolteca, debemos entender que la palabra "tradición", en este caso, no significa un cuerpo de creencias, sino de prácticas desarrolladas con el propósito de alcanzar estados de conciencia acrecentada, a través de los cuales conectar con lo sagrado y descubrir el sentido más profundo de la existencia. Esta tradición no se organizó como una institución religiosa, más bien se basó en la experiencia chamánica. Existe una distinción importante entre religión y chamanismo que debemos aclarar.

Las religiones se institucionalizan y funcionan como estructuras cuyos líderes son considerados intermediarios necesarios entre Dios y el pueblo. Sin ellos, se supone que las personas no conocerían a Dios. Las religiones, sus libros sagrados y sus líderes les dicen a las personas lo que Dios espera de cada uno y cómo deben cumplir esas expectativas. Los seguidores creen en lo que se les dice y ajustan su comportamiento a cómo deben comportarse. La imagen del pastor y la oveja proporciona una idea clara de lo que se tratan las religiones.

Por otro lado, la experiencia chamánica también apunta a conectarse con algún principio sagrado, pero tiene diferencias sustanciales con respecto de la religión organizada. Probablemente la diferencia más notable es que no existen intermediarios para conectarse con el Gran Espíritu. Cuando entras en la experiencia chamánica, lo que ocurre sólo sucede entre tú y la presencia de lo sagrado.

Aunque esto puede acontecer en el contexto de una experiencia comunitaria, su núcleo es un encuentro privado entre tú y el Espíritu. No escuchas a otro hablar de Dios, sino que interactúas con Dios por ti mismo. No tienes que "creer" en este Dios, porque ya lo conoces. En este sentido, hablar o especular acerca de Dios sería superfluo, porque su experiencia directa reemplaza a todas las demás.

En el chamanismo no se requieren edificios o iglesias para encontrarse con lo divino. La experiencia sagrada ocurre en medio de la naturaleza y, ultimadamente, en cualquier lugar. La naturaleza es el rostro visible del Gran Espíritu y, por lo tanto, el practicante del chamanismo se relaciona con las fuerzas de la naturaleza que él o ella llama *Poderíos*[8]. El buscador espiritual hace preguntas y obtiene respuestas de ellos.

En el chamanismo tampoco hay "libros sagrados" que indiquen lo que Dios quiere. En lugar de buscar las respuestas en un libro o acudir con el predicador para encontrar solución a un problema, sus practicantes entran en un estado de conciencia acrecentada o trance chamánico para consultar por sí mismos al Gran Espíritu.

La toltekayotl nació de la experiencia chamánica. A pesar de que hubo momentos en la historia de toltecas y aztecas en que intentaron transformarla en una institución religiosa para controlar a las personas, la toltekayotl sobrevive, siempre y cuando no intentemos separarla de su raíz chamánica[9].

Otra distinción importante es el hecho de que la palabra "chamanismo" ha sido contaminada, en cierta medida, por el mercado espiritual occidental. Debido a esto, la mayoría de las personas en los centros urbanos modernos tienen la idea superflua de que el chamanismo es practicado sólo por "el chamán", y que este es una especie de personaje superior que puede afectar a otros con sus poderes, para bien o para mal.

En las sociedades indígenas donde el chamanismo sobrevive, los chamanes son personas de conocimiento. Sirven a sus comunidades compartiendo su experiencia acerca de cómo cambiar la conciencia para entrar en la experiencia chamánica. En otras palabras, el trance chamánico no es una responsabilidad exclusiva del chamán, sino que todos los miembros de la comunidad lo aprenden y practican. El papel especial del chamán es dedicar toda su vida al

---

[8]"Poderío" es una palabra que en español tiene una connotación especial y es utilizada por los chamanes indígenas de México para nombrar las fuerzas de la naturaleza, y en cuyas ceremonias chamánicas se experimentan como entidades vivientes, conscientes y sagradas con las que interactúan.

[9]Se podría argumentar que la verdadera religión no sería tan diferente del chamanismo porque la palabra "religión", del latín *religare,* significa "volver a unir". Sin embargo, como es sabido, los nombres y conceptos obtienen su significado funcional a partir de la forma en que se utilizan a lo largo de la historia. Es por eso que al hablar de religión, lo hago en referencia a la forma en que ha funcionado generalmente a lo largo de la historia.

desarrollo y cultivo de esta conexión sagrada. Los chamanes apoyan a los miembros de la comunidad que buscan la experiencia chamánica, y crean el espacio apropiado para que aprendan cómo entrar por sí mismos. Esta es la razón por la cual, en tales comunidades indígenas, las mismas personas que participan en una ceremonia colectiva con un chamán pueden llevar a cabo prácticas chamánicas por sí mismas, en el desierto o en sus hogares con sus familias.

El punto principal es que las prácticas chamánicas no son exclusivas de los chamanes. El chamanismo es el uso de centros de percepción y formas de conciencia que todos tenemos, pero que a menudo desconocemos. Estas prácticas son el núcleo de lo que nos hace humanos. Comenzaron con el nacimiento de la humanidad, cuando los primeros homínidos pasaron tiempo contemplando las fuerzas de la naturaleza en estado de asombro. Contemplar las tormentas y la lluvia, el fuego provocado por un rayo que golpea un árbol, el océano infinito y el misterio de las estrellas, provocó la reacción instintiva natural de los hombres y mujeres de la era paleolítica, quienes, al hacerlo, tomaron conciencia de los Poderíos y descubrieron una conexión interna con ellos mientras permanecían en su compañía. Pronto descubrieron un lenguaje para comunicarse y conectarse con esas fuerzas a través de rituales, lo que les permitió hablar con los Poderíos, hacerles preguntas y obtener respuestas.

Ese es el origen natural del chamanismo y todavía sentimos la misma atracción al observar el fuego, el océano, el viento y las otras fuerzas de la naturaleza; porque el chamán paleolítico aún pervive dentro de cada uno de nosotros, esperando la oportunidad de volver a la vida.

Las deidades toltecas

Deliberadamente, he elegido hablar sobre las "deidades" toltecas, y no sobre los "dioses" toltecas, para hacer una distinción entre "el Dios" y "los dioses" de nuestra noción occidental, contra el significado más sutil de las deidades en el contexto de la toltekayotl.

Las deidades toltecas no son dioses, porque no son personajes humanizados a quienes podamos pedir favores o de los que debamos temer. Un verdadero tolteca no los imaginaría como entidades físicas, ni como seres todopoderosos a los que debamos agradar. Las deidades toltecas son símbolos que reflejan cómo funcionan las cosas en el universo. Nos ofrecen una guía para comprender la manera en que el Gran Espíritu ha organizado el universo. Todo este saber espiritual se desarrolló a partir de la observación tolteca de los mundos interno y externo en el transcurso de al menos cinco mil años.

Aunque existen muchas deidades en la cosmogonía tolteca, no significa que fueran politeístas. Al contrario de lo que mucha gente cree, una observación más cuidadosa mostrará que los toltecas concibieron un Dios único que sostiene, conecta y unifica al universo entero y todo lo que hay en él. Su nombre era Senteotl, que significa "El Uno" o "la Unidad Sagrada".

En un sentido general, podemos decir que Senteotl incluye a todas las otras deidades y que todas las otras deidades son una manifestación de Senteotl. Detrás de este concepto se halla la comprensión crucial de que todo en el universo está conectado a la misma fuente sagrada única. El malentendido sobre el politeísmo parece surgir del hecho de que, en su vida cotidiana, los toltecas no acostumbraban hablar de Senteotl, sino que en su lugar nombraban a Ehekatl, Tlalok, Ketsalkoatl, Ometeotl, Koatlikue, Weweteotl y muchas otras deidades. Pero cuando se mencionaba a Senteotl, se hacía de una forma especial que lo mostraba como el centro de su visión espiritual.

La razón práctica de esto es que para articular su relación con la divinidad de una manera más eficiente, los toltecas desarrollaron nombres específicos y formas de relacionarse con ella en cada situación de la vida. Así, algunas deidades serían la expresión de Senteotl en las fuerzas de la naturaleza, mientras que otras reflejarían situaciones psicológicas o emocionales que podrían elevarse, si se las gestionara en conexión con lo divino.

Como veremos a lo largo de este oráculo, cada símbolo y deidad representa una situación arquetípica de la experiencia humana o un concepto metafísico de los principios rectores que debemos tener en cuenta para entender nuestra vida en perspectiva hacia lo sagrado. Los toltecas organizaron sus conocimientos de esta manera debido a su fuerte orientación hacia el pragmatismo. No se sintieron atraídos por las especulaciones abstractas sobre Dios; en su lugar, prefirieron encontrar formas prácticas de relacionarse e interactuar con lo sagrado. Querían prácticas espirituales que funcionaran para dar sentido, alegría y eficiencia a sus acciones en el mundo.

Con esta comprensión del término "deidad", ahora podemos familiarizarnos con las principales deidades que ejemplifican mejor el código que este oráculo revela.

Senteotl, como dijimos, es el nombre definitivo de Dios. Se le conoce como el "Espíritu", el "Gran Espíritu", el "Dador de Vida" o "Dios", y en el contexto de este libro, cualquiera de esos nombres significará lo mismo.

Luego tenemos a Ometeotl, también llamado la "Dualidad Sagrada". Por lo general se le menciona con más frecuencia que a Senteotl, porque cuando vemos cómo el Espíritu realmente se manifiesta a nuestros sentidos, su dualidad es, a menudo, más evidente para el observador. En última instancia, Ometeotl es Senteotl en su papel de creador y regente de un mundo que evoluciona dialécticamente, es decir, a través de la interacción de fuerzas opuestas, creando movimiento, cambio y evolución.

Ketsalkoatl, representada como la "Serpiente Emplumada", es la deidad que simboliza la unión de los opuestos como la base de un proceso evolutivo, tanto a nivel global, como individual.

La Dualidad Sagrada

El concepto de dualismo impregna la visión tolteca del mundo y será un elemento clave para descifrar los significados de la mayor parte de las cartas en este oráculo.

Para los toltecas, todo en el mundo observable, tanto humano, como no humano, se manifiesta como una dualidad en la que dos lados opuestos interactúan entre sí. La tensión entre los opuestos es la energía que impulsa la evolución. Pero es importante entender que esta oposición no es la de los enemigos; al contrario, los opuestos se complementan entre sí y entran en conflicto sólo con la finalidad de alcanzar un estado superior.

Es por esto que Ometeotl, la deidad de la dualidad, recibe el nombre de Dualidad Trinitaria en este oráculo. El tercer elemento implicado en su nombre es la conexión sagrada entre los opuestos que constituyen la dualidad. Esto explica la razón de que, en algunos códices, Ometeotl sea representado con un triángulo.

Este concepto distintivo de la dualidad tolteca tiene muchas implicaciones en los asuntos humanos; no puede enfatizarse lo suficiente en términos de lo que puede hacer por nuestra vida individual y por nuestras problemáticas en conjunto.

Hemos visto una y otra vez los efectos provocados por los puntos de vista religiosos y políticos tradicionales, que conciben un mundo donde el bien y el mal luchan y la felicidad sólo será alcanzada mediante la destrucción del mal. El problema es que cada bando piensa que es el bueno y su oponente, el malo. El resultado es que tras milenios habitando en este planeta, no hemos evolucionado lo suficiente como para darnos cuenta de que el camino de la guerra es el camino hacia la autodestrucción. En la medida en que un tipo de tecnología que no ayuda a la evolución de la conciencia humana continúe desarrollándose, también aumentarán las tensiones globales.

Los antiguos toltecas se dieron cuenta de que abrazar la visión de los opuestos complementarios podría proporcionar un medio para que los seres humanos evolucionemos hacia una forma superior de convivencia en sociedad. Se saludarían diciendo: *In lack ech* (Tú eres mi otro yo). Al hacerlo, señalaron el camino hacia la coexistencia pacífica entre ellos.

Este enfoque fue representado con la palabra *Kinam,* que se traduce como "poder", pero también como "armonía", y su sentido completo es "el poder que surge de la armonización de los opuestos". Los practicantes del arte de Kinam fueron llamados *Kiname,* que es otro nombre para los guerreros espirituales toltecas. Kinam es la medicina que necesitamos para curar la enfermedad del odio que nos está matando como especie; el remedio para encontrar una puerta de entrada que nos lleve más allá de nuestros problemas internos y de conexión con los demás.

El símbolo de la Serpiente Emplumada, o más específicamente de la serpiente que ostenta plumas de águila, es una expresión esencial de este enfoque de la dualidad. El águila y la serpiente podrían ser fácilmente enemigos, pero si se unen y convierten en uno, el resultado es *el vuelo de Ketsalkoatl,* la elevación del espíritu humano.

Tonal y nagual

"Tonal" y "nagual" son conceptos más amplios creados por los toltecas para referirse a los dos lados de la dualidad que componen al mundo; representan no sólo la dualidad en el universo físico, también dentro de cada ser humano.

El tonal representa el día. Es el aspecto de la realidad que observamos con nuestra percepción ordinaria y que podemos racionalizar. Nuestras interacciones sociales tienen lugar en el tonal.

Por correspondencia, el tonal es el lado de la conciencia humana que nos permite manejar el aspecto cotidiano del mundo. También se le puede llamar "el mundo de la primera atención", ya que usamos nuestra atención normal para conectarnos con él.

El nagual o *nahualli* representa la noche, el misterio, la magia, el conocimiento silencioso. Posee un alcance mucho más amplio que el tonal porque no comienza con el nacimiento ni termina con la muerte, como sí lo hace el primero. Internamente, nuestro lado nagual se siente cómodo en un mundo misterioso, y no se basa en la mente racional, sino en el conocimiento silencioso.

La toma de conciencia de nuestra naturaleza dual es clave para nuestro proceso de evolución individual. La mayor parte del desequilibrio que padecemos en nuestra vida cotidiana es consecuencia de la gestión deficiente de alguno de nuestros dos lados. Para el hombre moderno, los seres humanos son sólo tonal. Desde esta perspectiva, el éxito y la felicidad se lograrían al tener éxito en el mundo tonal material, y el otro lado no existiría.

Pero cada ser humano tiene el anhelo interno de reconocer, experimentar y honrar su lado mágico. En este sentido, hay un hechicero o chamán dentro de cada uno de nosotros que quiere cobrar vida. Renunciar a nuestro lado mágico crea estrés y angustia, una sensación de que algo anda mal con nosotros, de que nos falta una parte sin saber exactamente cuál.

Intentar vivir nuestras vidas sin utilizar ambos lados de lo que somos es como tratar de caminar con una sola pierna cuando realmente tenemos las dos. La consecuencia es una vida fuera de balance, y eso explica las enfermedades individuales y colectivas padecidas por la humanidad. La mente sin espíritu se vuelve loca, así como la ciencia y la tecnología, sin sabiduría, se vuelven autodestructivas.

El tonal necesita el equilibrio del nagual para funcionar bien, pero el nagual necesita el equilibrio de un tonal saludable para funcionar en nuestro beneficio. Para el buscador espiritual tolteca, espíritu y materia son igualmente sagrados. Tener un gran interés en la espiritualidad, pero una mala gestión de los asuntos familiares y financieros sería tan perjudicial como centrarse sólo en ganar dinero mientras el alma se sofoca.

Por eso, la espiritualidad tolteca puede beneficiar tanto a quienes se consideran principalmente materialistas, como a aquellos cuyo principal interés radica en el ámbito espiritual. La toltekayotl es el arte de abrazar y honrar ambos lados con el mismo respeto y dedicación.

Campos de energía interconectados

El último elemento clave para comprender la visión espiritual de los toltecas es su visión de que el universo está constituido por campos de energía interconectados.

Es un hecho evidente que, más allá de los nombres, interpretaciones y significados que damos a los objetos que vemos, a lo que somos y a lo que hacemos, todo es energía. Tener la percepción de la naturaleza energética de todo lo que existe, y especialmente de nuestra propia existencia, como campos de energía cambia toda la perspectiva de los asuntos y el comportamiento humanos.

Este tema es tan complejo y lo suficientemente profundo que nos daría material para otro libro; sin embargo, para los fines de esta obra, mencionaré sólo algunos de los aspectos específicos de dicha visión que te serán de utilidad cuando trabajes con *El Oráculo Tolteca*.

En primer lugar, en tanto campo de energía, te irá mucho mejor si utilizas tu energía personal con más cuidado, en lugar de desperdiciarla ciegamente al tratar de responder a los incesantes requerimientos de la descripción de uno mismo, a la que llamamos "yo". Al arte de preservar o incrementar la energía, los toltecas lo llaman impecabilidad, y representa el compromiso fundamental del guerrero espiritual.

En segundo lugar, en tanto que campos de energía, las deidades o Poderíos de la naturaleza son fuerzas con las que puedes interactuar directamente, sin tener que pensar en ellas como seres de otro mundo, dioses ni algo por el estilo.

Todos los campos de energía están conectados y, generalmente, las conexiones de mayor intensidad ocurren con aquellos seres que se encuentran más próximos a ti.

Desde esta perspectiva, ejemplos obvios de conexiones que afectan tu vida –lo sepas o no– son la tierra y el sol, las fuerzas de la naturaleza en general y los Poderíos de la naturaleza en particular, así como los miembros de tu familia, tu pareja, tus amigos, tus vecinos y tus compañeros de trabajo. También estás conectado con el resto de las personas en el mundo porque pertenecen, al igual que tú, a todo el cuerpo y alma de la humanidad.

Podríamos incluso pensar en otras conexiones más sutiles, pero no por ello menos reales, que son las que existen más allá de los límites de nuestro planeta, como la luna y las estrellas, a las que podemos llamar nuestras conexiones cósmicas. No obstante, antes de que podamos manejar nuestras conexiones cósmicas de modo práctico, primero debemos aprender a manejar mejor nuestras conexiones terrenales. En este sentido, el *El Oráculo Tolteca* te proporcionará una guía muy valiosa sobre el manejo de estas conexiones fundamentales.

Prácticas toltecas utilizadas en este oráculo

Este oráculo incluye muchas actividades sugeridas y ejercicios a llevar a cabo, que se relacionan con la ubicación específica de cada carta durante la consulta. Muchas de ellas te llevarán a participar en prácticas provenientes de la tradición tolteca. A continuación menciono algunas.

Teomania

Teomanía es una práctica mencionada con frecuencia en los códices y crónicas del siglo XVI, como las del fraile franciscano Bernardino de Sahagún, quien se dio a la tarea de registrar todo lo relativo a las culturas indígenas de México.

Teomanía se traduce como "Dios dentro de uno mismo", o más exactamente como "la divinidad dentro de uno mismo", y representa la acción de abrir el corazón para que lo divino pueda entrar en él. Cuando practicas teomanía, te alineas con el flujo de energía que fluye naturalmente a través del universo. Esto se experimenta como un estado de paz profunda, donde el mundo y la vida se ven con una certeza interior que no depende de las palabras, sino del conocimiento silencioso. Podríamos decir que teomanía es una forma especial tolteca de meditación profunda.

Comunicarse con los Poderíos

Los Poderíos son las fuerzas de la naturaleza que pueden consultarse en el contexto de una ceremonia o procedimiento sagrado. Como manifestación visible del Gran Espíritu, son la puerta principal a través de la cual podemos conectarnos con él. Cualquier fuerza especial o campo de energía que experimentamos como fuerza viviente que interactúa con nosotros en la propia búsqueda de conocimiento puede ser considerado como un Poderío.

Existen cinco Poderíos principales, llamados los Grandes Poderíos del Mundo, porque son las fuerzas de mayor influencia en el mundo que habitamos. Estos son:

- **El fuego:** también llamado el Abuelo Fuego porque su chispa inició el universo y, por lo tanto, es el más antiguo. La fuente primaria de energía universal se asocia con la pasión y la fuerza.

- **El sol:** llamado Padre Sol e hijo del Abuelo Fuego. Su cualidad es traer la luz a la oscuridad, y está asociado con la claridad y protección.

- **La tierra:** o Madre Tierra. Junto con el sol, es nuestra madre energética, cuya cualidad es nutrirnos y brindarnos amor incondicional.

- **El agua:** llamada Madre Agua; también es nuestra madre energética. Su cualidad es la limpieza del cuerpo, alma y ser fuente de vida.

- **El viento:** llamado Hermano Viento; es la fuerza fluida que conecta a todos los Poderíos y cuanto existe en el mundo. Se le considera el mensajero a través del que los Poderíos se comunican entre sí y con los seres humanos. Está asociado con la comunicación y la presencia del Espíritu.

Desde la energía de una montaña o de un lugar sagrado que se perciben como entidades vivientes con las cuales interactuamos, hasta la de los mayores poderíos del mundo; todos ellos son campos especiales de energía con fuerza, dinámica, características y conciencia propias.

Los guerreros espirituales toltecas viven en compañía de los Poderíos, de quienes aprenden y reciben orientación. Con maestros tan poderosos y sabios, podemos entender por qué los toltecas no eran propensos a idolatrar maestros humanos.

Para el practicante tolteca, vivir en compañía de los Poderíos no es una metáfora, sino una experiencia física y espiritual muy concreta a lo largo de toda su vida. En este contexto, cuando decimos "hablar con el Poderío", significa realmente hablar en voz alta, y no sólo orar en tu mente. Esto puede parecer extraño para los miembros de las sociedades urbanas, pero independientemente de lo que pensemos acerca de esta práctica, los resultados son mucho más potentes si tomas a los Poderíos tan en serio como para poder hablar con ellos, del mismo modo en que lo harías con una persona muy importante para ti.

Esta es la belleza de los procesos chamánicos cuando son auténticos. No necesitas creer de antemano, basta con hacerlo y apreciar los resultados por ti mismo. Después de experimentarlo, podrás decidir qué es real y qué no. Esta conexión sagrada con un Poderío es íntima, duradera y efectiva. El Poderío se convierte en guía para consultar en tiempos difíciles. Puedes hacer preguntas y obtener respuestas que se manifestarán de diferentes maneras: como palabras, como una visión, como un fuerte sentimiento o una certeza clara acerca de algún tema específico, o de muchas otras formas. El único requisito es que seas consistente en mantener la relación que establezcas con el Poderío. Debes cumplir las instrucciones que recibas y los compromisos que hagas, pues se trata de un contrato sagrado que cambiará tu vida. Cuando termines tu tarea, debes volver al Poderío para rendir un informe de lo que has logrado y alistarte para tu próxima tarea.

Ofrendas

La ofrenda es el compromiso sagrado que estableces con el Gran Espíritu y con tu propia alma. Por lo general, tiene lugar en el contexto de una ceremonia, ritual o cualquier otra actividad que tenga una motivación espiritual. Puede suceder durante un retiro, estando solo o con compañeros que compartan tu mismo camino. Llegará el momento en que obtendrás una visión de lo que debes hacer. Algo se revelará a través de tu interacción con el Poderío con que estés tratando. Para que esta revelación no se pierda en el tiempo, no olvides su significado, y para que sus efectos sean más fuertes y duraderos en tu vida, harás un compromiso que esencialmente será tu ofrenda, tu promesa. Deberás ofrecer algo congruente con tu misión o el sueño que deseas lograr. Ofrendar al Poderío es como si firmaras un contrato; el Poderío será un testigo del que no podrás escapar.

Puedes representar tu compromiso a través de un bello objeto hecho con tus manos, algún tipo de artesanía, pintura de estambres, una pequeña escultura o cualquier otra cosa que elabores bajo una concentración profunda mientras mantienes presente tu promesa en la mente y el corazón. A este objeto se le llama "la ofrenda", pero lo que esencialmente estarás ofreciendo es lo que representa, es decir, los actos que te comprometes a realizar en una fecha límite, de modo que puedas reconocer el momento en que hayas cumplido con tu compromiso.

Energéticamente, la ofrenda forma parte fundamental de tu camino con corazón, porque es el único vínculo entre el tiempo mágico de la ceremonia o práctica espiritual con el tiempo ordinario de tu vida diaria.

Míralo de esta manera: cuando ingresas a tu lado nagual (o mágico), entras en un estado de conciencia que no tiene equivalente en la conciencia normal del tonal en tu vida cotidiana. De cierto modo, estás condenado a olvidar en el mundo cotidiano lo que viste tan claramente al estar en ese estado de conciencia acrecentada. Tu otro yo es constantemente olvidado por tu yo normal. El único vínculo entre estos mundos paralelos es la ofrenda, de allí su importancia. La ofrenda es el nexo que te conectará con la energía y la claridad del tiempo mágico en tu vida cotidiana. Es por ello que los guerreros espirituales toltecas sostienen su camino con corazón a través de sus ofrendas.

*****

Todos estos procedimientos pueden parecerte nuevos e inusuales; pero serán más fáciles de entender, cuando realices tu primera lectura del oráculo tolteca y aún más cuando integres a tu vida los mensajes que recibas. Tal integración es para lo que fue creado este oráculo.

3

Procedimientos de consulta del oráculo tolteca

Un oráculo es el medio a través del que se puede consultar a un principio trascendental sobre asuntos importantes para ti; revela aspectos de lo que está sucediendo en tu vida actual, pero que tal vez aún no has observado.

El oráculo tolteca es un dispositivo de exploración del alma para que consultes con el Gran Espíritu y con tu propio corazón los asuntos de tu vida. Las respuestas te llegarán desde la perspectiva de los principios espirituales toltecas. Es la solidez, fiabilidad y la fuerza de la sabiduría tolteca lo que hace a este oráculo especialmente poderoso.

Puedes usar el oráculo tolteca para los siguientes propósitos:

- Tener una lectura sobre tu vida en general.
- Hallar un significado más profundo de tu vida.
- Consultar sobre preguntas específicas o problemas con los que estás tratando.
- Aprender sobre los detalles del conocimiento espiritual tolteca.
- Encontrar, articular, desarrollar o mejorar tu camino espiritual.
- Apoyar tu camino con corazón.

Puedes abordar cualquiera de estos propósitos cuando consultes este oráculo, ya sea por tu cuenta o pidiendo a otra persona que te haga la lectura.

Componentes del oráculo

El oráculo tolteca se basa en dos grupos de símbolos o "cartas" y un tablero de cuatro cuadrantes que sirve para organizar la consulta y lograr un entendimiento más preciso de cada carta.

El primer conjunto de símbolos se llama Tonalpohualli. En él se representan los veinte signos calendáricos del *tonalamatl* (libro del destino) de los toltecas, del cual se tiene registro en varios códices del siglo XVI y anteriores. El segundo grupo se llama los Regidores, que representan a las trece deidades más importantes de la cosmogonía tolteca.

El tablero se basa en un concepto prehispánico llamado la Cruz de Ketsalkoatl, dividido en cuatro cuadrantes relacionados con las cuatro principales áreas de la vida; en ellos se colocan hasta cuatro cartas del Tonalpohualli –seleccionadas aleatoriamente– y en su centro, una carta del grupo de los Regidores.

Este libro incluye la explicación de cómo consultar el oráculo, así como el significado detallado de cada carta.

Además de su significado en el oráculo, se proporciona información para cada carta sobre el contexto histórico y cultural en el que se aplicó ese símbolo. Esto permite distinguir sus aspectos sutiles y cómo podrían aplicarse a una situación de la vida real.

La sección de las cartas de Tonalpohualli incluye adicionalmente los significados particulares de cada símbolo para cada uno de los cuadrantes del tablero, así como preguntas y actividades sugeridas que serán muy útiles para aplicar prácticamente el mensaje de las cartas en tu propia vida.

Cabe recordar, que como se menciona en el apartado previo de **cambios a la segunda edición**, en esta versión, las "cartas" a que se hace referencia a lo largo de esta obra, están representadas visualmente al principio del capítulo correspondiente y no se incluyen como cartas físicas por separado. Por ello, esta sección incluye un procedimiento sencillo de consulta aleatoria que aporta la misma funcionalidad, ya sea que se tenga o no el mazo de cartas por separado[10].

Cartas del Tonalpohualli

Este conjunto de veinte cartas representa los veinte signos del Tonalpohualli, que a su vez representan los días del calendario sagrado de los toltecas. Tanto estos, como los mayas observaban dos

---

[10] Si bien la presente obra no requiere de las cartas físicas por separado, como una opción para los lectores interesados, la casa editorial responsable de la presente edición planea ofrecer al público un paquete de cartas que se podrá adquirirse por separado en un futuro próximo.

principales calendarios anuales para regir sus vidas y actividades, tanto ceremoniales, como cotidianas; estos son: el calendario solar de 365 días, y un calendario sagrado de 260 días que consta de trece meses, con veinte días cada uno, estos últimos representados por los veinte signos del Tonalpohualli.

El diseño del calendario sagrado incorporó una gran cantidad de conocimiento y sabiduría tolteca, incluyendo su concepto de la dualidad sagrada. Visualmente, el calendario Tonalpohualli se presenta como un círculo con cada uno de los veinte signos colocados en su perímetro, del uno al veinte en el sentido de las manecillas del reloj. En esta colocación circular existe una línea imaginaria que conecta cada uno de los veinte signos con su opuesto, ubicado enfrente y al otro lado del círculo, creando pares de símbolos. Así, 1 y 11 son un par, lo mismo que 2 y 12, 3 y 13, y así sucesivamente. Esta asociación numérica es una forma de reflejar que los significados de los símbolos en cada par son opuestos, pero complementarios.

Ejemplo de esta asociación son el águila y la serpiente; los dos componentes –igualmente importantes– de la dualidad sagrada, que representan lo que se arrastra y lo que vuela. Por eso, los días que les corresponden están colocados uno frente al otro en el círculo del calendario sagrado, con los números 5 (la serpiente) y 15 (el águila). Estos opuestos complementarios serán explicados con mayor detalle en el apartado sobre las cartas individuales.

Cartas del Tonalpohualli

1. Sipaktli-Dragón	11. Osomatl-Mono
2. Ehekatl-Viento/Espíritu	12. Malinalli-Hierba
3. Kalli-Casa	13. Akatl-Caña
4. Kuetspalin-Lagartija	14. Oselotl-Jaguar
5. Koatl-Serpiente	15. Kuautli-Águila
6. Mikistli-Muerte	16. Koskakuautli-Buitre
7. Masatl-Venado	17. Ollin-Movimiento
8. Tochtli-Conejo	18. Tekpatl-Pedernal
9. Atl-Agua	19. Kiawitl-Lluvia
10. Itskuintli-Perro	20. Shochitl-Flor

La tabla anterior enumera los veinte signos del Tonalpohualli con los números correspondientes a cada carta del mazo del oráculo. Cada signo representa una situación de vida arquetípica y una guía sobre la mejor manera de lidiar con esa situación para promover el crecimiento, equilibrio, fuerza y la felicidad. Para su lectura básica, se colocan cuatro cartas del Tonalpohualli elegidas al azar en cada cuadrante del tablero. El mensaje de cada carta se determina relacionando su significado con las características del cuadrante donde se ubican.

Cartas de los Regidores

Las trece cartas de los Regidores representan a las trece deidades más importantes del saber espiritual tolteca y aparecen listadas en la tabla siguiente.

Cartas de los Regidores
Senteotl - El Uno
Tonatiu – El Padre Sol
Ometeotl – La Dualidad Trinitaria
Koyolshauki – La Luna
Ketsalkoatl – La Serpiente Emplumada
Koatlikue - Madre Tierra
Tlawiskalpantekutli - Señor de la Luz
Weweteotl – El Abuelo Fuego
Sholotl – Señor del Inframundo
Miktlantekutli - La Muerte
Tlalok – La Fuente de la Vida
Witsilopochtli – El Colibrí Zurdo
Teskatlipoka – El Espejo Humeante

Estas deidades representan los principios espirituales más elevados que los toltecas desarrollaron para reflejar los principios rectores de la vida. Al comprender su significado y aplicarlo a las situaciones de la vida, los practicantes, llamados Kiname, buscaban dominar el arte del equilibrio en todos los aspectos de la vida: el arte del Kinam.

En la lectura básica, una de las cartas de los Regidores se elige al azar y se coloca en el centro de la Cruz de Ketsalkoatl. Esto se hace después de que las cuatro cartas del Tonalpohualli hayan sido colocadas en los cuadrantes. Como se verá en la explicación detallada de las distintas formas de tirar las cartas del oráculo e interpretarlas, la carta del Regidor revelará el principio espiritual que unificará y dará sentido al mensaje de las cuatro cartas del Tonalpohualli.

Acerca del simbolismo de las cartas del oráculo tolteca

La imagen gráfica de cada carta fue elegida de entre muchas representaciones visuales diferentes de los signos que aparecen en los diversos códices disponibles para el estudio. En el caso de las cartas Tonalpohualli, también se incluye la representación gráfica tolteca del número correspondiente.

En lugar de representar a los signos y deidades con sus imágenes más reconocibles –por ejemplo, una cabeza de conejo para Tochtli o una lagartija para Kuetspallin–, escogí otras de mayor complejidad para mostrar no sólo una representación obvia del personaje, sino también para darle un significado dinámico en relación con aquello que lo rodea. Para entender la carta, es necesario leer el significado en el libro y mirar la imagen cuidadosamente, hasta que se revele su significado profundo.

De acuerdo con la cosmogonía tolteca, sólo una deidad especial está representada tanto en las cartas Tonalpohualli, como en las cartas de los Regidores; esta deidad especial es Mikistli, la Muerte. La razón de esta doble representación es que la Muerte posee una presencia muy relevante, tanto para las situaciones arquetípicas de la vida, como de los principios que la rigen. La Muerte, como un proceso de transformación y renovación, juega un papel importante, ya sea como mensaje en un cuadrante específico, o como la deidad regidora de una consulta completa.

En las cartas del Tonalpohualli, la carta número 6, Mikistli, representa a la Muerte, mientras que en las de los Regidores, Miktlantekutli se traduce como el Señor de la Muerte. Ambos son esencialmente el mismo símbolo; en consecuencia, el texto que explica sus antecedentes y simbolismo es muy similar. La diferencia entre ellos se encontrará en el significado del mensaje de acuerdo al cuadrante en el que sea colocada la carta, a diferencia de la colocación en el centro, que corresponde al Regidor de todos los cuadrantes (por cierto, como lo podrás observar al leer los significados de las cartas, en la visión tolteca del mundo la muerte es interpretada como consejera, y no como enemiga o portadora de tragedias).

La Cruz de Ketsalkoatl

La Cruz de Ketsalkoatl –una cruz que crea el espacio para cuatro cuadrantes y un centro– era un modelo que los toltecas usaban para realizar cálculos matemáticos, lecturas de oráculos y procedimientos de curación, entre otras cosas. Los cuadrantes y su centro representan las cuatro direcciones del mundo: norte, sur, este y oeste, más la quinta dirección interna.

Figura 1. La Cruz de Ketsalkoatl

En la figura 1 vemos una representación antigua de la Cruz de Ketsalkoatl, tal y como se observa en el Códice Magliabecchi. En ella, apreciamos a cuatro hombres jóvenes usando la Cruz de Ketsalkoatl como un oráculo bajo la guía de un chamán; en la parte superior aparece la representación del número cinco, que simboliza la quinta dirección interna, implicando el propósito espiritual del procedimiento, y al fondo, una flor que representa la visión o revelación que está emergiendo. Es a partir de este concepto, consignado en los antiguos códices, que surge el modelo utilizado en este libro, como versión actualizada del oráculo tolteca original.

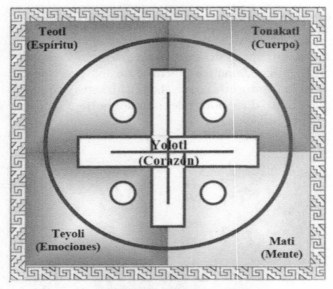

Figura 2. Tablero del Oráculo Tolteca

Como se puede observar en la figura 2, el diseño de la Cruz de Ketsalkoatl se divide en cuatro cuadrantes con los nombres de Tonakatl, Mati, Teyoli y Teotl; el centro se llama Yolotl.

Los cuadrantes son las áreas donde se colocan las cartas del Tonalpohualli, con la finalidad de obtener mensajes específicos para las distintas áreas de la vida. Cada cuadrante tiene dos áreas de aplicación posibles, como se observa en la siguiente tabla.

	Los Cuadrantes del Tablero
Tonakatl	Tu cuerpo físico o tu mundo material
Mati	Tu mente y/o tu trabajo
Teyoli	Tu vida emocional y tus relaciones interpersonales
Teotl	Tu espíritu y el Gran Espíritu

Gracias a este diseño, en lugar de obtener solamente un mensaje general para tu vida, cada cuadrante te ofrecerá un mensaje específico para cada uno de estos aspectos fundamentales.

El centro de la Cruz de Ketsalkoatl se llama *Yolotl* y significa "corazón" o "centro". Para completar su lectura, aquí colocarás la carta Regidora que te proporcionará una perspectiva general aplicada a los cuatro cuadrantes.

Además de estudiar los significados de cada una de las cartas de acuerdo con su colocación, también podrás observar esta figura de cinco símbolos como si fuera un mandala y meditar en ella como si miraras el reflejo de tu vida en un espejo.

El libro

El libro que tienes en tus manos explica cómo usar el oráculo y revela los significados de las treinta y tres cartas.

La primera parte (que incluye el capítulo que estás leyendo ahora) tiene un carácter introductorio y de preparación que explica el procedimiento para la consulta del oráculo. La segunda parte contiene la explicación de las cartas del Tonalpohualli, que son las que se eligen primero y cuyo significado es más extenso. La tercera contiene la explicación de las cartas Regidoras, que se usan al final y complementan el mensaje de las primeras.

La explicación de cada carta del Tonalpohualli comienza con información de antecedentes sobre el contexto cultural e histórico de las sociedades indígenas creadoras de estos signos, lo que nos permitirá tener una idea general de lo que cada símbolo significaba para los antiguos toltecas, y a su vez, nos ayudará a entender cómo pueden aplicarse a situaciones reales de nuestras vidas. También se proporciona una explicación de las imágenes en las cartas. A continuación, encontrarás el significado general de la carta en el oráculo. Finalmente, se presenta el significado correspondiente de la carta en cada cuadrante, seguido de una lista de preguntas y ejercicios sugeridos para el mismo.

Las cartas Regidoras proporcionan un marco general para la lectura. También incluyen información acerca de sus antecedentes, seguida de un significado único que modificará y enriquecerá los mensajes recibidos de los cuadrantes en la lectura.

Es muy importante tener en cuenta que la información de los antecedentes y contexto es un elemento integral en el significado de la carta. Al tratarse de conceptos metafísicos profundos, esta información resulta esencial para captar las sutilezas del significado de cada carta. Esto aplica tanto a las cartas Tonalpohualli, como a las Regidoras.

Preparativos para la consulta

Para realizar una agradable e interesante consulta sin contratiempos, necesitas favorecer la concentración y evitar las distracciones. Para ello, debes preparar algunos materiales sencillos, así como el ambiente propicio.

La idea general es que cuando haya que barajar las cartas del oráculo utilices pequeñas papeletas dobladas con los nombres escritos de las treinta y tres cartas en cada una de ellas, y realices una selección aleatoria similar a la de quien elige una carta al azar de un mazo previamente barajado.

Para la asignación de las cartas en el tablero, coloca las papeletas elegidas aleatoriamente en la sección que les corresponda de acuerdo con el procedimiento de lectura.

La preparación de los materiales que se explica a continuación puede tomar de diez a quince minutos, pero si guardas los materiales en una pequeña caja, puedes reutilizarlos siempre que lo requieras.

Materiales requeridos

- Lápiz o bolígrafo, además de una libreta grande para hacer dibujos y anotaciones.
- Hojas blancas de tamaño carta o similar.
- Tijeras escolares para recortar papel.
- Dos pequeñas vasijas (puedes utilizar dos tazas comunes o pequeñas cajas de madera o cartón).
- Opcionalmente puedes utilizar colores para hacer más vistosa tu área de trabajo.

Pasos para la preparación de los materiales

1. Dibuja en tu libreta un esquema similar al de la figura 3, que es una representación simplificada de la cruz de Ketsalkoatl. No olvides incluir también los nombres de los cuadrantes. Haz un dibujo amplio para que tengas espacio suficiente para colocar

las papeletas. Anota la fecha de tu consulta debajo del diagrama, ya que te será de utilidad más adelante en el proceso.

2. Dobla cinco hojas tamaño carta tres veces seguidas para dividirlas en ocho pedazos del mismo tamaño.

3. Recorta cada hoja con cuidado para obtener de cada una ocho pedazos iguales.

4. En cada pedazo, escribe el nombre y número de cada una de las cartas; dóblalos tres veces y ponlos aparte. Haz esto para las veinte cartas del Tonalpohualli, primero, y después para las trece cartas del grupo de los Regidores[11].

5. Forma dos montones separados, el primero con veinte papeletas corresponderá a las cartas del Tonalpohualli, y el segundo con trece papeletas, al grupo de los Regidores.

6. Coloca el primer grupo en una de las vasijas y ponla a tu izquierda, haz lo mismo con el segundo grupo, a tu derecha.

7. Cuando se te pida que revuelvas las cartas y elijas alguna, agita la vasija correspondiente para, posteriormente, seleccionar una de las papeletas al azar. También puedes extenderlas frente a ti y seleccionar una de ellas, guiándote sólo por tu intuición, pero siempre sin saber cuál es la carta que vas a escoger.

8. Del mismo modo, cuando se te pida poner las cartas en los cuadrantes del tablero, colocarás la carta-papeleta elegida en el dibujo del tablero hecho en tu libreta.

9. De acuerdo con el procedimiento, colocarás las papeletas dobladas hasta que el procedimiento de lectura te indique abrirlas para descubrir el símbolo que representan.

10. Una vez que todas estén colocadas, podrás empezar a desdoblar las papeletas –de acuerdo con las instrucciones del tipo de lectura que elijas– para conocer su contenido.

11. Escribe el nombre de las papeletas en la posición que les corresponda en la Cruz de Ketsalkoatl.

12. Procede a leer en el libro el significado de cada una de las cartas en la posición correspondiente.

---

[11] Si lo prefieres, también podrías utilizar un procesador de textos en un ordenador personal y crear una tabla con dos columnas de diez casillas cada una, en las que escribirías los nombres de las Cartas del Tonalpohualli, para posteriormente imprimirla y recortar cada una de las celdas. Igualmente, podrías hacer una segunda tabla con las Cartas Regidoras para obtener las papeletas respectivas.

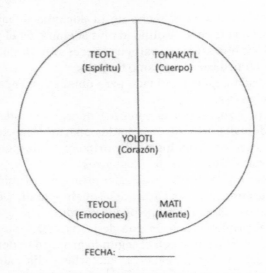

Figura 3. Diagrama de la Cruz de Ketsalkoatl

Nota: si lo deseas, puedes usar algún método alternativo al de las papeletas dobladas, por ejemplo: escribir los nombres de las cartas en tarjetas de cartón que puedas barajar como mazo de naipes. Lo importante es que hagas la selección de cada una de las cartas al azar, sin que puedas ver de qué símbolo se trata.

Preparación del ambiente para la consulta

Cuando estés listo para consultar el oráculo, es muy importante crear una atmósfera que favorezca el esfuerzo por conectar con tu corazón y el Gran Espíritu. Si bien, no existe una forma única de preparar la consulta, es útil crear un ambiente ritual. Puedes usar diferentes elementos para que este ritual te funcione mejor. Cuanto más preparado estés, más profunda será la conexión que alcanzarás. Una habitación silenciosa con poca luz y velas encendidas sería apropiada. Puedes utilizar copal, incienso o cualquier otra sustancia aromática de tu preferencia. Es importante hacer arreglos para evitar interrupciones mientras realizas la lectura.

Las tres formas de consultar el oráculo

Hay tres maneras de consultar el oráculo tolteca: la lectura mínima, la lectura completa (llamada "espejo de la vida") y la lectura para ayudar a otra persona.

La lectura mínima se usa para responder a preguntas simples y consultas rápidas, mientras que la lectura completa revelará la situación general de tu vida. Leer para otra persona es apropiado sólo para quienes hayan trabajado con el oráculo tolteca por sí mismos durante un período de tiempo prolongado, y adquirido así la experiencia necesaria para ayudar a otros con su consulta.

La consulta mínima

La consulta mínima es útil cuando tienes una sola pregunta relacionada con algún problema específico con el que estás tratando o cuando no tienes suficiente tiempo para una sesión de lectura completa. Esta consulta dura de diez a treinta minutos, dependiendo de cuánto tiempo pases reflexionando y tomando notas sobre el mensaje dado por el oráculo (consulta los pasos del procedimiento en el siguiente apartado).

Esta es la forma más simple de consultar el oráculo: primero, debes enmarcar el tema en forma de pregunta abierta; esto debido a que las preguntas "cerradas" que requieren de un "sí" o "no" como respuesta, no funcionan tan bien con el oráculo tolteca, como aquellas que requieren una respuesta más amplia. Por ejemplo:

No preguntes: ¿Estoy siendo justo con mi pareja?
Pregunta: ¿Cómo estoy tratando a mi pareja?

No preguntes: ¿Debería conservar mi trabajo?
Pregunta: ¿Qué está pasando con mi situación laboral?

No preguntes: ¿Este camino espiritual es bueno para mí?
Pregunta: ¿Cómo debería construir mi camino espiritual?

No preguntes: ¿Voy a tener éxito en mi proyecto?
Pregunta: ¿Cómo puedo tener éxito en mi proyecto?, o bien ¿por qué estoy fallando en mi proyecto?

No preguntes: ¿Regresará mi expareja a mi vida?

Pregunta: ¿Necesito tener un compañero?, o ¿por qué estoy solo?; o bien, ¿qué puedo aprender de mi tiempo a solas?

Procedimiento para la consulta mínima

1. Separa los dos grupos de cartas y decide cuál de ellos puede ser más adecuado para el tipo de pregunta que tienes en mente. Recuerda que las cartas del Tonalpohualli representan principalmente situaciones arquetípicas de la vida, por lo que pueden relacionarse con asuntos específicos de tu interés, mientras que las cartas de los Regidores representan principios más generales aplicables a una perspectiva global de la vida.
2. Barajea las cartas (o agita la vasija con las papeletas correspondientes) del grupo que hayas elegido, mientras formulas tu pregunta. Decirla en voz alta puede ayudar a establecer la concentración y estado de ánimo adecuados.
3. Coloca las cartas (o las papeletas sin abrir) sobre la mesa con los símbolos hacia abajo, esparcidas en forma de arco o abanico.
4. Elije una carta.
5. Encuentra su significado en la sección correspondiente de este libro.
6. Lee únicamente la introducción y el significado general de la carta que te salió, a menos que tu pregunta esté clara y directamente relacionada con alguno de los cuadrantes. Si este fuera el caso, lee también el significado para dicho cuadrante.

Como una posible variación, puedes cambiar este procedimiento si sientes que usar las treinta y tres cartas de ambos grupos te ayudaría a realizar la consulta para el tipo de pregunta que tienes. En este caso, en lugar de separar los dos conjuntos, mézclalos y barájalos juntos, mientras haces la pregunta, tal y como se indica en el primer paso. Los pasos 3 al 5 seguirán siendo los mismos.

Variación con dos cartas

Si deseas realizar una consulta más profunda sin entrar en el extenso trabajo de la lectura completa, puedes usar la variación con dos cartas de la consulta mínima.

De nuevo, existen dos factores que determinan la conveniencia de usar este método: el tipo de pregunta y el tiempo disponible. Si tu pregunta es específica, pero está relacionada con una situación compleja en tu vida, este método puede ser bueno para ti. Esta lectura probablemente tomará el doble de tiempo que la consulta con una sola carta.

Para esta forma de consultar el oráculo, sigue los pasos del procedimiento a una sola carta, pero en lugar de extender todas las cartas, distribuye cada conjunto en abanicos separados. Luego, haz tu pregunta dos veces, al tiempo que eliges una carta de cada grupo.

También puedes hacer la pregunta de una manera ligeramente distinta para cada juego de cartas. Por ejemplo, al barajar y elegir la carta para el conjunto de Tonalpohualli, pregunta: ¿Cómo debo tratar de mejorar la comunicación con mi hijo? Luego, elige una carta del conjunto de los Regidores y pregunta: ¿Por qué mi enojo se vuelve tan intenso cuando no me siento comprendido? La idea es que ambas preguntas se conecten con la misma área desde perspectivas diferentes, y de esta manera amplíes el alcance de tu consulta.

Una vez que hayas sacado las dos cartas, encuentra su significado en el libro. Lee primero la carta Tonalpohualli y luego la de los Regidores. Al igual que con la variación de una carta, sólo leerás la introducción y su significado general, excepto en el caso de que tu pregunta esté claramente relacionada con uno de los cuadrantes. Si esto sucede, lee también el significado de ese cuadrante.

Tómate el tiempo necesario para formular tu pregunta. No lo hagas de forma apresurada. Y no olvides que para obtener la respuesta correcta, el requisito más importante es hacer la pregunta correcta.

La consulta del "espejo de la vida"

La consulta del "espejo de la vida" es la lectura más completa al consultar el oráculo, pues brinda una visión general de dónde estás y hacia dónde te diriges en cada área de tu vida. También implica más tiempo, porque trabaja con cinco cartas de la siguiente manera: cuatro cartas Tonalpohualli colocadas en cada cuadrante de la Cruz de Ketsalkoatl y una carta de los Regidores al centro.

Como mencioné en el Prefacio, la consulta del oráculo tolteca no debe ser rápida, porque el alma merece el tiempo suficiente para obtener lo que necesita. El oráculo tolteca es un espacio sagrado para consultar con el Gran Espíritu y representa la oportunidad de explorar las profundidades de tu alma y de tu vida.

Este tipo de lectura tomará alrededor de dos horas si la realizas en una sola sesión, pero tienes la opción de dividir la lectura en sesiones separadas durante varios días, semanas o incluso meses. Hacer esto te permitirá reflexionar más profundamente y te brindará el tiempo necesario para trabajar con los mensajes del oráculo tolteca. Si, por ejemplo, deseas dividir la lectura durante cinco días, selecciona las cartas y colócalas en el tablero, luego voltea una carta (o abre una de las papeletas) cada día y conoce su significado hasta completar la lectura. O puedes extender aún más el tiempo de lectura entre cada carta, si prefieres trabajarlas más a fondo.

Esto puede parecer extraño si lo comparas con muchos oráculos populares que se usan como herramientas de preguntas y respuestas rápidas y fáciles, casi como un juego. Pero el oráculo tolteca no es un simple dispositivo de preguntas y respuestas, sino un auténtico camino para el autodesarrollo; es por eso que esta opción con un plazo de tiempo más extenso se puede considerar como una de sus principales virtudes. No obstante, cuando la lectura del espejo de la vida se hace por primera vez, te sugiero que realices una sesión de lectura completa y que trabajes en ella, antes de realizar una lectura prolongada.

Preparación para la sesión del espejo de la vida

Para la tirada del espejo de la vida, primero debes sentarte frente a la Cruz de Ketsalkoatl y contemplarla por unos momentos. Medita sobre el significado de los cuadrantes y sus implicaciones en tu vida. Tómate el tiempo suficiente para preguntarte cómo te encuentras en cada una de las áreas representadas por ellos.

Después, reflexiona acerca del centro de la cruz y tu propio corazón. La forma en que tu corazón esté sintiéndose sintetiza la verdad respecto de lo que estás haciendo en cada área. Pregúntate: ¿Cómo está siendo afectado mi corazón por lo que estoy haciendo en cada una de las áreas representadas por los cuadrantes? Tómate un momento para conectar contigo mismo y prepara tu alma, como suelo fértil, para recibir el mensaje que el oráculo tiene para ti.

Acto seguido, tómate un momento para conectar con el Gran Espíritu, al que puedes llamar Espíritu, Dios o con cualquier otro nombre que te sea afín. Pídele que esté presente en tu lectura del oráculo tolteca, y ofrécete a escuchar su mensaje con la mente y el corazón abiertos. Piensa en esto como una pequeña oración para llevarte al estado de ánimo correcto.

Si haces la lectura para otra persona, dale a esta un momento para meditar sobre las cuatro áreas y el centro; luego comparte la oración inicial con ella.

Elegir y colocar las cartas

Barajea las cartas Tonalpohualli (o agita las papeletas), mientras mantienes las preguntas adecuadas en tu mente y corazón. Para una lectura general, algunas preguntas podrían ser: ¿Qué está pasando en mi vida? ¿Qué estoy haciendo de lo que quizá no me esté dando cuenta? ¿Qué nuevas oportunidades se me están presentando? ¿Qué camino debo seguir respecto de este problema? ¿Qué estoy haciendo mal en mi manejo de esta situación?

En general, barajar las cartas no debe tomar más de un minuto. Una vez que estén listas, haz cuatro pilas de cinco cartas (o papeletas) cada una y colócalas en una fila debajo del tablero. No es importante que las pilas tengan exactamente el mismo número de cartas, pero asegúrate de tener cuatro pilas con las cartas boca abajo.

Toma la carta que está encima de la primera pila a la derecha y colócala boca abajo en el cuadrante Tonakatl mientras dices: Este es mi cuerpo y mundo material. Luego, toma la carta que está encima de la siguiente pila a la izquierda y colócala boca abajo en el cuadrante Mati mientras dices: Esta es mi mente y lugar de trabajo. Ahora toma la carta que está encima de la siguiente pila a la izquierda, colócala boca abajo en el cuadrante Teyoli y di: Estas son mis emociones y relaciones. Finalmente, toma la carta que está encima de la última pila y colócala en el cuadrante Teotl mientras dices: Estos son mi espíritu y el Gran Espíritu.

Una vez colocadas las cuatro cartas Tonalpohualli en los cuadrantes, recoge el resto y devuélvelas a la caja para que no te estorben mientras trabajas con el oráculo.

Ahora, barajea las trece cartas de los Regidores y colócalas boca abajo para que no veas las imágenes, al tiempo que invocas al Gran Espíritu, y mientras lo haces, continúa pensando o expresando tu pregunta. Extiende las cartas en una fila con las imágenes todavía hacia abajo sobre del diseño de la Cruz de Ketsalkoatl; escoge la carta en el medio de la fila y colócala boca abajo en el centro mientras dices: Este es el principio que revela mi vida.

Si trabajas en un espacio limitado, puedes sostener las cartas Regidoras en tu mano y sacar la carta del medio. Al haber trece cartas

Regidoras, la del medio siempre será la séptima. Luego, recoge el resto y devuélvelas a la caja para que no interfieran en tu camino mientras continúas trabajando con el oráculo.

La lectura de las cartas

Una vez que las cinco cartas estén colocadas correctamente en el tablero, debes comenzar la lectura en el siguiente orden.

Primero, voltea la carta (o desdobla la papeleta) en el cuadrante Tonakatl; luego, consulta el libro y lee la introducción, el significado general y su significado en dicho cuadrante. Antes de leer las preguntas y actividades sugeridas, tómate un momento para reflexionar sobre lo que has leído y cómo aplica en tu vida. Hazte los cuestionamientos que te parezcan pertinentes.

Ahora puedes leer las preguntas sugeridas y responderlas lo más honestamente posible. Luego, reflexiona sobre lo que vas a hacer con el mensaje que has recibido. Toma algunas notas de las actividades o compromisos que deseas implementar con respecto de esa área. Finalmente, lee las actividades sugeridas, cierra los ojos y mentalmente visualízate realizándolas. Observa cuáles te provocan un llamado más fuerte y cuáles te pueden resultar más benéficas. Escribe en un cuaderno aquellas que vayas a realizar.

Ahora estás listo para seguir el mismo procedimiento con los otros tres cuadrantes, uno por uno. El orden es importante: Tonakatl primero, luego Mati, Teyoli y finalmente Teotl.

Una vez que hayas hecho esto con las cuatro cartas Tonalpohualli, estarás listo para mirar la carta Regidora. Dale la vuelta, lee el significado y medita sobre él y cómo afecta, enriquece o modifica los mensajes que recibiste de los cuatro cuadrantes.

Contemplando el mandala

Como una conexión final con el mensaje del oráculo, contemplarás la visualización de las cinco imágenes en el diseño de Cruz de Ketsalkoatl como lo harías con un mandala.

Un mandala generalmente es un círculo o cuadrado, o una combinación de ambos, en el que todas las partes que lo componen son independientes, y al mismo tiempo están relacionadas con el centro. El centro otorga unidad y sentido a todas las partes, y cada parte complementa y equilibra a las demás.

Contempla todas las partes de tu mandala-oráculo aquietando tu mente tanto como te sea posible, y deja que tu alma sea tocada por esa visión; reconoce los sentimientos que te provocan y escucha cómo "hablan" entre ellas. Aún puedes obtener algo más de esta última forma de conectarte con el oráculo.

Registra tu experiencia

Después de completar los pasos para la lectura del oráculo, revisa y toma notas de los mensajes recibidos y las actividades que hayas decidido realizar. Es posible que necesites más tiempo para procesar, resumir e integrar todos los mensajes y acciones a seguir; incluso puedes escribir un diario. A medida que sigas trabajando con ella, puedes agregar más ideas y tomas de conciencia que vengan a ti mientras registras tu progreso.

Resumen de la lectura del espejo de la vida

Una vez que hayas preparado el lugar y el ambiente adecuado:

1. Contempla el diseño de la Cruz de Ketsalkoatl en el tablero y reflexiona sobre los aspectos de tu vida que se relacionan con cada cuadrante y el centro.
2. Barajea las cartas de Tonalpohualli, haz cuatro montones, elige una carta de cada montón y colócalas boca abajo en el cuadrante correspondiente.
3. Barajea las cartas de los Regidores, colócalas en fila sobre del tablero, o bien consérvalas en tus manos, elige la de en medio y ponla en el centro de la cruz.
4. Voltea la carta que se encuentra en el cuadrante rojo del tablero y lee su significado en el libro. Luego, haz lo mismo con las otras cartas en el sentido de las manecillas del reloj.
5. Voltea la carta regidora en el centro del tablero y lee su significado.
6. Antes de retirar las cartas del tablero, contémplalas durante unos minutos como un conjunto, del mismo modo en que lo harías con un mandala.
7. Toma notas de tus reflexiones, descubrimientos y de las ideas obtenidas, y enumera las acciones de seguimiento que llevarás a cabo.

Lectura para otros

Una vez que hayas trabajado con el oráculo por un largo tiempo y te hayas familiarizado con los significados, formas en que operan en la vida real y cómo trabajar con los ejercicios, estarás listo para ayudar a otros haciendo lecturas del oráculo para ellos.

Si eliges hacerlo, ten en cuenta que una sesión de consulta del oráculo tolteca no sólo consiste en decir el significado de las cartas, sino también en acompañar y ayudar a la persona a interpretar los mensajes del oráculo en el contexto de su vida, para que la lectura le aporte una experiencia poderosa. Para que esto suceda, debe existir un acuerdo mutuo para tener una conversación abierta sobre las preguntas y respuestas que se abordarán en la consulta.

La función del oráculo tolteca no es predecir el futuro de la persona. No le digas qué hacer, explícale los significados y haz las preguntas para que pueda descubrir cómo aplicar esos significados a su vida. No eres una autoridad, sino un compañero de la persona durante su búsqueda.

Finalmente, el servicio más valioso que puedes ofrecer es la calidad de tu escucha profunda, pues sólo así podrás ver lo que hay ahí; de lo contrario, tus propias palabras y pensamientos te impedirán ver lo verdaderamente relevante.

Cómo interpretar las cartas

Significados múltiples

Al leer el significado de las cartas, notarás que son muy vastos y abiertos. Esto es deliberado, ya que están destinados a cubrir una amplia gama de situaciones posibles. Tú eres quien debe conectar el significado de la carta con las situaciones específicas de tu vida.

Ten en cuenta el doble significado de las cartas en los cuadrantes. Por ejemplo, en el caso de Tonakatl, encontrarás un mensaje para tu cuerpo físico y otro para tu situación laboral. Concéntrate en el que sea relevante para la situación actual de tu vida y pasa el otro a un segundo plano.

El principio general es que, de entre los diversos significados de una carta, el correcto es aquel que resuena en tu corazón. Observa y no reprimas tus reacciones internas a los mensajes, pues son indicio de lo significativos que resulten para ti.

Preguntas y actividades sugeridas

Ten en cuenta que las preguntas y actividades sugeridas sólo son eso, sugerencias destinadas a darte una idea de cómo acercar el significado de la carta a las características específicas de tu vida, y más importante aún, para ayudarte a encontrar maneras de poner el contenido del mensaje en acciones prácticas.

Primero considera las preguntas que se te ocurran espontáneamente después de leer el significado, y posteriormente lee las preguntas sugeridas en el libro. Reflexiona especialmente acerca de las que sientas que te pueden aportar algo valioso. Puede ser que algunas no apliquen a tu situación de vida. Lo mismo ocurre con las actividades, primero imagina por ti mismo qué acciones podrías realizar para aplicar los mensajes recibidos. Posteriormente lee las actividades sugeridas que puedan ayudarte a considerar más opciones.

Correspondencia de los mensajes con los tiempos de tu vida

No hay un periodo de tiempo específico para el mensaje de las cartas. El mensaje podría estar relacionado con tu pasado, presente o futuro. A medida que entiendas el significado, podrás ver que la carta se refiere a algo que sucedió en tu pasado, pero todavía te está afectando, algo que está sucediendo en tu vida actual, o algo que está viniendo a ti y para lo que necesitas estar preparado.

No te preocupes por la posible dificultad de distinguir cuál es el caso; lo que sucede con el oráculo es que tu yo interior tiende naturalmente a hacer la asociación apropiada sin un esfuerzo directo de su parte.

Perspectiva de aplicación

De manera similar, las cartas pueden tener varios significados posibles con respecto de tus acciones y comportamientos. La carta puede revelar algo que estés haciendo y no sea lo mejor para ti; o bien, puede decirte algo que no estés haciendo y que sería positivo implementar en tu vida; puede ser algo que ya estás haciendo, pero podrías mejorar adoptando una perspectiva más amplia o profunda. Una vez más, considerar el comportamiento descrito en el mensaje desde diferentes ángulos te podría ayudar a reconocer cómo el mensaje se relaciona con tu situación.

Actividades posteriores a la consulta del oráculo

Uno de los elementos más poderosos del oráculo tolteca es su orientación hacia la acción. Por lo tanto, los mensajes recibidos no están destinados a ofrecerte solamente un momento de reflexión que será olvidado después de un tiempo. Por el contrario, si puedes convertir esa visión en una conciencia perdurable y en acciones congruentes, te encontrarás realmente cambiando, mejorando y potenciando tu vida.

Por eso, después de recibir cada mensaje debes tomarte el tiempo para considerar los compromisos y acciones que llevarán el poder de los mensajes a tu vida real. Por favor, no otorgues un rol secundario a las actividades del trabajo con el oráculo, ya que son una de las características más poderosas de este instrumento tolteca para el crecimiento espiritual y personal.

Es muy importante que establezcas el periodo de tiempo para efectuarlas. Determina el tiempo que necesitarás para llevar a cabo cada actividad, y cuando corresponda anota la fecha en que deberás concluirla. Tener fechas límite ayuda a dar un seguimiento del objetivo y continuar adelante cuando la pereza, el miedo o la vacilación las inducen a detenerse.

Ten cuidado al configurar tus actividades de modo que no creen conflictos innecesarios con lo que te rodea, y que podrían obstaculizarte. Estás rodeado de tu familia, compañeros de trabajo, de la sociedad, las leyes del hombre y las leyes de la física. Tómalos en cuenta y no olvides que una buena dosis de sentido común siempre es un buen componente para tu plan de acción.

Finalmente, no olvides que los mensajes del oráculo tolteca, así como las actividades sugeridas son parte de una conversación íntima con tu propia alma. Es como mirar en un espejo que revela partes más profundas de ti mismo y de tu vida, pero sólo a ti te corresponde decidir lo que debes hacer y cuando hacerlo. Sólo tu eres dueño y responsable de tu propio destino.

Ahora estás listo para continuar. Te deseo suerte y que el poder del Espíritu esté presente cuando mires tu vida a la luz de la sabiduría de los antiguos toltecas.

II
Las cartas del Tonalpohualli

1
Sipaktli - Dragón

Tu fuerza podría ser tu debilidad y
tu debilidad podría ser tu fuerza.

La imagen del dragón, comúnmente asociada con los cuentos de hadas europeos, podría parecer un elemento ajeno a las tradiciones toltecas. Por cierto, la mayor parte de los diccionarios de la lengua náhuatl traducen *Sipaktli* como "cocodrilo", pero en las imágenes de los códices, a menudo se le representa con plumas (indicativo de su capacidad para volar) y vomitando fuego; de allí nuestra traducción como "dragón".

La imagen del dragón representa poder y puede generar miedo entre quienes lo ven, pero su poder no es bueno o malo en sí mismo. En la visión tolteca, la dualidad sagrada yace en el corazón, tanto de la vida individual, como del universo entero. El poder del dragón puede ser creativo o destructivo; esta es la clave para comprender su simbolismo.

En la imagen de la carta, vemos abierta la mandíbula superior del dragón, listo para devorar al tolteca que está a la derecha. Pero el dragón no significa solamente la posible destrucción del tolteca; la fuerza creadora del dragón está representada por el seno materno (representación arquetípica de alimentar a la vida) localizado justo debajo de su ojo. El tolteca a la derecha no tiene miedo, sino que ofrece alimento al dragón como gesto de amistad. En la esquina superior derecha, un ser humano está entrando al dragón, representando al mismo tiempo el riesgo de no saber cómo tratarlo y el retorno a la tierra para comenzar de nuevo.

La metáfora clásica del dragón refiere a que este puede destruirte si tratas de matarlo, o te puede llevar a volar y compartir su poder contigo, si aprendes a convertirlo en un amigo. Desde el punto de vista tolteca, de ninguna manera seria una buena medicina matar al dragón, porque la meta de esta cultura no era la lucha destructiva entre los opuestos, sino su integración. El dragón es un símbolo sagrado de esa perspectiva.

Significado general

Sipaktli es tu propia energía manifestada a través de tus cualidades personales y conducta. La energía del dragón puede servir a tus talentos o debilidades; usualmente se manifiesta de las dos maneras.

Pero el dragón es una sola entidad; sólo es energía. Te está diciendo que tus dos lados –lo que te gusta y lo que te disgusta– están hechos de la misma energía, por lo tanto, ambos opuestos que constituyen el centro de tu conflicto se conectan en el nivel esencial de la energía.

La del dragón es una revelación mayor acerca del proceso de la vida y el desarrollo del alma. Te permite ver que las características que odias y aquellas que amas de ti mismo no son cosas desconectadas, sino que en su esencia energética son la misma. Si haces amistad con tu dragón, aprenderás a transmutar tus debilidades en fortalezas. Al abrazar al dragón, no desperdicias energía tratando de rechazarlo. Considéralo así: la única fuente de energía para aumentar tu fuerza es la que has estado gastando en tus debilidades y en tu constante e inútil intento de negarlas. Tu fortaleza puede ser tu debilidad y tu debilidad puede ser tu fortaleza; este es el mensaje del dragón.

Piensa, por ejemplo, en una persona que generalmente se muestra bondadosa con los demás, pero que constantemente deja a un lado sus propias necesidades. Aunque en principio esto podría parecer algo bueno, a medida que pasa el tiempo, no atender las propias necesidades tendrá como consecuencia un efecto negativo, llenando su alma de tristeza, desilusiones y resentimiento. Ambas características, tanto la virtud de ser bondadoso con los demás, como la falta de cuidado y atención a uno mismo, son formas de comportamiento provenientes del mismo impulso energético, que en este caso es la buena voluntad de ayudar a los demás. Lo que hace la diferencia entre la virtud y el defecto es la intensidad con la que cada característica es expresada.

Ahora, piensa en una persona muy determinada y de voluntad firme, que tiene éxito al vencer cualquier obstáculo, lo cual se considera como un gran talento, y compárala con otra que es autoritaria y tan obsesionada con alcanzar sus metas, que no le importan la opinión ni los sentimientos de los demás. Esto podría significar un problema. Lo interesante es que ambas cualidades son una forma muy parecida de usar la energía; no obstante, es el nivel de intensidad lo que inclina la balanza hacia el lado de la fortaleza o de la debilidad.

La carta de Sipaktli te está invitando a darte cuenta de cómo tus debilidades pueden ocultar un talento que no estás aprovechando. Cambiando la intensidad o la forma en que manifiestas esa energía, una debilidad se puede convertir en talento. El dragón también te enseña que si te vas a los extremos en el uso de tus talentos, estos se convertirán en una debilidad que te conducirá al fracaso.

Significado en los cuadrantes

Tonakatl – Cuerpo/Mundo material

Sipaktli en el cuadrante del cuerpo te está invitando a ver el dragón que temes enfrentar a nivel corporal, de salud o existencia material.

En el contexto del cuerpo físico, en algunas ocasiones el dragón representa el fuego de la energía sexual que puede ser usada, ya sea para alcanzar lo sagrado, trayendo una conciencia superior y poder para mejorar tu vida, o para agotar tu energía al envolverte en situaciones sexuales en las que tu corazón y espíritu no están presentes. Cuando el cuerpo, corazón y espíritu no caminan juntos, es como si estuvieran en guerra, lo que sólo puede conducir al agotamiento de tu energía.

Esta es una de las razones por la que muchas personas tratan de suprimir su sexualidad, arguyendo motivos espirituales o problemas personales. Al final, sólo intentan escapar de su dragón, o peor, matarlo. Pero no se puede hacer desaparecer al dragón sólo con mirar hacia otro lado, o pensando que carece de importancia. Tienes que enfrentarlo, pues siempre está allí. Por otro lado, si aprendes a volar con el dragón, honrando y respetando tu sexualidad, puedes alcanzar nuevas alturas y despertar tu conciencia en un nivel que nunca te habrías imaginado.

El dragón en el cuadrante del cuerpo también puede significar la posibilidad de padecer un problema de salud que has pasado por alto. Podría estar relacionado con la falta de actividad física, hábitos insalubres, comer sin control o autodestructivamente, demasiada tensión, enojo, etcétera. Al ignorar la situación, pensando que no es tan importante o que no puedes hacer nada al respecto, este tipo de pensamientos son una forma de mentirte a ti mismo y un intento por escapar del dragón. Esto no funciona.

Tienes que enfrentarte al dragón, hacerte su amigo y usar su fuerza extraordinaria para darle poder a tu vida. Si, por ejemplo, tiendes a descuidar tu cuerpo a través de una mala alimentación o insuficiente actividad física, necesitas encarar la verdad de lo que estás haciendo y el malestar que resulta de ello. Los beneficios de mejorar tus hábitos alimenticios y empezar un programa de ejercicio para proteger tu salud sobrepasarán la incomodidad inicial de hacer cosas a las que no estás acostumbrado.

Con relación al mundo material, el dragón te dice que las posesiones y el dinero son tan buenos o malos como la manera en que los emplees. Lo contundente es que la riqueza material no es más que otra forma de la energía. Observa y reflexiona acerca de si la manera en que ganas y gastas tu dinero, y el modo en que manejas tus finanzas y posesiones materiales son congruentes con tus principios.

Preguntas sugeridas

- ¿Cómo estoy usando mi energía sexual?
- ¿Está mi corazón presente en mis interacciones sexuales?
- ¿He estado tratando de escapar de mi sexualidad?

- Si estoy teniendo problemas en el área de la sexualidad, ¿cómo podría convertir esa debilidad en fortaleza?
- ¿Hay alguna cualidad positiva que podría estar expresando de manera excesiva y que esté derivando en desánimo y agotamiento?
- ¿Estoy creando un potencial de problemas de salud por mantener hábitos poco sanos o adicciones?
- ¿Hay paz en el fondo de mi corazón respecto de la forma en que gano mi dinero?
- ¿La forma en que uso mi dinero está en armonía con mis principios?

Actividades sugeridas

- Reflexiona sobre tu vida sexual.
- Haz una lista de los que consideras rasgos negativos de tu vida. Reconoce algún aspecto positivo de una cualidad negativa y transfórmala en una positiva.
- Si tienes pareja, tengan una conversación con el corazón abierto acerca de sus vidas sexuales.
- Considera un breve periodo de celibato en el que puedas reflexionar si estás respetando a tu corazón y tus propósitos más elevados durante tus experiencias sexuales, y en cómo traer verdad y espíritu a ese aspecto de tu vida.
- Date la oportunidad de vivir tu sexualidad de manera abierta y creativa, dentro de un contexto de responsabilidad, respeto y amor para contigo mismo y los demás.
- Hazte un examen médico, por si acaso padecieras algún problema potencial de salud que has estado ignorando.

Mati – Mente/Trabajo

Sipaktli en el cuadrante de la mente sugiere, ya sea una tendencia hacia patrones obsesivos de pensamiento, o una capacidad analítica subdesarrollada.

El dragón puede representar energía mental perjudicial, como cuando la mente está saturada de pensamientos negativos, ya sean en contra de uno mismo o de otros, lo que nos llevaría al mismo resultado: el agotamiento de nuestra fuerza vital.

Este dragón no debe ser rechazado o tratado con violencia, sino alimentado con proyectos positivos y actividades que eleven la claridad y calidad de tus pensamientos, para vencer de manera gradual la negatividad de la mente.

Por otro lado, la potencia del dragón es desperdiciada cuando no te tomas el tiempo necesario para reflexionar acerca de lo que haces. Así como es importante no pensar en exceso, también resulta problemático ir de un pensamiento a otro sin observar y tomar conciencia de su contenido. Cuando la reflexión sucede de una forma natural y saludable, entramos en un estado al que los antiguos toltecas llamaban "consultarlo todo con tu propio corazón".

En el área de trabajo, Sipaktli en Mati es el poder del dragón que puede crear, alimentar y elevar, o destruir. Piensa en las enormes posibilidades que tienes en tu trabajo y tal vez no estás atendiendo. El dragón te dice que podrías lograr mucho más si abres tu mente para abrazar proyectos más desafiantes o que pongas el corazón en los que ya estás realizando. Esto traerá beneficios para ti y la organización donde trabajas. Por otra parte, la expresión negativa del dragón en el trabajo se refiere a problemas y consecuencias que estás sufriendo ahora o sufrirás en el futuro como resultado de no estar dando lo mejor de ti mismo en el área laboral.

Preguntas sugeridas

- ¿Tengo el mismo tipo de pensamientos una y otra vez?
- ¿Cuáles son mis pensamientos más repetitivos?
- ¿Cuál es el resultado energético de mis pensamientos repetitivos?
- ¿Qué tipo de pensamientos debería practicar para cambiar mis modos de pensar?
- ¿Dedico suficiente tiempo a la meditación profunda sobre mi vida?
- ¿He consultado con mi propio corazón acerca de lo que he estado haciendo últimamente?
- ¿Qué clase de actividades puedo incorporar a mi vida que podrían ayudar a mi mente a estar tranquila?
- En el trabajo, ¿qué grandes oportunidades he subestimado?
- ¿Hay un área de trabajo en donde no he sido totalmente responsable?

Actividades sugeridas

- Escribe tus pensamientos en un diario personal tantas veces como puedas durante una semana o mes.
- Haz una lista de los pensamientos más repetitivos que tienes y nota sus efectos en tu vida. Subraya cualquier patrón de pensamientos obsesivos y haz un plan para cambiarlos.
- Introduce sesiones breves de reflexión o meditación acerca de tu vida, y haz esto regularmente.
- Escribe una lista con dos columnas, una para oportunidades potenciales y otra para problemas que no has tratado en tu trabajo.

Teyoli – Emociones/Relaciones

El dragón en el cuadrante de las emociones indica que podrías estar encerrado en patrones emocionales que están consumiendo tu energía. El lado luminoso de este mensaje es que tienes la oportunidad de transmutar esas emociones en algo positivo, de buscar y desarrollar lo bueno que se esconde tras ellas.

Algunas veces, las aspiraciones de tu yo superior se encuentran ocultas detrás de emociones negativas como la arrogancia o la autocompasión. La arrogancia te impedirá reconciliarte con un familiar del que te has alejado, aun cuando en el fondo tu corazón lo anhele. La autocompasión te hará creer que necesitas que los demás te amen de una mejor manera, cuando lo que en realidad necesitas es darte la oportunidad de ser más generoso en tu forma de amar a los demás. Cuando las emociones enmascaran tus aspiraciones superiores, te sentirás constantemente exhausto emocionalmente, sin causa aparente. Este sentido de agotamiento es el resultado de abandonarte a actividades emocionales dañinas. Un profundo autoexamen de tus emociones es aconsejable.

Por otra parte, Sipaktli en Teyoli puede significar que te estás dañando al esconder tus verdaderas emociones acerca de los demás y de ti mismo. La energía está atascada y no fluye, lo que eventualmente te llevará al malestar y la enfermedad. En este caso, la mejor medicina es abrir el corazón y compartir con otros lo que te está pasando. Las emociones llevan mucha energía y necesitan fluir; reprimirlas obstruye su flujo natural y disminuye tu fuerza vital.

Preguntas sugeridas

- Actualmente, ¿cuáles son las emociones más dominantes en mí?
- ¿Cómo las estoy manejando?
- ¿Las estoy reprimiendo o dejando fluir?
- ¿Me estoy ahogando en arrogancia o autocompasión?
- ¿Qué actividades puedo realizar para contrarrestarlas?
- Si sufro por no expresar lo que siento, ¿a quién podría empezar a expresarle mis emociones?

Actividades sugeridas

- Si estás atrapado por emociones negativas e inútiles que surgen más de tu actividad de pensamiento que de hechos reales, admite que estas son activadas por pensamientos negativos específicos.
- Cambia, bloquea o encuentra sustitutos para el tipo de pensamientos que las alimentan. Puedes hacer esto pensando en algo que no tenga nada que ver con aquello que cambiará la dirección de tu atención (y más importante, de tu energía) o podrías ocuparte en una actividad, por ejemplo, ejercicio físico, que requiera tu completa atención.
- Practica deportes, actividades en el campo o cualquier otra que promueva el bienestar y los pensamientos positivos. La idea no es barrer tus emociones y esconderlas debajo de la alfombra, sino reconocer que este tipo de desperdicio emocional es generalmente una fantasía negativa creada y mantenida por tus pensamientos negativos; no está saliendo de una percepción realista, y lo que quieres es interrumpir la generación de esta clase de emociones.
- Si reprimes las emociones reales que no has compartido con otros, pasa un poco de tiempo con alguien con quien no has sido sincero. Abre tu corazón y comparte tus sentimientos con esa persona. Hazlo naturalmente, sin reservas y sin esperar ninguna recompensa.

Teotl – Espíritu

El dragón en el cuadrante del Espíritu es una llamada poderosa del Gran Espíritu. Te indica que la energía que estás desperdiciando en tus patrones inquietantes internos y externos debe ser transmutada y usada para alimentar la tarea sagrada de tu vida.

Tienes que ver la parte de ti mismo y de tu conducta que es considerada la peor de todas, lo que más te disgusta de ti mismo o de tu vida. Ha sido parte de ti por mucho tiempo, pero llegó la hora de transformarla. Naturalmente, cambiar este aspecto con el que has vivido por tanto tiempo no será fácil ni ocurrirá sólo con tratar de matar esa energía. No intentes matar al dragón.

Tu única oportunidad es encontrar o escoger una tarea sagrada que traiga renovación y requiera la misma cantidad de energía que estás usando en lo que mata tu espíritu. Por cierto, esa misma energía que has desperdiciado en tu vicio energético la necesitarás para realizar tu tarea sagrada. Sipaktli en Teotl es la magia de transmutar el plomo en oro.

Preguntas sugeridas

* ¿Cuál de mis patrones internos y externos está consumiendo la mayor parte de mi energía?
* ¿Qué es lo que más me perturba de mí mismo?
* ¿Me ha sido dada una tarea sagrada? ¿La estoy honrado?
* Si fuera a escoger una tarea sagrada, ¿cuál sería?
* ¿Cómo puedo transformar la energía que gasto en mi vicio energético en alimento para mi tarea sagrada?

Actividades sugeridas

* En compañía de alguien de confianza, y frente al fuego sagrado, habla abiertamente y confiesa cuál es el patrón o la conducta que usa la máxima cantidad de energía en tu vida.
* Después de tu confesión, ofrece romper ese patrón, y a la vez ofrenda esa energía para servir a tu propósito espiritual. Tu compañero y el fuego sagrado serán tus testigos para reforzar tu compromiso.
* Ve solo a un lugar de la naturaleza y háblale al fuego, a la Madre Tierra, al arroyo, al viento o al sol, y pídele a ese Poderío que te dé una tarea sagrada que puedas cumplir en un año. Espera en silencio hasta que recibas el mensaje del Espíritu.

2 · Ehekatl - Viento

2

Ehekatl - Viento/Espíritu

Abre tu corazón al Gran Espíritu
para que puedas ver que eres uno con Él.

E hekatl es uno de los símbolos más extraordinarios del calendario náhuatl. Aunque es conocido comúnmente como el representante del viento, en el Tonalpohualli (el oráculo antiguo o *Libro del Destino*) tenía un significado más espiritual. Para los toltecas y otros grupos indígenas de la cultura náhuatl, la palabra *Ehekatl* quiere decir "Espíritu", que podríamos considerar equivalente al concepto de Dios, siempre que no sea en el sentido del Dios antropomórfico occidental.

Como expliqué en el apartado 2, en la visión tolteca del mundo Dios o el Gran Espíritu no sólo tiene una, sino varias representaciones. Para su cultura, era igualmente normal referirse a Dios con el nombre de Ehekatl, como lo era el uso del nombre Ometeotl (la

Dualidad Sagrada), Senteotl (la Unión Sagrada) o Ketsalkoatl (la Serpiente Emplumada); sin embargo, aunque contaban con muchos nombres para la divinidad, Ehekatl era sin duda uno de los más importantes, con muchos templos dedicados a él a lo largo y ancho del México antiguo.

Las traducciones directas de Ehekatl son "espíritu", "aliento" (que sostiene a la vida) y "viento". La raíz de la palabra es *eha*, que significa "fluidez". Todos estos significados juntos nos revelan el sentido amplio del significado de este símbolo.

El Gran Espíritu es el "Dador de la Vida", y esta se sostiene físicamente por medio de la respiración, que por lo tanto es considerada sagrada. La manifestación espiritual y física de la vida pasa siempre por el aire (viento) que respiramos, y sus rasgos principales son su presencia y fluidez en todas partes.

En la imagen de la carta vemos a un sanador devoto al culto de Ehekatl; sabemos esto por la máscara que lleva puesta semejando un pájaro (su pico es la representación de las corrientes de viento). La serpiente emplumada en su cabeza nos indica que está meditando acerca de la integración de los opuestos (el significado principal de la serpiente emplumada). En su falda podemos apreciar un único círculo que significa el número uno, representando la máxima unidad. Está sentado en una piel de jaguar, representación del poder energético de la visión espiritual.

Significado general

Recibir esta carta es una invitación significativa para darte cuenta de que siempre estás rodeado por la presencia sagrada del Gran Espíritu. Ehekatl se encuentra en todas partes, todo el tiempo; por lo tanto, siempre tenemos la opción de ser conscientes de eso, de entrar al estado de teomanía, la práctica de aceptar a la divinidad dentro de uno mismo. Esto es lo que la carta te está diciendo: que hagas espacio en tu vida y corazón para el Gran Espíritu. Date el tiempo y espacio para practicar teomanía.

Teomanía se traduce como "tener a Dios dentro de uno mismo", y puede ser comprendido como un estado meditativo que conduce a la experiencia de vencer la percepción falsa de nuestra separación de Dios. Este no es un tema trivial. La separación de Dios yace en la base misma de nuestro estado permanente de miedo y ansiedad causados por vivir en un mundo que cambia constantemente. La experiencia fundamental de estar separados sostiene todas las otras angustias acerca de esa separación (de la madre o el padre, del compañero perdido desde hace mucho tiempo, etcétera). Podemos percibir una diferencia significativa y extraordinaria cuando nuestro ego se rinde y nuestra conciencia es elevada a la comprensión pura de nuestro estado perenne de unidad con el Gran Espíritu.

Significado en los cuadrantes

Tonakatl – Cuerpo/Mundo material

Ehekatl en el cuadrante de Tonakatl se refiere al trato que le das a tu cuerpo y a las riquezas materiales desde la perspectiva de tu conexión con el Gran Espíritu.

El cuerpo es frecuentemente depositario de los miedos y fantasías que nuestra sociedad orientada al consumismo nos ha implantado casi desde el momento en que nacemos. En la fantasía al estilo de Hollywood, se representa al cuerpo como medio para atraer potenciales parejas sexuales que, supuestamente, nos traerán felicidad. La otra cara de este impulso neurótico por ver al cuerpo humano como objeto de deseo en el nivel de nuestros instintos más básicos, es el sufrimiento que tantas personas sienten por no parecerse a esos estándares publicitarios.

Para el sabio tolteca, el cuerpo es el espacio sagrado donde el alma encuentra al mundo. Es la entidad que se relaciona con la naturaleza en una forma natural y feliz. El cuerpo camina, salta, corre, toca, es tocado y siente todo; respira, canta, llora y ríe; siente amor en muchas formas diferentes; te lleva de un lugar a otro, abriendo un infinito número de caminos para tu crecimiento y placer. El cuerpo danza, mira, reza y abre las puertas del corazón para una comunicación profunda con lo sagrado. Todas esas y muchas otras cosas maravillosas haces por medio de tu cuerpo. Nada de lo que es importante de verdad depende de tu alineación con los estándares de belleza de los medios de comunicación.

Ehekatl en Tonakatl te está diciendo que recuerdes la naturaleza sagrada del cuerpo para honrarlo por lo que es y no por lo que no es. No te tortures comparándote con la belleza superficial; en vez de eso, aprende a amar tu cuerpo por toda la belleza real que tiene, reconoce su naturaleza sagrada y dale lo que necesita de verdad: aceptación, movimiento, cuidado y amor.

Por otro lado, si el tipo de vida que llevas ha estado bloqueando la alineación natural de salud y regocijo en tu cuerpo, el Gran Espíritu te dice que es hora de que cambies a una forma de vida más saludable.

Hablando de sexualidad, Ehekatl en el cuadrante del cuerpo es un aviso para que hagas el amor de una forma que integre cuerpo, mente y alma con el Gran Espíritu que sostiene el universo.

En el área del mundo material, Ehekatl nos aconseja que usemos parte de nuestro dinero para apoyar alguna causa espiritual. Podrías hacer esto realizando donaciones a causas nobles, o invirtiendo tu dinero en actividades que apoyen tu desarrollo espiritual. Cada persona y cada caso son únicos, así que reflexiona en cómo aplicar todo esto a tus circunstancias personales.

Preguntas sugeridas

- ¿Cómo veo mi cuerpo?
- ¿Mi cuerpo está proporcionándome experiencias de crecimiento y alegría de vivir, o de angustia y tensión?
- ¿Estoy tratando a mi cuerpo como un objeto para atraer a los demás o estoy honrando su naturaleza sagrada?
- ¿Qué actividades puedo hacer para honrar su naturaleza sagrada?
- ¿Qué puedo hacer para que mi cuerpo goce de la vida sin despreciarlo o compararlo con otros?
- ¿Estoy expresándole suficiente amor a mi cuerpo?
- ¿Cómo puedo usar mi dinero para un propósito espiritual?

Actividades sugeridas

- Por lo menos tres veces por semana durante el próximo mes, mira tu cuerpo desnudo en un espejo; nota todos sus detalles; expresa tu amor por él en voz alta, y aprende a aceptar ese amor hasta que puedas sentirlo realmente.
- Haz tiempo para involucrar a tu cuerpo en actividades que le hagan sentir un bienestar auténtico. Puede ser haciendo una caminata en la naturaleza, riéndote, bailando, meditando o cualquier cosa que haga sentir vivo a tu cuerpo.
- Haz una recapitulación de todas las cosas buenas que has sentido a través de tu cuerpo. Demuéstrale gratitud.

- Desnuda tu cuerpo y comparte tu sexualidad solamente con aquellas personas con quienes puedas desnudar también tu alma.
- Haz un donativo a una causa espiritual.

Mati – Mente/Trabajo

Ehekatl en este cuadrante sugiere que deberías pensar menos en tus miedos y en exigir cosas a los demás, y hacerlo más en tu conexión con lo sagrado y en demostrar generosidad hacia los demás.

Practica teomanía. Vacía tu mente y permite al Gran Espíritu llenar tu mente, luego tu cuerpo y finalmente el corazón. Dedica por lo menos unos minutos todos los días a despejarla de todo lo que la ocupa y percibir la presencia de lo sagrado. Entonces, cuando tu mente esté en silencio y tu conciencia despierte a tu conexión con el Gran Espíritu, imagina cómo sería tu vida. Mírate a ti mismo honrando esa conexión en todos tus asuntos cotidianos (familia, trabajo, tiempo con la naturaleza, etcétera). De la conciencia que obtengas con la práctica de teomanía, desarrolla una forma de vida nueva y mejor.

Con respecto de tu trabajo, Ehekatl en Mati te invita a pensar en lo que puedes dar, en lugar de sólo hacerlo en términos de lo que puedes obtener de una situación laboral.

Preguntas sugeridas

- ¿Con qué frecuencia me tomo el tiempo para aclarar mi mente y meditar acerca de mi conexión con el Gran Espíritu?
- ¿Necesito abrir mi ser a la experiencia de esa conexión?
- ¿Qué papel tienen mis pensamientos repetitivos en la consolidación de mi forma de ver la vida y las metas que persigo?
- ¿Ha llegado el momento de cambiar la naturaleza de los pensamientos con los que ocupo mi mente la mayor parte del tiempo?

Actividades sugeridas

- Practica meditación de teomanía todos los días, por lo menos quince minutos durante dos semanas. Puedes extender el tiempo de su práctica todo lo que quieras.
- Toma nota sobre el contenido de tus pensamientos tan a menudo como puedas durante una o dos semanas. Luego, repasa los resultados para ver cuáles son tus patrones de pensamiento.

Considera los efectos de esos patrones y decide qué cambios necesitas hacer.

- Haz una lista de lo que quisieras obtener de tu trabajo. Luego, has otra de lo que tienes para ofrecer. Determina cómo hacer para que la lista de ofrendas crezca.

Teyoli – Emociones/Relaciones

Podrías estar sufriendo por causa de emociones que te empujan hacia la zona del miedo. Sólo el Espíritu te puede rescatar y regresar a la zona del amor.

Tus emociones angustiantes son resultado de la forma en que te relacionas con los demás. ¿A quién has estado lastimando? ¿Quién te ha lastimado? Ehekatl en Teyoli enseña que no hay manera de herir a otros sin herirte a ti mismo, y no hay forma de sanarte a ti mismo sin sanar a otros. La culpa por lastimar y el dolor de sentirte lastimado por otros sólo terminan cuando nos damos cuenta de que todos estamos conectados a un mismo espíritu y que todos somos verdaderamente uno.

Es hora de sanar tu conexión con esa persona significativa que está presente en tu corazón, sin importar cuánto hayas intentado pretender que él o ella no estén allí. Has una oración al Gran Espíritu y pídele su dirección y presencia durante el proceso de sanar tus relaciones.

Preguntas sugeridas

- ¿A quién he estado hiriendo últimamente en mi vida?
- ¿Cómo me está dañando esto?
- ¿Qué puedo hacer para sanar esta conexión?
- ¿Cómo puedo tener al Gran Espíritu presente y ayudándome en el proceso de sanar mis relaciones?

Actividades sugeridas

- Ten una conversación sincera con la persona con quien has estado teniendo dificultades.
- Perdona y pide perdón. Hazlo de corazón como un gesto al Espíritu y para tu propia sanación sin esperar una recompensa (no esperes que todo se resuelva sólo con tu gesto. Esto es únicamente el principio).

- Has una oración al Gran Espíritu a la luz de una vela y pídele que esté presente contigo en tus esfuerzos por sanar tus relaciones.

Teotl – Espíritu

Ehekatl en el cuadrante del espíritu es uno de los presagios más fuertes de que estás siendo llamado hacia un despertar espiritual.

Comienza por buscar lo sagrado dentro de ti mismo, y cuando lo encuentres, imagina formas de expresar esa presencia espiritual en tus actividades cotidianas. A la larga, esto te llevará a un estado de conexión equilibrada entre ambos mundos, el interno y el externo.

La llamada del Espíritu es una señal que viene desde fuera de uno mismo, pero que requiere de una decisión que sólo tú puedes tomar desde el fondo de tu corazón. Tu tarea sagrada podría ser revelada como una visión poderosa que experimentarás como un decreto del Espíritu; o podría ser que el decreto del Espíritu sea que tú elijas la tarea.

El momento de buscar la tarea sagrada de la vida ha llegado; no hay tiempo que perder. Si no respondes a la llamada ahora, puedes perderla para siempre y pasar el resto de tu vida vagando sin destino ni sentido. Permanece atento a las señales y procura estar listo para tomar tu decisión.

Preguntas sugeridas

- ¿Sé cuál es mi tarea sagrada en esta vida?
- ¿He llegado al punto en que debo actuar para lograrlo?
- ¿Qué tipo de tarea puedo abordar apasionadamente para llegar al equilibrio con el Gran Espíritu?
- ¿Hay alguna tarea que me ha estado llamando toda mi vida, a la que no le he dado suficiente atención?
- ¿Debería darme el tiempo y espacio para encontrarme con Ehekatl y pedirle una tarea sagrada?

Actividades sugeridas

- Busca un lugar solitario en la naturaleza y celebra una ceremonia para llamar al Espíritu en voz alta.
- Pide una visión acerca de tu tarea sagrada en la vida. Si ya la conoces, pide orientación sobre sus próximas etapas y pasos.

Quédate ahí tanto tiempo como sea necesario para conseguir tu visión.

- Una vez que la veas, promete en voz alta lo que vas a hacer al respecto. Sé específico y mantén tu promesa. Durante un período de tiempo, esa promesa puede ser el único vínculo entre el tiempo sagrado que pasaste en conexión con el Gran Espíritu en la naturaleza y tu vida cotidiana.

3 · Kalli - Casa

3
Kalli - Casa

Tu fortaleza en el mundo sólo puede ser sostenida
por la fortaleza y consistencia de tu mundo íntimo.

E n el mundo tolteca, Kalli es uno de los símbolos más conocidos del Tonalpohualli. Podemos encontrarlo en sitios arqueológicos importantes como Shochikalko (Xochicalco, Morelos,
México). El nombre *Shochikalko* proviene de *shochitl* (flor), *kalli*
(casa) y *ko* (lugar de), que se traduce como "el lugar de la casa de
flores". El significado simbólico de flor en este nombre nos revela
el sentido del propósito de ese lugar. La flor es la representación
clásica de la visión mística; por eso Shochikalko era la casa sagrada
o el centro ceremonial a donde los peregrinos iban en busca de visiones espirituales.

La raíz *kal* significa "vasija" o "tazón" y demuestra la función básica de Kalli como aquello que guarda algo precioso. Entre los

indígenas wixarika del norte de México[12], el nombre Kaliwey indica el centro ceremonial en torno del que está organizada la vida espiritual de la comunidad.

En la imagen vemos a una muchacha que va al Kalli, la casa sagrada, a orar o meditar. Sabemos lo que hace porque frente a ella está el símbolo de la luna, que representa la mente. Los símbolos de arriba representan el agua (fluctuación), la flecha (tentación) y el corazón (pasiones y sentimientos). Con este sistema de símbolos simples, el artista tolteca nos muestra el significado completo de Kalli como el lugar para la introspección y reflexión sobre los asuntos de la vida.

Habiendo enfatizado el carácter espiritual de la palabra Kalli, ahora podemos considerar su significado general como casa, que es el espacio que contiene y protege la vida familiar, de los corazones vivientes de la gente, y también el espacio del tiempo para dormir y el precioso tiempo del sueño, tan importante para los toltecas.

Significado general

Kalli representa tu casa, tu vida familiar y tu mundo íntimo, en oposición con tu trabajo fuera de ella y entorno social. La casa es el templo donde conservas aquello que es más sagrado para ti y fuente de renovación de tu energía y fortaleza. Si tu casa no cumple con estas funciones, significa que necesitas examinar cómo estas tratando con tu mundo íntimo.

Cuando te sale esta carta, verás la vida de tu hogar y a tu persona, y cómo son afectadas por lo que allí sucede. Deberás examinar las relaciones con tu familia inmediata, que incluye no sólo a quienes viven contigo bajo el mismo techo, sino a aquellos con los que tienes una relación cercana. También deberás considerar el papel que el espíritu tiene en tu vida familiar.

En algunos casos, podrás relacionar a Kalli con el mundo de tus sueños, especialmente si en el periodo en que consultas al oráculo tolteca has estado teniendo sueños repetitivos, que te dejan con un fuerte sentimiento de que su significado es muy importante para tu vida. En tal caso, podrás hacer la lectura asociando la carta y su lugar en el tablero con el sueño que ha venido a ti. No te sorprendas

---

[12]Véase *Toltecas del Nuevo Milenio,* Víctor Sánchez (Bear & Company, 1996).

si ambos, la asociación con tu hogar y la vida familiar y la asociación con los sueños, terminan siendo una misma cosa.

Significado en los cuadrantes

Tonakatl – Cuerpo/Mundo material

Kalli en el cuadrante del cuerpo se refiere a tus patrones de alimentación. Dice que deberías prestar atención a la forma en que te alimentas. No se trata necesariamente de que sigas esta o aquella dieta; existen muchas formas distintas de alimentarse y estar sano que trabajan de modo diferente en cada persona. En vez de esperar a descubrir en algún lugar la forma correcta y apropiada de comer, explora, experimenta y escoge aquella que funcione mejor para ti.

Si al comer no estás nutriendo tu fuerza de vida de modo adecuado, deberás abrir tu mente para explorar formas nuevas, en vez de seguir ciegamente las ideas que has acumulado acerca de lo que es bueno para ti. Lo más importante es que escuches a tu cuerpo y aprendas a confiar en él, incorporando lo que te está pidiendo, sin importar lo que diga tu mente, o eliminado lo que le está haciendo la vida difícil. Pon mucha atención y descubrirás por ti mismo los efectos que cada tipo de alimentos que estas ingiriendo tienen en tu cuerpo. Sin embargo, todavía más importante que lo que comes, es lo que no estás comiendo. Los antiguos toltecas no tenían predilección por el vegetarianismo o por una dieta basada en carne. A partir de los alimentos que tuvieran a su alcance, cada individuo debía estar atento y reconocer lo que le hacía mejor a su cuerpo y estilo de vida.

La frecuencia, los horarios y el estado de ánimo con los que ingieres tus alimentos son tan importantes como el tipo de alimentos que consumes. Si te sale esta carta, considera cuidadosamente sí estás o no comiendo a tiempo, si te saltas comidas con frecuencia o pasas periodos de ayuno desordenados que te puedan estar causando desequilibrios o problemas de peso. Ayuda a tu cuerpo dándole comida de calidad suficiente en horarios adecuados.

El "espíritu energético" de tus comidas influye en todo tu sistema. Esto tiene que ver no sólo con lo que comes, sino con la persona que cocina, su disposición y sentimientos, los ingredientes utilizados y, finalmente, el espíritu y la energía presentes entre las personas que comparten los alimentos.

Haz que el tiempo de tu comida sea un tiempo de bienestar. Ingiere tus alimentos con plena consciencia y mantente presente para aquellos con quienes compartes la mesa. Como los excesos nunca son buenos, no hables demasiado durante la comida, hasta el punto de perder la consciencia de lo que estás comiendo.

Con respecto del mundo material, Kalli en Tonakatl te aconseja que ahorres en tiempos de abundancia para que estos te ayuden en tiempos de escasez.

Preguntas sugeridas

- ¿Estoy comiendo suficiente?
- ¿Estoy comiendo alimentos de buena calidad?
- ¿Qué tipo de energía recibe mi comida durante su preparación?
- ¿Estoy atento a las necesidades de mi cuerpo?
- ¿Cómo puedo mejorar la calidad del tiempo de mis comidas?
- ¿Estoy ahorrando para mi futuro?

Actividades sugeridas

- Aprende a cocinar.
- Aprende a cocinar con amor.
- Aprende a comer con amor.
- Invita a los miembros de tu familia a hacer lo mismo.
- Por lo menos una vez a la semana, ten un desayuno, almuerzo o cena especial para honrar el privilegio sagrado de estar juntos. Invita a los miembros de tu familia a que participen en la organización de esta comida especial y celebren la vida familiar.
- Abre una cuenta de ahorros que puedas usar en el futuro.

Mati – Mente/Trabajo

Kalli en el cuadrante de la mente te está diciendo que existe una situación especial en tu casa o vida familiar que no sólo requiere tu atención, sino también de tu creatividad.

A veces, las necesidades de una familia se arriesgan porque otras como el trabajo, carrera o estudios toman prioridad; en consecuencia, la vida familiar sufre. Date el tiempo para honrar y alimentar tus conexiones familiares, poniendo especial atención al tiempo que compartes con los miembros de tu familia y a la calidad de ese tiempo compartido. Haz un plan consistente para disponer con regularidad del tiempo necesario y conectar con cada uno de sus miembros.

Tal vez no vivas a gran distancia de un miembro de tu familia que es importante para ti, pero de quien te has alejado. Pregúntate el porqué; ¿qué es lo que te mantiene alejado de esa persona?, ¿guardas resentimientos hacia él o ella? ¿Te sientes lastimado por esa persona? ¿De dónde provienen esos sentimientos de separación?, ¿podrían ser pensamientos negativos que repites una y otra vez en tu mente? Kalli te está diciendo que es tiempo de cambiar tu modo de pensar porque es un estorbo para la sanación de esa relación.

Con respecto del trabajo, la carta en este lugar te dice que deberías examinar tu ambiente laboral de una forma similar. Encuentra la conexión entre estos dos campos que parecen separados y tendrás una percepción más completa de lo que está pasando, tanto en tu casa, como en tu trabajo.

Preguntas sugeridas

- ¿Estoy viviendo de una forma que ayuda a la fuerza vital de mi hogar?
- ¿Paso suficiente tiempo de calidad con mi familia?
- ¿Por qué no estoy cerca de la gente que quiero?
- ¿Qué me está alejando de mi propia gente?
- ¿Qué tipo de pensamientos estoy repitiéndome que alimentan esta separación?

Actividades sugeridas

- Haz un mapa de tu familia. Dibuja un diagrama en donde sus miembros sean como planetas alrededor tuyo. Coloca a los parientes más cercanos muy cerca de ti y viceversa. Luego, escribe los sentimientos y el estatus actual de tu conexión con cada uno de ellos. Usa colores brillantes para indicar las relaciones que te dan más vida, y oscuros para las que necesitas sanar.
- Habla con tu familia y haz un plan para realizar una actividad nueva que no hayas compartido antes con ellos.
- Medita en cómo te las has arreglado para permanecer alejado de las personas que son importantes en tu vida.

Teyoli – Emociones/Relaciones

Kalli en este cuadrante es una llamada poderosa para que te des cuenta de las emociones que están haciendo de tu vida familiar lo que es.

Debes descubrir aquello que está más allá de las emociones, tanto tuyas, como de quienes te rodean. Para poder ver lo que está realmente allí, enmascarado por tus emociones, tienes que expresar y aceptar tus emociones en el momento en que suceden.

Reconoce tus emociones, buenas y malas, como un principio para conocerte y comprenderte a ti mismo. Mira lo que estas sintiendo y acéptalo. Rechazar las emociones que calificamos como "malas" obstruye el flujo de nuestra energía de vida y no las detiene ni cambia, sino que nos lleva a una guerra contra nosotros mismos. Sólo al reconocer estos sentimientos podemos trabajar con ellos y, eventualmente, dejarlos ir. Es nuestro rechazo lo que las hace más fuertes y las deja atrapadas dentro de nosotros. Necesitas darte cuenta de que las emociones negativas a menudo son sólo la primera etapa o la máscara de un sentimiento positivo. De cierto modo, son una forma torpe de expresar algo bueno. Si una persona dice "te odio", tal vez sea porque no ha aprendido a decir "necesito que me abraces".

Kalli en este cuadrante te dice que debes ver más allá de la máscara de las emociones para reconocer lo que en realidad necesitas para mejorar las relaciones con tu familia. Por un momento, prueba dejar de oír las palabras (tuyas y de los demás) y mira a los ojos, más allá, al fondo del alma, y reconoce qué hace falta. Luego, busca la forma de llevarlo a cabo.

Preguntas sugeridas

- ¿Cuáles son las emociones dominantes presentes en mi relación con cada miembro de mi familia?
- ¿Hay alguna emoción que rechazo internamente, pero que no he podido eliminar?
- ¿Cuál es el sentimiento escondido detrás de la emoción que estoy tratando de rechazar?
- ¿Hay alguna emoción reprimida que me traería un gran alivio si la aceptara y expresara?
- ¿Qué emoción consume una gran cantidad de mi energía?

Actividades sugeridas

* Escribe una carta a cada miembro de tu familia en la que hables de tus emociones. Pídeles que la lean en privado y piensen en lo que has escrito, para después escribirte una carta con sus propias reacciones y emociones acerca de lo que leyeron. Después, lee sus cartas y reflexiona al respecto. Finalmente, reúnete con ellos para hablar acerca de lo que aprendieron leyendo las cartas.

* Si sientes una emoción difícil de enfrentar, ve a un lugar solitario como el bosque, escarba un pequeño agujero en la tierra, como de treinta centímetros de profundidad y entre diez y quince de ancho. Grita tus emociones secretas dentro de él; comparte tus secretos con la Madre Tierra y déjalos ir; ella absorberá cualquier negatividad y la transformará en energía de vida. Dale gracias y abraza a la Madre Tierra; cubre el hoyo y regresa a tu vida. Ahora estarás listo para hablar de tus emociones con los demás.

Teotl – Espíritu

Kalli en el cuadrante del espíritu indica la necesidad de elevar tu casa y vida familiar con la presencia de lo sagrado. Tal vez necesites crear un espacio en tu casa donde puedas conectar con el Gran Espíritu, sin importar el nombre con el que lo designes; tu casa necesita la paz y fortaleza que se alimentan de la conexión con él.

Para los antiguos toltecas, la naturaleza era la cara visible del Gran Espíritu, por lo tanto, conectaban con Él a través de las fuerzas de la naturaleza, a las que llamaban Poderíos: agua, fuego, tierra, viento y sol. Para ellos, tener en sus hogares al agua en una pequeña fuente, al fuego en una vela o chimenea, un jardín o terraza donde el aire y la luz solar entren libremente, servía como templo familiar para la experiencia de conectar con el Dador de la Vida.

A tu manera, crea un espacio para honrar la conexión con el Gran Espíritu, para ti y tus seres queridos, pero sin presionar a nadie para que realice actividades que no puedan disfrutar y hacer libremente, pues no servirían para su propósito sagrado. Sólo provee el espacio y úsalo para ti mismo sin llamar la atención. Si encuentras una música, canta tu canción calladamente; si tu canción es verdadera, quienes te rodean danzarán con ella casi sin darse cuenta.

Preguntas sugeridas

- ¿Necesita mi casa la presencia del Espíritu para estar alegre y plena?
- ¿Podría mi vida familiar enriquecerse al tener un lugar para conectar con el Espíritu?
- ¿Qué forma de espacio sagrado sería adecuada para mi familia y para mí?
- ¿Cómo podría iniciar una práctica de esta naturaleza que se sienta natural y no extraña para mi familia y para mí?

Actividades sugeridas

- Haz una ceremonia familiar una vez al mes de forma similar a las que realizan las sociedades tradicionales, donde la gente se reúne alrededor de una fogata o chimenea, incluso de una bandeja llena de velas, para compartir historias de vida, espíritu y crecimiento.
- Comparte una ceremonia de temascal (baño de vapor ceremonial) u otra ceremonia de limpieza corporal y espiritual con tu familia.

4
Kuetspallin - Lagartija

La lagartija vigila el templo.
Ella es sabia y está siempre alerta.
Sabe cómo guiar a los que se atreven a viajar
a las regiones desconocidas del alma.

En los calurosos y soleados territorios de Teotihuacán, capital de los toltecas históricos, y de Tula, capital de los toltecas étnicos, era común ver lagartijas en los centros ceremoniales y pirámides. Estas pequeñas criaturas vivían en los templos y también aparecían en las pinturas de sus muros. Este reptil cautivaba tanto la atención de los toltecas, que lo incluyeron como el cuarto símbolo del Tonalpohualli.

Debido a su fertilidad y resistencia, la lagartija era considerada como el espíritu guardián de los nacimientos, de los templos y guía del chaman, de forma similar a como un perro guía a un ciego. No es difícil imaginar cuán importante era la lagartija para una sociedad en la que el chamanismo estaba integrado con cada aspecto de su estructura social y cultural.

En la imagen de la carta vemos a Chimalma –la legendaria madre de Se Akatl, encarnación humana de Ketsalkoatl– dando a luz al guía espiritual. De su boca emerge una canción. La cuerda alrededor y sobre ella representa el círculo de la vida, que ha comenzado. Arriba a la derecha, la lagartija protege el evento.

Significado general

La lagartija está asociada con los elementos fuego (representación del chamanismo) y tierra, por lo tanto, simboliza la búsqueda del conocimiento chamánico, sin perder la conexión con la tierra; en otras palabras, el sendero chamánico en un contexto aterrizado o realista.

Debido a que representa un acercamiento aterrizado con la magia, la lagartija es el símbolo del equilibrio. Sacar esta carta es señal de que necesitas buscar el equilibro que nace de cultivar, tanto tu lado mágico-espiritual, como el práctico-material, con la misma dedicación y atención. Esto es lo que significa vivir una vida espiritual con los pies bien asentados en la tierra.

Como guardián del templo y guía del chamán, Kuetspallin llama a los devotos a aprender y desarrollar las formas más básicas y tradicionales del chamanismo.

En las sociedades chamánicas tradicionales, el camino del chamán surge de la contemplación e interacción con las fuerzas de la naturaleza en un contexto espiritual. En este sentido, la naturaleza se considera como el rostro visible del Gran Espíritu o divinidad. La maniobra básica chamánica consistía en iniciar la interacción con las fuerzas de la naturaleza (los Poderíos del mundo[13]) como medio para alcanzar estados de conciencia acrecentada, en los que la separación entre el yo y lo que está afuera termina. Era, y es, la unión extática entre el ser humano y la esfera de lo sagrado.

---

[13] Poderío es una palabra en español que no tiene traducción al inglés. Significa "campo de energía" o "fuerza de la naturaleza" que es experimentada como una conciencia viviente por quien interactúa con ella.

La diferencia entre chamanismo y religión radica en dos factores principales: el primero es que el chamanismo sucede en la naturaleza (al aire libre), en lugar de iglesias; el segundo, que en chamanismo no hay lugar para intermediarios o sacerdotes que obtengan poder sobre los demás a través de administrar la conexión de las personas con Dios. En la experiencia chamánica, tú haces la conexión con el Espíritu por ti mismo.

En los intentos del mundo occidental por comprender el chamanismo, el énfasis excesivo que se le da al papel del chamán ha hecho que la gente tenga una idea equivocada al pensar que sólo los chamanes pueden practicar el chamanismo. La verdad es que la experiencia chamánica está abierta para toda la comunidad y los chamanes mismos son nada más que apoyos, proveedores del espacio y las técnicas para que todas las personas puedan participar en la experiencia chamánica.

Recibir esta carta puede ser un signo o llamado a tomar la senda del chamanismo.

Significado en los cuadrantes

Tonakatl – Cuerpo/Mundo material

Kuetspallin en este cuadrante representa la fortaleza del cuerpo físico y la paciencia que necesitas para obtenerla.

Tener un cuerpo fuerte y resistente es un principio clave para la buena salud. Debes trabajar en el mejoramiento de tu resistencia física manteniendo tu cuerpo en movimiento y ejercitándolo. Al hacerlo, no solamente mejorarás tu fortaleza y condición física, también desarrollarás el carácter y fuerza espiritual.

Dado que aumentar tu resistencia física no ocurre en un solo día, necesitas ser paciente y persistente. Al fortalecer tu cuerpo alcanzarás la combinación poderosa de paciencia y persistencia, que es un requisito para obtener cualquier cosa que valga la pena en la vida.

Este enfoque nos permite darnos cuenta de que nuestro desarrollo en cualquier área de la vida está relacionado con las demás y que todas ellas se interrelacionan, para bien o para mal. En este caso, al mejorar tu resistencia física recibirás efectos positivos en otras áreas de tu vida.

Con respecto del mundo material, la lagartija es símbolo de buena suerte.

Preguntas sugeridas

- ¿Qué tan resistente es mi cuerpo?
- ¿Cómo puedo mejorar mi resistencia física?
- ¿Se cómo cultivar la paciencia?
- ¿Soy lo suficientemente paciente para completar el proceso de mejorar mi resistencia física?
- ¿Cómo puedo empezar?

Actividades sugeridas

- Hazte un examen cardiovascular para determinar el estado de tu resistencia física.
- Crea un programa para aumentar tu resistencia física.
- Involúcrate en alguna práctica que requiera paciencia.
- Haz ejercicio físico regularmente, por lo menos tres veces a la semana.

Mati – Mente/Cuerpo

En el cuadrante de la mente, la lagartija representa la curiosidad intelectual y el gozo por resolver problemas o acertijos; también el estado mental entre la actividad del inconsciente profundo y la vigilia (despierto).

Kuetspallin en Mati aconseja la búsqueda de actividades intelectuales que eventualmente te lleven a descubrimientos significativos. Estos no necesariamente deben tener lugar en el campo de la ciencia; cultivar tu intelecto también puede llevarte a realizar descubrimientos importantes y tomas de conciencia en el contexto de tu trabajo y vida personal.

La lagartija en el cuadrante de la mente también significa el vuelo de la imaginación creativa, que puede ser productiva cuando mantienes los pies en la tierra. La imaginación creativa puede ser una herramienta poderosa, pero sólo cundo traigas los hallazgos de tu imaginación al mundo real podrás aprovecharlos al máximo.

El proceso de la imaginación creativa es más efectivo si te das el tiempo para entrar en un estado mental parecido al que se tiene previamente al sueño, sin haber perdido aún el sentido de conexión con el mundo exterior. Es un estado similar al de la meditación. La lagartija representa ese nivel de conciencia y de él emana su poder. Asegúrate de buscar ese estado de atención especial con frecuencia, pues aumentará tu capacidad para llevar a cabo actividades creativas e imaginativas.

Kuetspallin te está llamando para que te involucres en actividades intelectuales con un propósito productivo. El énfasis aquí es orientar tus actividades mentales hacia resultados prácticos, solucionar problemas específicos, responder a necesidades concretas o buscar formas nuevas y mejores para resolver viejas dificultades. Si no fuera así, tu actividad intelectual podría ser interesante, pero improductiva.

En el área de trabajo, la lagartija te aconseja que uses tu capacidad intelectual para resolver problemas específicos en relación con tu organización. Es posible que no estés haciendo lo suficiente para contribuir en tu trabajo, ayudando a resolver desafíos específicos que allí tienen lugar.

Preguntas sugeridas

- ¿Le estoy prestando suficiente atención a mi desarrollo intelectual?
- ¿Qué problemas me gustaría resolver?
- ¿Estoy aprovechando el poder de mi imaginación para lograr resultados prácticos?
- ¿Contribuyo con la organización donde trabajo para la resolución de problemas claves?

Actividades sugeridas

- Lee libros sobre temas que te interesan.
- Toma parte en actividades con personas que tengan intereses intelectuales similares a los tuyos.
- Realiza sesiones de "lluvia de ideas" por lo menos dos veces a la semana y busca aplicaciones prácticas para las mejores.
- Dedica tiempo a buscar soluciones para algún problema del que seas consciente, ya sea en tu vida personal o en tu trabajo.

Teyoli – Emociones/Relaciones

Kuetspallin en Teyoli significa que tus relaciones se encuentran en un estado de equilibrio, pero necesitan ser mejoradas, llevándolas a un nivel de conexión más profundo.

La característica dual de la lagartija que mira al cielo mientras permanece firme en tierra es pertinente al área de las relaciones interpersonales. Busca el equilibrio entre las aspiraciones más altas que tengas para tus relaciones personales más importantes, y los detalles y gestos sencillos de la vida cotidiana que las apoyen.

Esto también se podría interpretar en sentido inverso; las relaciones que mantienes en un estado aceptable, pero que no consideras muy importantes, podrían enriquecerse al otorgarles un nivel de profundidad que no les has dado hasta ahora.

Tal vez tienes una relación agradable con amigos, parientes, vecinos y compañeros de trabajo, pero estas podrían ser superficiales, resultando en la paradoja de tener muchas relaciones superficiales mientras permaneces desconectado de la gente, como alguien que no se relaciona con nadie. La lagartija en el cuadrante de las emociones y relaciones interpersonales es un aviso para no caer en situaciones como esta. No necesitas tener muchas relaciones interpersonales, pero sí que las que tienes sean reales y suficientemente profundas para apoyarte en tu proceso de vida. Busca calidad, no cantidad.

Es importante notar que, frecuentemente, la gente muestra la tendencia de culpar a otros por lo que les hace falta en sus relaciones. Por ejemplo, tal vez pienses: "nuestra relación no es profunda porque la persona con la que estoy es una persona superficial"; pero en esta interpretación te olvidas de que eres tú quien atrae el tipo de relaciones que concuerdan con tu manera de ser. La gente superficial se relaciona con gente superficial en relaciones superficiales; la gente auténtica atrae y conecta con gente auténtica y establece relaciones más sólidas.

Desde este punto de vista, lo que necesitas para poder disfrutar de todo lo bueno que ofrecen las conexiones profundas con las personas, es aprender a escucharlas con atención y curiosidad, y expresar sinceramente lo que hay dentro de ti.

Para comenzar, debes mirar dentro de ti y percibirte desde una perspectiva más profunda. Desde ese lugar interior, te presentarás con los otros, y esto llevará tus relaciones a un nivel más profundo.

Preguntas sugeridas

• ¿Mis relaciones son estables y funcionales sólo en apariencia porque no me he dado a la tarea de profundizarlas?
• ¿Mantengo una relación lo suficientemente profunda conmigo mismo?
• ¿En mis relaciones profundas estoy fallando al no apoyarlas con momentos, actitudes y actividades agradables en el contexto de la vida cotidiana?
• ¿Acostumbro decir lo que verdaderamente siento y pienso, o tiendo a ocultarlo por miedo a lo que piensen de mi?

Actividades sugeridas

• Haz una lista de tus relaciones en una columna, y en otra califica su nivel de profundidad.
• Pregúntales a algunas personas con quienes te relacionas si te perciben como una persona superficial o profunda.
• Usa la información que te den para inspirarte a hacer cambios que mejoren tus relaciones.
• Haz una lista de tus relaciones importantes y califica hasta qué punto te ocupas de alimentarlas en tu vida cotidiana.

Teotl – Espíritu

La lagartija en el cuadrante del espíritu es un claro indicativo para buscar la senda chamánica. Quien saca esta carta tiene el talento y es llamado para esa senda, ya sea que se haya dado cuenta o no.

Para poder encontrar tu alma chamánica necesitas penetrar al inframundo de tu propio subconsciente; en él residen, tanto las partes de ti que no quieres aceptar, como el poder de tu yo superior, el cual será liberado una vez que reconozcas las partes de ti mismo que no te gustan y comiences a trabajar con ellas.

Para que puedas tomar la senda del chaman, primero necesitarás integrar en tu conciencia las partes de ti mismo que has relegado al subconsciente, en un intento por rechazarlas. Es tiempo de danzar con tu sombra[14].

Cuando hayas avanzado en la integración de tu sombra, buscarás la conexión con los grandes Poderíos del mundo: fuego, tierra, sol, agua y viento. Para lograr esta conexión, necesitas aprender "el idioma de los Poderíos", pasando un tiempo con ellos, contemplándolos y luego hablándoles en voz alta, en tu propio idioma. Después de un tiempo, llegarás al punto donde descubrirás que las palabras sólo son un medio para activar las emociones y sentimientos que contienen y movilizan mucha energía. Conversar con los Poderíos es un intercambio de energía. Tú entregas emociones y sentimientos a través de tus palabras, y el Poderío te entrega sus lecciones de sobriedad y conocimiento silencioso. A medida que te familiarizas con este proceso, el intercambio se convertirá en un camino claro de conocimiento con aplicaciones para todos los asuntos humanos.

Este es el camino del chamán. A esta práctica le añadirás tus propios ritos, ceremonias, danzas, toque de tambores, cantos y búsquedas de visión, pero es esencial que tus ceremonias y ritos estén conectados con el Espíritu y reflejen los asuntos con los que te enfrentas en tu vida cotidiana. Esta conexión dará sustancia a tus ceremonias, que de otra forma estarían desprovistas de poder y significado.

En esencia, lo que mantiene la visión del chamán es su clara conexión con el Gran Espíritu a través del cambio de conciencia en comunión con las fuerzas de la naturaleza. Esta conexión íntima dará origen a tu fortaleza interna y será tu única protección contra el peligro de que la importancia personal te arrebate el sentido verdadero de tu búsqueda espiritual.

No olvides que el chamanismo no consiste en ponerse el título de chamán para ser reconocido por otros, sino para trascender más allá del ego[15] a través de la experiencia de unión con el Espíritu. La

---

[14]Utilizo aquí la palabra "sombra" en un sentido que corresponde tanto con el concepto descrito por Carl Jung, como con el significado tradicional en el chamanismo tolteca. En ambos casos la palabra "sombra" se usa para referirse tanto al aspecto negativo y no reconocido de uno mismo, como a los aspectos más elevados de nosotros mismos, que igualmente yacen ocultos en el inconsciente.

[15]Quiero aclarar que ir más allá del ego en este caso se refiere al tiempo mágico de la experiencia chamánica. La meta no es la destrucción ni la desaparición del ego como si fuera una parte maligna dentro de nosotros. Desde el punto de vista psicológico, tener un ego es tan normal y necesario, como lo es lo que, en ocasiones,

obsesión por títulos para destacar de entre los demás –tan característica en nuestros tiempos modernos– es un peligro muy serio al que te enfrentarás en tu búsqueda por aprender los caminos del chamán. Ten en mente que el Espíritu no se impresiona con títulos de ninguna clase. En vez de la admiración de los otros, lo que necesitas para experimentar la esencia de la experiencia chamánica es que el Gran Espíritu abra la puerta del misterio para que tú entres.

Si sigues cultivando esa conexión sagrada y buscando la compañía de los Poderíos, tus acciones te guiarán de forma natural al deseo de servir a otros en tu comunidad. Una vez que estés alimentado por tu conexión con el Espíritu y el servicio a los demás, será irrelevante si alguien te llama "chamán".

Finalmente, busca todo tipo de fuentes informativas para apoyar tu aprendizaje chamánico. Puedes tomar clases, asistir a conferencias o leer libros; pero lo más importante lo aprenderás directamente de las fuerzas de la naturaleza, pues de la misma forma en que un piloto no aprende a volar aviones únicamente leyendo u oyendo a otros hablar acerca de eso, o por imaginarse a sí mismo volando un avión, el conocimiento fundamental del chamanismo únicamente es adquirido a través de tu propia practica personal. El chamanismo autentico te será enseñado por los Poderíos, sólo si estás dispuesto a ser su aprendiz.

¡Buena suerte en tu camino!

Preguntas sugeridas

• ¿La invitación a aprender el camino del chamán encuentra eco en mi corazón?
• ¿Qué significa el chamanismo para mí?
• ¿Cómo debo entenderlo?
• ¿Comprendo que no hay chamanismo real sin una conexión sagrada con la naturaleza?
• ¿Es auténtica mi intención de seguir la senda chamánica?
• ¿Mi necesidad de ser aceptado y admirado por los demás se encuentra oculta en mi búsqueda del chamanismo?

---

podamos experimentar experiencias más allá de ese mismo ego. El problema radica en tener un ego rígido y lineal, obsesionado con la arrogancia y la autocompasión. Desde este punto de vista, la experiencia chamánica resulta de gran ayuda para alcanzar una percepción saludable y funcional de nosotros mismos.

- ¿Puedo vivir con conciencia de que la esencia del chamanismo sólo se puede aprender de los Poderíos del mundo?

Actividades sugeridas

- Adéntrate en la naturaleza y trata de establecer una conexión desde el fondo de tu corazón con el Abuelo Fuego a través de una fogata.

- Pasa un tiempo largo en la naturaleza y observa cómo en ella todos los seres y las cosas están conectados unos con otras.

- Observa con frecuencia el cielo nocturno hasta que puedas distinguir los ciclos, el ritmo y el orden presentes en el universo.

- Lee libros acerca de chamanismo escritos por investigadores modernos. Trata de distinguir las diferencias entre las visiones que describen y las experiencias reales de los chamanes en comunidades indígenas.

- Diseña algunos rituales sencillos que puedan servirte como el principio de tus prácticas de chamanismo.

- Reserva tiempos específicos durante el año para relacionarte y conectar tu cuerpo energético y corazón con cada uno de los grandes Poderíos de la naturaleza.

5

Koatl - Serpiente

Del arrastrarse de la serpiente
nace el anhelo de volar.

L a serpiente y el águila son los dos animales más importantes
en el lenguaje simbólico de los toltecas. Sus implicaciones,
significados y representaciones son interminables. Templos,
pirámides, atuendos ceremoniales, pinturas y códices están llenos
de la poderosa imagen de la serpiente; incluso la apreciamos en el
escudo de la bandera mexicana, donde está siendo devorada por el
águila triunfante, representación de la victoria militar de los aztecas. Y, por supuesto, vemos a la serpiente en el símbolo más importante de los toltecas: Ketsalkoatl, representación de aquello que se
arrastra convirtiéndose en uno con lo que vuela (el águila).

Existen muchos significados para Koatl, dependiendo del contexto en el que se presente. Como un glifo simbólico, la serpiente

representa la energía en su forma más pura. La podríamos considerar prácticamente idéntica a la palabra "energía"[16]. Llamemos a este el significado técnico del símbolo, el más comúnmente utilizado en los códices antiguos. La serpiente es la esencia del poder que anima y mueve al universo, y que cada individuo tiene cuando está alineado con ese poder universal.

Sin embargo, el significado de Koatl usado más ampliamente surge de su presencia como una de las dos imágenes que representan la dualidad sagrada, de donde todo proviene, y que determina el dinamismo donde todo lo que existe debe desarrollarse. Esta dualidad sagrada está representada como el águila y la serpiente, espíritu y materia, lo que vuela y lo que se arrastra, debilidad y talento, miedo y anhelo, bajo y alto, mundano y espiritual.

En la imagen, vemos a un chamán cuyo alto rango en la jerarquía tolteca se muestra teniendo a la serpiente enrollada en su bastón. Como en muchas tradiciones alrededor del mundo, el bastón tiene un doble significado: el de un instrumento de apoyo para el andar de los ancianos y el de un objeto que representa el poder de una persona. Con la otra mano sostiene una flecha ensangrentada, que representa la lucha y los esfuerzos que hacen a la persona capaz de alcanzar ese dominio en el manejo de la energía. Para los toltecas, la sangre era el precioso fluido que contenía la esencia de la vida, y muchas veces ofrecían gotas de su misma sangre para enfatizar su compromiso hacia las fuerzas espirituales con las que estaban conectados. La sangre en la flecha del chamán era, probablemente, su propia sangre ofrecida en algún rito de purificación. A través de esos esfuerzos y sacrificios, era capaz de manejar el poder de la serpiente. Arriba, el escorpión representa los peligros y tentaciones que el buscador espiritual podría enfrentar, si acaso no se esforzara continuamente por alcanzar la impecabilidad.

---

[16]La superposición de símbolos que expliqué en el Prefacio se aprecia nuevamente aquí. La carta 1, Sipaktli–dragón, tiene energía como su significado primario, mientras este es el secundario para la serpiente. Sipaktli es la energía de naturaleza dual, con la posibilidad de usarla para el bien o el mal; la serpiente es la energía per se, la última materia de donde todo se origina.

Significado general

La comprensión dual del mundo se encuentra en el centro de la tradición tolteca y está presente en todos los aspectos de su cultura[17]. Es desde esta perspectiva como la serpiente revela sus características arquetípicas.

Para los toltecas, la serpiente no es el enemigo, sino la mitad necesaria de la dualidad sagrada espíritu-materia. Se ve como inferior comparada con lo superior. A diferencia de la representación judeocristiana de la serpiente como símbolo del mal que necesitamos destruir (y que en esto se asemeja más a la visión militarista de los aztecas), para los toltecas, la serpiente representaba el mundo material o el lado de nuestra personalidad que no nos agrada porque creemos que es nuestra debilidad.

Desde este punto de vista, es notable que la serpiente fuera al mismo tiempo el símbolo de poder, pero también de la debilidad que se debe superar. Esta contradicción aparente resulta consistente con un sistema de conocimiento que con frecuencia estaba fundado en la yuxtaposición de verdades contradictorias, parte importante de la cultura tolteca.

La serpiente es el símbolo de la debilidad, pero también del poder, porque este surge de abrazar la parte que rechazamos de nosotros mismos como un principio necesario para nuestro crecimiento. Es símbolo de poder porque posee el potencial de "desarrollar plumas" para dar lugar al vuelo de Ketsalkoatl (la Serpiente Emplumada), que es la elevación de la conciencia. El mensaje de esta carta consiste en reconocer ese poder dentro de ti mismo.

---

[17]Es interesante notar que el dualismo, como una forma de comprender al mundo y los asuntos humanos, era mucho más extenso entre los toltecas que aun en la antigua cultura china, donde el ying y el yang son la base de la espiritualidad taoísta. La diferencia radica en que, pese a que el dualismo era importante entre los chinos, no penetró en casi todos los aspectos de su cultura, como sí lo hizo en la sociedad tolteca. Menciono esto no sólo para hacer una comparación, sino porque pienso como una ironía que mientras el valor del dualismo en el taoísmo ha obtenido reconocimiento universal, las implicaciones profundas del dualismo entre los toltecas apenas comienza a reconocerse.

El otro significado de la carta es el de ser totalmente conscientes de nuestro derecho y merecimiento a tener una conexión directa con el Gran Espíritu por nosotros mismos y sin intermediarios. Los toltecas sabían que la forma de lograr esto no era por medio de la fantasía arquetípica de la perfección o alcanzar la iluminación, sino yendo hacia ese encuentro sagrado tal y como somos, con nuestras virtudes y defectos, pues nunca habrá algún momento en que seamos totalmente buenos; somos seres de naturaleza dual y lo seguiremos siendo hasta el final, por lo tanto, matar a la serpiente (la vida mundana) equivaldría a matar el alma; lo mismo sucedería si matáramos al águila (el espíritu).

Lo sagrado de la serpiente, ubicado en el mismo nivel que lo sagrado del águila, revela que ambos lados de nosotros mismos son necesarios. La tensión entre ellos, conocida como la danza del águila y la serpiente, nos empuja al crecimiento en busca del regreso a nuestro origen: el Gran Espíritu.

Significado en los cuadrantes

Tonakatl – Cuerpo/Mundo material

Cuando Koatl está en el cuadrante de Tonakatl, su significado variará dependiendo de tus circunstancias.

La serpiente puede estar estacionada en el cuadrante de tu cuerpo porque estas rechazándolo tal y como es. En este caso, te estás torturando a ti mismo al rechazar tu condición física o apariencia. La serpiente te está diciendo que debes despertar de esa pesadilla y darte cuenta de todo lo bueno que el cuerpo trae a tu vida. ¿Cómo puedes mejorar algo en él si no estás amándolo tal y como es? Cambiar el odio por amor es una de las formas más poderosas de redireccionar y transformar la energía.

Si estás pasando por un periodo de tensión sexual que te hace sentir incómodo internamente, la serpiente es la advertencia de dos posibles expresiones de este problema. Por un lado, si la sensualidad se está desbordando, se encuentra fuera de equilibrio y la experimentas como ansiedad, esa energía debería ser canalizada hacia la expresión del amor o del trabajo creativo. Pero si la tensión proviene de intentar reprimir tu energía sexual, aprende a aceptarla y sentirte cómodo con ella, pues esa energía es la misma fuerza poderosa que nutre nuestros sueños y logros, y aviva la búsqueda de la pasión de nuestra vida. Permitir que la energía sexual fluya hacia el interior y alimente otras áreas de nuestra vida puede ser una extraordinaria medicina.

Cuando se trata de las relaciones físicas, la serpiente en este cuadrante puede mostrar que estás enganchado a una relación basada en una poderosa conexión sexual; una lucha entre la fuerte atracción de esta conexión y el conjunto de tus necesidades internas. Este puede ser el momento de dejar ir poco a poco esa relación; la echarás de menos, es normal, pero aprenderás a extrañar a esa persona con alegría y estarás agradecido por todo lo que esa relación te dio, a pesar de todo lo que faltaba. Esa alegría y agradecimiento te harán libre.

Con respecto del mundo material, la serpiente en este cuadrante puede significar dinero o buenos negocios en camino, o una obsesión por riquezas materiales. Averigua para qué quieres el dinero y asegúrate de que la razón detrás de tu deseo sea consistente con las necesidades de tu corazón.

Preguntas sugeridas

- ¿Qué tanto aprecio a mi cuerpo físico?
- ¿Cómo me estoy relacionando actualmente con mi sensualidad?
- ¿Está fluyendo mi energía sexual en una forma que beneficia mi vida?
- ¿Cuál es la razón detrás de mi relación actual con el dinero?

Actividades sugeridas

- Haz el amor como una expresión de amor.
- Realiza terapia corporal para desbloquear tus canales sexuales.
- Ocúpate en un proyecto grande para dirigir tu energía hacia un proceso creativo.
- Aprende a ver el dinero como energía en movimiento. La energía necesita fluir y tu corazón necesita que tu energía fluya hacia lo que da vida, y no a lo que te la quita.

Mati – Mente/Trabajo

Si la serpiente aparece en este cuadrante, podrías estar teniendo un flujo constante de pensamientos negativos contra ti mismo, lo que puede llevarte también a tener pensamientos negativos acerca de otras personas. Esto se llama "pelear con la serpiente".

Pero la serpiente es una maestra y tú no puedes aprender de ella mientras sigas peleando en su contra, esto sólo agotaría tu energía inútilmente.

Si te encuentras constantemente atrapado en pensamientos negativos, no luches con la serpiente. Primero trata de detenerlos; si no puedes, entonces deja de alarmarte por ellos. Crea una distancia con ellos, pero no los rechaces. Déjalos suceder como si fueran solamente un ruido de fondo que no es realmente importante para ti, pues entre más atención le pongas, más fuerte parecerá, y entre menos atención, menos te afectará. Esta es la forma de manejar la energía, dándole o quitándole atención, porque la energía fluye hacia donde la atención se enfoca.

Otro enfoque poderoso es mirar detrás de los pensamientos negativos, hasta encontrar la semilla de energía positiva en ellos. Cuando piensas "no soy lo suficientemente bueno; siempre fallo", tu energía se está desperdiciando. El otro lado de esto es que te gustaría hacerlo mejor, lo que resulta ser un aspecto positivo oculto tras el pensamiento negativo. Redirige la energía que normalmente gastas en recriminarte a ti mismo, hacia pensamientos que alimenten tu autoconfianza. Piensa: "quiero hacer esto mejor y lo estoy haciendo mejor, soy capaz de hacerlo y lo estoy haciendo". Los pensamientos positivos y negativos están a sólo un paso uno del otro, pero el uso de la energía es dramáticamente distinto en cada caso. Aplícate a ello.

Si la serpiente te acecha en el contexto de tu trabajo, tal vez te enfrentas con un conflicto potencial que estás tratando de evitar. La fantasía es: "si evito el conflicto, habrá paz y las cosas mejorarán". Error. El conflicto está allí porque hay algo que necesita mejorarse y existe la posibilidad de hacerlo. Al evitarlo, haces a un lado la posibilidad de crecer y también de progresar. Necesitas enfrentar el conflicto, dejar que suceda, pero manejarlo de tal forma que traiga progreso para ti y para aquellos con quienes trabajas.

Una vez más, la tensión entre los opuestos debe ser abrazada como un principio de crecimiento, y no como una guerra entre enemigos que buscan destruirse mutuamente. Piénsalo así: la persona que te cae mal en el trabajo por ser tan diferente de ti, podría ser tu mejor aliada, porque podría aportar algo a tu trabajo en áreas en las que tú no eres tan fuerte.

Preguntas sugeridas

- ¿Estoy acostumbrado a un patrón de pensamiento negativo sobre mí mismo?
- ¿Tengo el hábito de pensar negativamente acerca de alguien más?
- ¿De qué aspectos de mi vida trato de huir a través de mis pensamientos negativos acerca de otras personas?
- ¿Estoy desperdiciando oportunidades de crecimiento en mi trabajo por tratar de evitar conflictos?

Actividades sugeridas

- Escribe un diario para registrar tus pensamientos y observar sus patrones.
- Cambia tu discurso interno por uno más positivo.
- Detén tus persistentes pensamientos negativos. Practica dejando que se desarrollen sin reaccionar en absoluto. Trátalos como un ruido que no te importa.
- Si criticas con frecuencia a los demás, di los pensamientos negativos en voz alta, pero substituye el nombre de la persona a quien críticas por las palabras "a mí", "yo mismo" o "yo", para que experimentes escuchar esas cosas de ti mismo. Si sientes la energía moviéndose por tu cuerpo, es indicio de que has estado proyectando tus creencias negativas acerca de ti mismo en los demás para evitar lidiar con ellas.
- Aprende sobre el manejo positivo de conflictos en el trabajo, a ver y estimular el potencial de crecimiento posible que se esconde dentro del conflicto.

Teyoli – Emociones/Relaciones

Koatl en Teyoli representa emociones inferiores como el odio, rencor, celos y envidia en el contexto de las relaciones con los demás y con nosotros mismos.

La serpiente en este cuadrante está pidiéndote que reconozcas las emociones de escala inferior que sientes por alguien o por ti mismo, y que desgastan mucho tu energía; la desaprobación de ti mismo o los sentimientos de culpabilidad por tener estas emociones la consumen aún más.

La dificultad más grande que tenemos con este tipo de emociones es admitir que las sentimos. Piensa en la envidia, por ejemplo, ¿quién quiere admitir que la siente? No se supone que debamos sentir este tipo de emoción, pero lo hacemos; es un comportamiento muy humano; y aceptar que la sientes no quiere decir que estarás condenado a vivir con ella. Esto sólo es el comienzo de aprender a danzar con la serpiente, lo que significa aprender *de* ella y *acerca* de ella para que puedas redireccionar esa energía hacia algo positivo.

La lección de la serpiente es que si dejamos de intentar escapar de ella, echamos un vistazo de cerca y la abrazamos, su poder funcionará en nuestro beneficio. En el caso de tus emociones negativas, necesitas ser honesto contigo mismo y reconocer que las sientes. El próximo paso es el de aprovechar cada oportunidad para admitir esto frente a otros. Cada vez que lo hagas, notarás cómo el monstruo horrible empieza a encogerse ante tus ojos.

Sentir una emoción negativa no es tan importante. Todos han pasado por esto. Cuando puedes verla, admitirla y hablar de ella, te distancias de esa emoción. Cuando no estás completamente inmerso en ella, te das cuenta de que es sólo una parte de ti; las otras partes positivas de tu ser no disminuyen por los momentos en que una emoción negativa se apodera de ti; seguirán siendo más grandes y dominantes. Si no fuera así, no te molestaría tanto caer por un momento en las emociones inferiores.

Permite que las partes de ti mismo conversen entre sí y se den cuenta de que eres mucho más que tus partes aisladas; un ser luminoso que algunas veces hace esto y otras aquello; y lo más importante, un ser luminoso, vivo, libre y capaz de elegir.

Preguntas sugeridas

- ¿Qué emociones negativas he estado experimentando que tengo miedo de reconocer?
- ¿Quién es el destinatario de esas emociones?, ¿alguien más, o yo mismo? ¿Hay alguna diferencia?
- ¿Estoy dispuesto a ser honesto conmigo mismo y reconocer abiertamente lo que he estado tratando de negar?

Actividades sugeridas

- Admite tus emociones negativas, aun si no estás seguro de que realmente las sientes.
- Habla sobre ellas con otros cuando tengas la oportunidad y el contexto sea apropiado (esto podría ocurrir en más lugares y situaciones de los que te imaginarías normalmente).
- Continúa haciendo esto con regularidad. El temor de mostrar nuestras debilidades es mala medicina y alimenta las fantasías de *importancia personal* que dañan nuestro cuerpo energético.
- Confiesa tus emociones negativas a una persona importante para ti y luego confiesa tus emociones positivas. Escoge las que quieras nutrir de ahora en adelante para la mejoría de tu relación.

Teotl – Espíritu

La serpiente en este cuadrante te está diciendo que tu senda espiritual se abrirá a través del reconocimiento, la aceptación y el abrazo de ti mismo y de las partes de tu vida que rechazas. Tu camino hacia el Espíritu no tendrá lugar a través de la iluminación o de convertirte en un ser perfecto. Avanzarás en tu camino cargando con todo lo que eres, lo bueno y lo malo, lo espiritual y lo mundano.

Koatl en el cuadrante de Teotl significa que no tienes que esperar. El camino al Espíritu está abierto para ti tal y como eres en este momento de tu vida. Ve hacia Él y comparte lo que eres. Confiesa de qué forma has estado lastimando tu alma y la de otros. El Espíritu no requiere perfección, sino veracidad. Simplemente sé honesto, abre tu corazón, deja fluir lo que tienes dentro y el sendero será claro frente a ti.

Esta ubicación de la carta de la serpiente conecta tus fallas mundanas con tus más altas aspiraciones espirituales.

Existe un vínculo secreto entre estos dos extremos opuestos: es tu propia alma en la que confluyen todas esas dificultades y aspiraciones. Eres un ser dual, y abrazando tus debilidades construirás tu camino hacia el conocimiento. Cada una de las cosas que no te gustan de ti mismo y de tu vida te darán fortaleza e impulso para desarrollar tu yo superior. Todas esas partes que ahora estás rechazando se convertirán en pasos que te llevarán al lugar superior donde podrás ver que tú y el Gran Espíritu son uno, y que no tienes que ser perfecto para estar ahí. Necesitas una gran cantidad de poder para dar el salto hacia el interior de tu ser elevado. Ese poder es el de la serpiente.

Preguntas sugeridas

- ¿Qué lecciones puedo aprender de las cosas negativas que he hecho, y cómo puedo usarlas para nutrir mi camino espiritual?
- ¿Estoy listo para presentarme frente al Gran Espíritu y enseñarle mi alma desnuda con toda su belleza y sus defectos?
- ¿De qué está hecha mi serpiente?
- ¿De qué está hecha mi águila?
- ¿Cómo puede mi serpiente nutrir a mi águila?

Actividades sugeridas

- Escribe una descripción detallada del lado negativo de ti mismo y de tu vida. Mientras lo haces, mantente sereno, pero sé implacable.
- Haz un fuego ceremonial, preferentemente en un lugar de la naturaleza donde puedas estar solo, y háblale. Confiesa todo lo que sientes que es negativo en ti mismo y en tu vida. Dile lo que has aprendido de esas partes de ti mismo y cómo usarás esas lecciones para traer el bien a tu mundo y al de los demás.

6 · Mikistli - Muerte

6

Mikistli - Muerte

La gran cazadora está preparando el campo
para la nueva semilla...

La Muerte es uno de los símbolos sagrados más importantes para los toltecas. Sus implicaciones en la totalidad de su cultura eran amplias y profundas. El conocimiento de la impermanencia de la vida era el centro de todo su desarrollo filosófico, porque en su eterna búsqueda por alcanzar el conocimiento y la verdad permanente, de lo único que estaban seguros era de la certeza de la muerte.

Los antiguos videntes toltecas se dieron cuenta de que la muerte es lo único seguro que tenemos en la vida, y de que no hay manera de evitarla. Decidieron aceptar ese conocimiento para fomentar una mayor apreciación de la vida. La vida es mucho más valiosa para quien sabe que va a morir. La vacilación, la censura, la culpa, el miedo, el remordimiento, la indecisión y muchos otros sentimientos y actitudes que disminuyen nuestra energía vital pierden su poder cuando nos damos cuenta de que esta vida es nuestra única oportunidad en la eternidad. No tenemos tiempo que perder quejándonos o sintiéndonos culpables. Sólo para vivir tan plenamente como sea posible. Por lo tanto, el conocimiento de la muerte se convierte en un estímulo que nos empuja a vivir la vida a propósito y a ser más consistentes en nuestro "camino con corazón".

Otro aspecto del conocimiento tolteca es que no veían a la muerte como algo aislado, sino como siempre conectada con la contraparte de una dualidad sagrada: la vida. Vida y muerte son socias en la mágica tarea de mantener al mundo en constante renovación y florecimiento. Todo lo que está vivo se sostiene de todo lo que está muerto; todo forma parte del mismo círculo sagrado donde la impermanencia es la regla, y el cambio, la constante. Vista de esta manera, la muerte no significa aniquilación, sino renovación; es la celebración de lo que llega a su fin para que algo más comience.

La humanidad en general siempre ha estado obsesionada con la muerte, pero a diferencia de otras culturas occidentales, los antiguos toltecas no cayeron en una relación de rechazo y negación de esta. Por el contrario, la consideraban como algo sagrado y escogieron para ella un lugar de honor entre sus principios espirituales.

Honrar a la Muerte sigue siendo una de las tradiciones del México antiguo que sobreviven en la actualidad; "el Día de Muertos" no es un tiempo de luto y dolor, sino de alegría y celebración de la vida. Cada región de México tiene su propia forma especial de celebrar y dar la bienvenida a la muerte, que no es considerada como enemiga, sino como invitada de honor. Uno de muchos ejemplos de esta relación tan especial con nuestro destino final es el culto a la "Santa Muerte", que pervive entre algunos de los sectores más humildes de la sociedad mexicana de la actualidad. En él, los devotos rezan frente a calaveras o esqueletos humanos, ante los que colocan veladoras, flores y otras ofrendas.

En la imagen de la carta vemos a la Muerte observando a los seres humanos a través de un instrumento llamado tlachialoni, que era usado para calcular el movimiento de cuerpos celestes, el paso del tiempo y, por lo tanto, la duración de la vida. Sin embargo, la Muerte está sentada en un trono rojo, que simboliza el renacimiento de la vida, lo que significa que no es enemiga de esta, sino su socia propiciatoria.

Significado general

En el oráculo tolteca, la carta de la Muerte no representa desgracia, sino oportunidad para evolucionar y trascender. Es tiempo de renovación; algo llega a su fin, es hora de dejarlo ir y abrazar al tiempo nuevo.

Un ciclo se ha completado. Lo que te daba vida antes, ya no te la da más. Deberás seguir adelante hacia la próxima etapa. No vaciles, porque si continúas apegado a lo que ya se fue, encontrarás pena y vacío en el mismo lugar donde antes encontraste flores y alegría.

Es tiempo de voltear tu mirada hacia el tiempo que viene y dejar de mirar atrás, porque la visión del tiempo que se aleja puede asustarte y deprimirte hasta el punto de desgastar tu energía. Deja al pasado en el pasado y abraza el nuevo tiempo que está llegando. Es en esta etapa donde tu oportunidad para crecer será más grande que nunca. Tómala y haz lo mejor con ella.

Significado en los cuadrantes

Tonakatl – Cuerpo/Mundo material

Para el cuerpo físico, Mikistli en Tonakatl significa que estás entrando en una etapa nueva de tu vida y que podrías sentir resistencia hacia los cambios que vienen con ella. Necesitas aprender a aceptarla y seguir adelante.

La inocencia del niño tiene que irse a causa de la explosión de la adolescencia que se aproxima; esta tiene que irse a causa de la fuerza del joven adulto por llegar; este tiene que perecer y dar paso al adulto maduro que asume el manejo equilibrado de la vida; el adulto maduro debe morir para que la plenitud y sabiduría de la vejez puedan llegar; y el anciano se irá para que la renovación de la vida comience de nuevo, una y otra vez... para siempre.

Mikistli en el cuadrante del cuerpo te indica que podrías estar encontrando dificultades en adaptarte a los cambios que vienen con la nueva etapa a la que estás entrando. No es el proceso del cambio en sí lo doloroso, sino tu resistencia a este y el pesar por lo que dejas atrás; es tiempo de volver el rostro hacia el tiempo que viene y no gastar tu energía sintiendo lástima por lo que ha quedado atrás. ¡Avanza! Cada nueva etapa trae un poder y sabiduría nuevos, un sendero desconocido hacia la felicidad y la realización. Deja de llorar por el sol que se ha ido, pues de otra forma tus lágrimas no te permitirán ver las estrellas que la noche ha traído para ti.

En cuanto al mundo material, la Muerte en este cuadrante puede anunciar pérdidas financieras o el fin de una fuente de ingresos. No lamentes la pérdida durante mucho tiempo; esto sólo significa que es momento de moverse hacia algo nuevo. Los tiempos de abundancia y austeridad son como las olas del mar, vienen y van una y otra vez.

Preguntas sugeridas

* ¿Cuál es mi edad interior y hasta qué punto es consistente con mi edad biológica?
* ¿Me he estado resistiendo a adaptarme a mi edad biológica y a las situaciones y cambios que vienen con ella?
* ¿Tengo miedo de alcanzar la madurez porque ya no podré hacer el papel de víctima?
* ¿Mi sufrimiento proviene de mi resistencia a crecer?
* Si estás enfrentando una pérdida material, pregúntate: ¿lo que estoy perdiendo es parte esencial de mí mismo o de mi vida?
* ¿Cuál es el único valor indispensable para mi desarrollo y éxito?

Actividades sugeridas

* Haz una lista de las cosas que más extrañarás de tu pasado.
* Elabora una lista de los miedos que te provoca la etapa a la que estás entrando.
* Escribe una lista de las oportunidades y fortalezas que podrías encontrar en la etapa a la que estás entrando.
* Realiza un rito de pasaje para dejar ir tu yo anterior y abrazar la nueva etapa a la que estás entrando. Puedes compartirlo con otras personas.

Mati – Mente/Trabajo

La Muerte en el cuadrante de la mente significa que algunas de tus antiguas creencias ya no te están dando vida y debes dejarlas ir.

Tu proceso de desarrollo, que alguna vez fue apoyado por estas creencias, ahora está siendo obstruido por tu apego hacia ellas. No tengas miedo, porque tus creencias no son la esencia de lo que eres, no son tú, sino sólo un vehículo para llevar tu energía en la dirección correcta en un momento dado de tu vida. La verdad que hoy te empuja hacia la batalla y que enciende tu pasión podría no significar nada en el futuro cercano.

La verdad y las creencias son temporales, como la vida misma; están cambiando constantemente. Ellas te ayudan a articular tu camino en el momento, pero tan pronto como llegues allí, serás llamado a descubrir una verdad superior. Así es y así será. Olvídate de las verdades permanentes; la Muerte nos enseña la única verdad que no cambia: que vamos a morir. Esta vida es el más precioso y emocionante regalo que jamás recibiremos.

Tu situación laboral, un proyecto, negocio o trabajo puede estar llegando a su fin. Es tiempo de cambiar, y es normal sufrir ansiedad por esto. Algunas veces nos tomamos demasiado tiempo en aceptar lo que está pasando; podrás sentir incomodidad e impaciencia. La mente es, con frecuencia, lenta para darse cuenta de lo que en realidad está sucediendo, pero tu corazón lo sabe. Escucha a tu corazón, si él te dice que algo ha terminado, entonces no pierdas más el tiempo, abraza el cambio y avanza hacia lo que sigue.

Preguntas sugeridas

- ¿Qué creencias he tenido hasta este punto de mi vida que quizá es tiempo de dejar ir?
- ¿Cómo afectan mi proceso de desarrollo algunas de mis antiguas creencias en esta etapa de mi vida?
- ¿Me está dando vida el trabajo que hago?
- ¿Permito que mi pasión por la vida fluya a través del trabajo que estoy haciendo?
- ¿Es momento para un cambio?

Actividades sugeridas

- Escribe las creencias que han guiado tu vida en el pasado, revísalas y valora cuáles ya no te empoderan, sino te debilitan.
- Encierra en un círculo aquellas que ya no son funcionales o reales y quémalas en un fuego ceremonial.
- Haz una lista de acciones efectivas y llenas de vida que podrías efectuar en tu situación laboral actual.
- Elabora una lista de otros trabajos que podrías hacer si dejaras el que tienes actualmente. Toma nota de cuál te está llamando con más fuerza en este momento de tu vida.

Teyoli – Emociones/Relaciones

La Muerte en el cuadrante de emociones y relaciones significa una transformación esencial o el final de una relación importante que no puede continuar existiendo en su forma actual. Tu evolución vendrá también a través de la transformación o el fin de esta.

El apego es tu peor enemigo en este momento. Sólo descubrirás lo que tienes si lo dejas ir. Podrías encontrarte con las manos vacías, pero si este es el caso, entonces han estado vacías durante mucho tiempo, sin que lo hubieras notado.

La separación o el cambio pueden ser dolorosos, pero no deberías tratar de huirles. Donde hay amor, habrá sufrimiento, porque tarde o temprano habrá separación de aquello que has aprendido a amar. Sólo el amor que se transforma puede prevalecer porque la vida cambia todo el tiempo, sin importar cuánto te esfuerces en tratar de congelar el amor o evitar los cambios.

Los cambios en tus relaciones son como los cambios de las estaciones. Si amamos la primavera, ¿por qué deberíamos odiar el invierno? Cada estación es sagrada y preciosa en su forma única. Todo tiene que ver con el movimiento de energía y la renovación de la vida.

El tiempo del cambio ha llegado. Resistirse sólo traerá dolor. Abrazar el cambio traerá nueva vida.

Preguntas sugeridas

* ¿Estoy en una relación que ya está muerta?
* ¿Trato de mantener una relación que ya no me da vida?
* ¿Hay alguna forma de transformar esta relación, de nutrirla con recursos nuevos, o simplemente es tiempo de dejarla ir?

Actividades sugeridas

* Revisa las relaciones significativas de tu vida actual y considera cómo está funcionando cada una de ellas.
* Señala aquellas que requieren de una gran transformación o que han llegado a su punto final.
* Considera cuidadosamente qué quieres hacer. Después, habla con la otra persona y, si es posible, lleguen a un acuerdo.
* Toma una decisión y sigue adelante con acciones que concuerden con ella.

- Sé fuerte durante el tiempo de dolor, porque hay mucho que aprender de él. Es sólo el primer paso hacia un período de renovación de vida.

Teotl – Espíritu

La Muerte en este cuadrante anuncia un momento de crisis generalizada, una etapa difícil en la que cada aspecto de tu vida, actividades y creencias serán desafiadas. Las tensiones y contradicciones de tu vida, que silenciosamente se han acumulado durante años, están por explotar al mismo tiempo, y toda la estructura parece venirse abajo. Estás experimentando la muerte de tu viejo yo, y la única razón para que atravieses por este dolor es el amor del Gran Espíritu que tiene un destino más grande para ti.

Has estado lastimándote a ti mismo y a otros en formas que eras incapaz de ver. Ahora, la vida te está llamando para que te detengas y tomes conciencia de lo que realmente necesitas para desarrollar tu yo superior.

Lo que te está sucediendo en este momento de crisis puede parecer como una completa devastación, como lo peor que podría pasar. Pero en la perspectiva más amplia del Espíritu, es lo mejor que te pudo suceder. La medicina es amarga, pero te traerá sanación, porque viene de la mano del Gran Sanador que sabe exactamente lo que necesitas. Recuerda que mientras más oscura es la noche, más cerca está el amanecer y más clara será su luz. No te des por vencido.

Preguntas sugeridas

- ¿Qué hice para contribuir a esta crisis?
- ¿Qué clase de semillas estaba plantando en mi camino que me han llevado a cosechar este tipo de frutos?
- ¿Cuál es el mensaje más profundo que la vida me está enviando a través de esta crisis?
- Si pierdo lo que estoy tratando de retener, ¿será mi fin o la vida seguirá?
- ¿Hay algo puro y fuerte dentro de mí que sobrevivirá más allá de cualquier tormenta y período difícil?

Actividades sugeridas

* A medida que las cosas se terminan, abraza el cambio y no te resistas. Confía en que la pena del momento es la medicina que te traerá sanación a su debido tiempo.

* Escribe una lista de lo que estás perdiendo y todas las consecuencias iniciales y finales de estas pérdidas. Sé objetivo acerca de lo que está pasando y de lo que está por venir.

* Pregúntate: ¿qué es lo peor que podría pasar? Acepta esa posibilidad, reconoce que todo es pasajero y que podrás seguir adelante.

* Llora tus pérdidas por un tiempo, si es necesario. Luego, cuando estés listo para continuar, haz una ceremonia cerca del fuego sagrado, un arroyo o de algún otro Poderío de la naturaleza, y expresa en voz alta tu decisión de dejar ir el pasado y abrazar el tiempo nuevo ante el Gran Espíritu.

* Busca la compañía de personas que te aman, o incluso de un terapeuta con quien puedas hablar de lo que sientes.

* Para apoyar el proceso de sanación, sigue buscando la compañía de la naturaleza y háblales a los árboles, al océano, al fuego o a la Madre Tierra, y pídeles su ayuda y compañía.

7 · Masatl - Venado

7
Masatl – Venado

Tamatz Kahullumary, el Venado Azul,
es el guardián del libro del conocimiento,
tanto para los indígenas, como para los tewari [18].
Tayau

El venado es una figura muy importante en la tradición tolteca y otra representación de la divinidad. Es la deidad principal que atrae a los potenciales peregrinos al sendero de la sabiduría. De entre las muchas leyendas y mitos acerca del venado y su

---

[18] *Tewari* es la palabra wixarika para referirse a las personas no-indígenas. En estos tiempos en que nuestra separación de las comunidades indígenas continúa siendo una herida abierta en el alma de la humanidad, me parece conmovedor que a pesar de un maltrato de siglos, en sus visiones espirituales más elevadas, los indígenas siguen teniendo un lugar para nosotros.

102

conexión con los hombres y mujeres en el camino hacia lo sagrado, quiero presentar aquí la historia del Venado Azul como me la contaron mis amigos wixarika (a quienes llamo los toltecas sobrevivientes[19]) durante las peregrinaciones espirituales que viví con ellos a través de los años, y que muestra de manera vívida lo que representa el venado como símbolo sagrado.

Todos los años, los wixarika viajan casi 500 kilómetros desde las montañas donde habitan, hasta sus lugares sagrados en el desierto. Mi amigo Tayau me explicó:

"Tamatz Kahullumary es su nombre. Es el Venado Azul, a quien buscamos cuando hacemos nuestra peregrinación anual a la tierra sagrada de Humun-Kulluaby, allá, en el desierto. Fue Kahullumary –a quién también llamamos Tamatzin (el Venado Sagrado)– quien empezó la tradición de hacer estas peregrinaciones hacia nuestros lugares sagrados en el desierto.

Hace mucho tiempo, cuando los *Kakayares*[20] o Poderíos originales estaban organizando el mundo, estas tradiciones fueron creadas por ellos. En esos tiempos, los humanos no sabían nada acerca de peregrinaciones, tradiciones o de la búsqueda del Gran Espíritu. La gente sólo quería encontrar comida, comer y sobrevivir. Este era su único interés. Pero los Kakayares estaban preocupados porque la gente no sabía nada acerca de las fuerzas espirituales que los rodeaban. ¿Qué caso tenía haber creado a los humanos y al mundo para que vivieran en él, si estos no sabían nada sobre los creadores de sus vidas? Sospecho que los Kakayares se sentían solitarios y querían relacionarse con la gente para tener compañía. Todo necesita estar conectado con todo lo demás, incluyéndolos a ellos.

Los Kakayares trataron de llamar la atención de la gente de todas las formas posibles, pero la gente no respondía. Estaban demasiado ocupados buscando comida. Para lograr que los humanos se dieran cuenta de su vínculo sagrado con los Poderíos, estos les enviaron toda clase de bendiciones, como días soleados, montañas hermosas, frutos, alimentos de todo tipo y la belleza de las estrellas en la

---

[19]Ver *Toltecas del Nuevo Milenio* de Víctor Sánchez (Bear & Company, 1996).

[20]Nombre genérico para los Poderíos. A estos se les puede encontrar en cualquier lugar, pero principalmente en los sitios sagrados que ellos consideran sus hogares. Kakayare también representa todas esas fuerzas espirituales que crearon al mundo y todo lo que existe.

noche. Pero los humanos no se daban cuenta de que no estaban solos. Entonces, los Kakayares probaron enviándoles tormentas, incendios forestales, terremotos, inundaciones y toda clase de calamidades para tratar de despertarlos de su ignorancia. Pero los humanos tampoco reaccionaron a estas señales como los Kakayares querían. Debido a esto, invocaron a Kahullumary, un Kakayare que era el poseedor del *Libro del Conocimiento*. Este libro sagrado contiene todo el conocimiento del mundo, tanto para las personas indígenas, como para los no indígenas.

A Kahullumary le fue asignada la tarea de atraer a la gente al camino del conocimiento. Era muy astuto y decidió engañarlos transformándose en un venado azul. Así se presentó ante la gente, que estaba como siempre, buscando comida. Cuando lo vieron, quisieron cazarlo de inmediato porque se imaginaron que su carne sería buena para comer, ¡y ellos siempre tenían hambre! Pero el Venado Azul era muy veloz y difícil de atrapar. Mientras la gente lo perseguía, él corría y corría y corría, llevándolos muy lejos de las tierras donde vivían. Kahullumary siguió corriendo y la gente siguió persiguiéndolo. Hasta que llegaron al desierto, a la tierra sagrada de Humun-Kulluaby, que significa "la Tierra Azul".

Allí sucedió algo extraordinario. Mientras Kahullumary corría, por donde quiera que pasara, de sus huellas brotaban capullos de Hikuri (el cacto sagrado del peyote). La gente no pudo alcanzarlo porque era demasiado veloz. Cuando se agotaron, se detuvieron a descansar. Tenían más hambre que nunca, y en su desesperación, buscaron a su alrededor algo para comer, y vieron al Hikuri justo allí en el suelo. Sin saber lo que era, se lo comieron, esperando que fuera comida. Pero en vez de eso, tuvieron sueños extraordinarios acerca de las deidades de la naturaleza. Ellos pensaban que estaban dormidos, pero estaban despiertos, soñando. Y así fue como, por primera vez, pudieron ver al Venado Azul, no como comida, sino como maestro. Encontraron el libro sagrado de Kahullumary y empezaron a leerlo. De él aprendieron la forma correcta de vivir, y descubrieron cuál era su misión en la vida.

Y así fue como la tradición de nuestras peregrinaciones comenzó allí mismo, en la Tierra Azul que también llamamos el Paraíso.

Es por eso que nuestra peregrinación es llamada, entre otros nombres, el Viaje de Kahullumary. Todavía lo seguimos buscando, esperando leer nuestras propias páginas en ese libro. De eso tratan estas peregrinaciones".

En esta carta, vemos al buscador espiritual buscando una visión sagrada. El venado es quien traerá la visión. En la esquina superior derecha, apreciamos el símbolo de Venus, el planeta que representa a Ketsalkoatl[21]. El buscador está sentado en una montaña sagrada. Las cumbres dobles de la montaña representan a Ometeotl, la dualidad divina que está por encima y por debajo de todo lo que existe.

Significado general

Como podemos ver en la historia de Tamatz Kahullumary, el Venado Azul, Masatl representa la búsqueda de la visión espiritual. El venado traerá esa visión siempre que nos comprometamos a seguir todos los pasos y tareas que se deben llevar a cabo antes de que este se nos revele. Sacar esta carta es un llamado a buscar la visión que te enseñará cuál será tu misión y tu camino con corazón de ahora en adelante, hasta que la visión se haya cumplido y el tiempo para otra visión te sea revelado.

La búsqueda de una visión es una antigua práctica espiritual entre los pueblos de tradición chamánica alrededor del mundo y a lo largo de la historia. Se lleva a cabo de muchas formas, de acuerdo con el contexto cultural del buscador, pero el elemento básico es el aislamiento en la naturaleza, por uno o más días. Con frecuencia requiere ayunar, orar, cantar o danzar. La intención es invocar al Gran Espíritu para que nos traiga la visión que dirigirá nuestra vida de ahora en adelante.

Masatl sugiere una iniciación espiritual y despertar a un estado superior de conciencia. Es un augurio y un llamado; depende de ti descubrir cómo y cuándo responderás a él.

Significado en los cuadrantes

La lectura de esta carta es un tanto diferente a la de las otras. Contiene una indicación tan clara para la búsqueda de la visión, que los mensajes de los cuatro cuadrantes apuntan en la misma dirección.

---

[21] Algunas leyendas indígenas hablan acerca de Ketsalkoatl transformándose en el planeta Venus cuando su tiempo en la tierra terminó.

Por esta razón, si te sale la carta del venado sagrado, de manera excepcional deberás leer sus significados para los cuatro cuadrantes, con especial atención en aquel donde esté colocada.

Tonakatl – Cuerpo/Mundo material

Masatl en este cuadrante significa que llegó el momento de preparar tu cuerpo para el encuentro con el Gran Espíritu. Aunque esto sería aconsejable para cualquiera que va a emprender la búsqueda de una visión, cuando obtienes esta carta hay un especial énfasis en la preparación física y el fuerte impacto que esto tendrá en tu proceso.

Comienza por revisar tus hábitos alimenticios. Observa cómo te están funcionando y qué cambios podrían ser necesarios.

Podrías encontrarte escalando una montaña o caminando por varias horas en la naturaleza en un futuro cercano; por eso, asegúrate de hacer suficiente movimiento y ejercicio. Este esfuerzo será favorable no sólo para tu cuerpo, también para tu espíritu. No tienes que convertirte en un atleta olímpico en poco tiempo, será suficiente con que aprendas a sentirte cómodo con tu cuerpo para realizar actividades físicas como caminar, practicar excursionismo o danzar.

El mejor lugar para que vuelvas a conectar con tu cuerpo es en medio de la naturaleza. Haz actividades al aire libre, tantas como te lo permita tu condición física actual. Ten especial cuidado cuando te ocupes en prácticas nuevas para ti. Recuerda también que aun los periodos cortos de ejercicio, realizados con frecuencia, te ayudarán más que las sesiones muy intensas practicadas sin continuidad.

Es muy importante que durante tus actividades de preparación recuerdes la razón por la que estás haciendo estos esfuerzos; es por tu propio bienestar, por supuesto, pero tus acciones serán más poderosas, los resultados más profundos y sus efectos más amplios si mantienes al venado sagrado presente en lo que haces.

Preguntas sugeridas

- ¿Cuál es mi condición física actual?
- ¿Me estoy alimentando saludablemente?
- ¿Qué cambios necesito hacer en mi dieta o actividades físicas?
- ¿Estoy dispuesto a comprometerme con un programa de mejoramiento físico para mantener mi búsqueda del Espíritu?

Actividades sugeridas

- Diseña y sigue un plan para mejorar tus hábitos alimenticios, y un programa para optimizar tu condición física.
- Escoge una fecha para tu búsqueda de una visión. No te apresures; recuerda que una buena preparación es la mejor forma de asegurar resultados importantes.

Mati – Mente/Trabajo

Masatl en el cuadrante Mati hace un llamado a tu mente hacia una visión superior que habrá de guiar tu vida, pero esta no será decidida solamente por el Gran Espíritu. Puedes pedirle que te dé una visión, pero deberás tener una participación activa en su búsqueda, en lugar de permanecer pasivo esperando a que venga a ti. Alcanzar una visión es como un contrato sagrado entre tú y el Espíritu; tu tarea es considerar y elegir de entre todos los caminos posibles que se te ocurran, y entonces abrir tu corazón para que el Espíritu te traiga su mensaje.

Así es como edificas el camino de tu vida, reflexionando y tomando tus propias decisiones, a la vez que estás alerta para escuchar las señales del Espíritu. La fortaleza y la dirección de tus decisiones y acciones serán mucho más efectivas si trabajas con el Dador de Vida. Para lograrlo, primero tienes que reflexionar seriamente acerca de la visión que está sosteniendo tu vida en este momento. Si no tienes una visión para el futuro, entonces tu presente podría estar transcurriendo por mera casualidad y circunstancia. Si este es tu caso, la consecuencia será una disminución de tu fuerza vital. Mientras que en tu juventud podías ir por la vida sin una visión –ya que la fuerza de la juventud puede compensar la falta de dirección–, en los posteriores años de madurez, sólo la pasión por seguir una visión te sostendrá y nutrirá tu energía de vida.

El venado en el cuadrante de la mente te dice que aun cuando puedas creer que no hay una visión dirigiendo tu vida, en realidad sí la hay, pero no es tuya. Es una visión implantada por otros: escuela, familia, medios de comunicación, redes sociales y demás influencias que te han estado presionando para cumplir con sus expectativas desde el día en que naciste. Podrías estar siguiendo una visión sin corazón y edificando un destino del que ni siquiera te has preguntado si en realidad lo quieres.

La medicina para una vida vacía en la que podrías hallarte día tras día, peleando una batalla que no es tuya, es preguntarte a ti mismo qué es lo que realmente quieres de la vida. Contesta esta pregunta y luego fija tus metas.

Haz una línea de tiempo de lo que quieres lograr, de modo que sepas lo que deberás hacer de ahora en adelante para llegar allí. Hoy es el primer día del resto de tu existencia. No sabes cuánto tiempo estarás aquí, así que no esperes para darle una mirada profunda a tu vida y decidir cómo la quieres vivir.

Preguntas sugeridas

- ¿Cuál es la visión detrás de la forma en que estoy construyendo mi vida presente?
- ¿A dónde me está llevando esta visión?
- ¿Tengo una visión de lo que quiero hacer con el resto de mi vida?
- ¿Es tiempo para que busque una visión superior alrededor de la cual organizar mi vida?

Actividades sugeridas

- Camina en lugares tranquilos donde puedas reflexionar acerca de tu vida y la visión detrás de ella.
- Escribe una lista de los acontecimientos más importantes de tu vida, y a partir de ellos practica la *recapitulación*[22].
- Trabaja fijando metas y mantén un registro escrito de estas.

Teyoli – Emociones/Relaciones

Cuando Masatl llega a la casa de Teyoli, su mensaje está dirigido hacia la obtención de apoyo en tu proceso de fijar metas. Aunque estés solo en la responsabilidad de encontrar una visión para sostener y

---

[22]Recapitulación es un proceso de autosanación en el que el practicante revive momentos significativos de su pasado para poder romper los patrones energéticos y el comportamiento resultante de estos. Para una comprensión detallada del proceso de recapitulación, véase *El Camino Tolteca de la Recapitulación* de Víctor Sánchez (varias editoriales).

guiar tu vida, no significa que debas vivir en aislamiento o pasar por el proceso sin conectarte con los demás.

La imagen del guerrero espiritual como una persona que se hace sola se ha extendido tanto, que a veces nos olvidamos de que nos formamos, en gran medida, gracias a la compañía de los otros y nuestras interacciones con ellos. La imagen del orgulloso guerrero solitario está bien para los libros y las películas; en la vida real, crecemos juntos o caemos juntos.

Por un lado, atravesamos por el canal que nos trae a la vida solos y moriremos solos; por el otro, desde el momento de nuestro nacimiento hasta el momento de nuestra muerte, hemos estado y estaremos siempre rodeados de otros seres humanos, animales, plantas, estrellas y también por el Gran Espíritu. Desde esta perspectiva, no hay forma de estar solos en este mundo; venimos a él para estar con otros y alcanzar una completa realización a través de nuestra conexión con ellos.

La misma idea aplica para la búsqueda de una visión. Si realizarás una ceremonia en la que visitarás un lugar sagrado, lo puedes hacer en soledad o con buena compañía. Aunque vayas a emprender el proceso de búsqueda del venado sagrado en soledad, incluso en ese caso podrías tener apoyo en tu proceso de preparación.

La dualidad sagrada trabaja en esto igual que siempre. Hay un tiempo para todo. Hay un tiempo para hacer cosas en soledad, y un tiempo para hacerlas en compañía; hay un tiempo para dar y un tiempo para pedir.

Preguntas sugeridas

* ¿Pido ayuda cuando la necesito?
* ¿Necesito aprender y practicar cómo pedir ayuda?
* ¿Quién podría apoyarme en el proceso de encontrar mi visión?

Actividades sugeridas

* Consigue apoyo de gente en la que confías.
* Comparte con ellos tu intención de encontrar tu visión y háblales de las dificultades que vayas encontrando.
* Habla con alguien que haya llevado a cabo un proceso similar y pueda compartirte su experiencia.

- Busca libros relacionados con el tema, o considera buscar el apoyo de un guía profesional que ayude a las personas a organizar su proceso de búsqueda de una visión.

Teotl – Espíritu

El venado en la casa del Espíritu significa que tienes una cita con él en un lugar sagrado o especial. Este encuentro le dará a tu vida significado y dirección. Tienes una tarea sagrada que cumplir.

Tener una visión para sostener nuestras vidas es una tarea fundamental para todos y puede lograrse de muchas maneras. Para algunos podría ser a través de un proceso de crecimiento personal en donde fijar metas, establecer fechas límite y cumplirlas será suficiente; pero para aquel que encuentra al venado en el cuadrante del Espíritu, el llamado es a buscar una visión en la forma tradicional.

Harás una peregrinación a un lugar sagrado o cumplirás de forma tradicional la búsqueda de una visión pasando varios días solo en la naturaleza, hasta que la obtengas. Tal vez debas hacer ambas cosas.

Si escoges la forma del peregrino, articula la búsqueda de tu visión como un viaje, tanto en el plano físico, como en el interno. Elige un lugar sagrado como destino de tu peregrinación. Allí pedirás y ofrecerás algo a los Poderíos del lugar. Durante el viaje, tu atención deberá estar enfocada en tu conexión con el sitio y con la pregunta que llevas contigo. La claridad e intensidad de la visión que recibirás en ese lugar estarán determinadas por el nivel de atención, esfuerzo, compromiso y dedicación que pongas, tanto durante tu periodo de preparación, como durante tu viaje hasta el lugar de tu búsqueda de la visión.

Para una experiencia en solitario en la naturaleza, deberás prepararte física, emocional, mental y espiritualmente. Establecer una estrategia y hacer un plan será muy importante para esta tarea. Necesitas poseer las habilidades para quedarte solo al aire libre por un periodo que puede ir desde veinticuatro horas, hasta cinco días (esto, por supuesto, es un cálculo estimado de acuerdo con la situación de cada quien). Deberás encontrar un lugar al mismo tiempo lo suficientemente seguro y aislado[23]. El requisito principal es que

---

[23]La seguridad es un elemento muy importante. Todas las actividades físicas, en especial las que se hacen al aire libre, implican cierto grado de riesgo. Lo que podemos y debemos hacer es tomar todas las precauciones

la influencia humana no sea fuerte allí y que la naturaleza reine en él sin interferencias.

En el formato tradicional, el buscador estará en ayunas durante el proceso. Si escoges hacerlo de esta manera, no prolongues el proceso más allá del periodo de ayuno que puedas tolerar sin enfermarte. Si tu plan es para un proceso intensivo de corta duración, no dormir podría ser parte de él.

Una vez en el lugar, establece tu territorio sagrado haciendo un círculo de piedras o colocando pedazos de madera seca alrededor de tu campamento. Puedes usar una tienda de campaña o no, dependiendo de tu preferencia y del tipo de clima que encuentres. Haz tu espacio lo suficientemente grande para tener una pequeña fogata encendida durante toda la noche[24]. Para los toltecas, la fogata no es un fuego cualquiera, sino la personificación del Abuelo Fuego, el más anciano y sabio de todos los Poderíos. Hablarle, orar, danzar o cantar a su alrededor son algunas de las practicas que puedes realizar para articular tu proceso. De la misma forma, habrá quien pueda hacer lo mismo junto a un arroyo y conectar con la Madre Agua.

Mientras los componentes básicos para la búsqueda de una visión son muy parecidos: naturaleza, aislamiento y el buscador llamando al Dador de Vida, puedes organizar tu búsqueda de una visión de muchas formas distintas, de acuerdo con tu preferencia, tu contexto cultural, tus fuentes de información, etcétera. Lo más importante es llevarlo a cabo y que todo cuanto hagas contribuya para incrementar tu nivel de atención en dirección del Gran Espíritu.

---

de seguridad relacionadas con nuestra actividad y disfrutar la experiencia sin miedo. Así que prepárate, sé cauteloso y responsable.

[24]Cuidar de la naturaleza y de ti mismo es, por supuesto, una de las prioridades más grandes para tu experiencia. Manejar fuego siempre involucra riesgos potenciales. Ser responsable significa saber cómo, dónde y cuándo hacerlo de forma segura. Mantente alerta sobre las restricciones relacionadas con los períodos de sequía de las áreas protegidas, parques nacionales y otro tipo de zonas inhabitadas, pues cada una tiene sus propias regulaciones. Encuentra información respecto del tema para que puedas disfrutar la experiencia sin causar problemas para ti, otros o a la Madre Naturaleza.

Preguntas sugeridas

- ¿Encuentra esta llamada un eco en mi corazón?
- ¿Estoy listo para algo tan serio?
- ¿Cuándo debería hacerlo?
- ¿Cómo debo prepararme?
- ¿Qué recursos necesito conseguir?

Actividades sugeridas

- Infórmate sobre lugares apropiados y seguros para hacer un retiro en solitario y búsqueda de visión. Toma tu decisión y establece una fecha.
- Haz un plan y un cronograma para tu preparación.
- Diseña la experiencia de la forma que sientas más adecuada para ti.
- Consigue el equipo y aprende las habilidades que necesitarás.
- Ve a una peregrinación o experiencia solitaria en el campo para buscar tu visión.

8 · Tochtli - Conejo

8

Tochtli - Conejo

La risa alimenta el camino al Espíritu
al igual que la lluvia alimenta a la tierra,
haciendo crecer y dar fruto a la buena semilla.

El conejo era un héroe cultural entre los toltecas y desempe-
ñaba un papel muy importante en sus mitos de origen, donde
se cuenta cómo la humanidad desapareció y fue creada nuevamente por los dioses.

En la leyenda del Quinto Sol, por ejemplo, encontramos a los
dioses reunidos en Teotihuacán. El mundo estaba oscuro y los humanos habían desaparecido. Los dioses se sentían solos, querían revivir a la humanidad y hablaron de lo que debían hacer: "El primer
requisito para crear la vida es tener la luz del sol. Debemos empezar
por tener un nuevo sol. ¿Quién entre nosotros será lo suficientemente valiente para sacrificarse a sí mismo ardiendo en este fuego

113

sagrado y tendrá el honor de convertirse en el nuevo sol, que traerá luz para que la humanidad exista nuevamente?

Por un momento, todo quedó en silencio. Entonces Tecusistecatl, un príncipe rico y poderoso de gran reputación entre los dioses, dio un paso al frente. Estaba ricamente ataviado con joyas y telas preciosas. Habiendo impresionado a todos con su apariencia, habló: 'Yo me sacrificaré en este fuego para tener el honor de iluminar el tiempo nuevo. ¡Yo seré el nuevo sol!'

Todos estaban muy impresionados por su valor. Su oferta fue aceptada y el lugar se quedó nuevamente en silencio mientras los dioses esperaban a que cumpliera su acto de sacrificio. En la plaza central ardía una enorme hoguera. Tecusistecatl dio unos pasos hacia atrás para prepararse, después corrió hacia el gran fuego, pero cuando estuvo a punto de saltar dentro de las llamas, algo inesperado sucedió. Se detuvo abruptamente. El miedo que sintió no lo dejó cumplir su ofrecimiento.

Todos los otros dioses estaban sorprendidos y avergonzados de ver a este poderoso príncipe temeroso y flaqueando. Antes de que alguien pudiera decir algo, Tecusistecatl lo intentó de nuevo, pero una vez más, cuando estuvo muy cerca del fuego, se detuvo con miedo y vergüenza por su cobardía.

Los dioses se miraron con incredulidad ante lo que sucedía allí. Todos estaban desconcertados. Tecusistecatl intentó por tercera ocasión, pero por tercera vez falló. Entonces los dioses realmente se preocuparon ¡La humanidad no tendría una nueva oportunidad por la cobardía de un dios! Sentimientos sombríos llenaron los corazones de Tecusistecatl y de todos los demás reunidos en Teotihuacán.

Nadie sabía qué hacer. Entonces, cuando la tristeza y desesperación alcanzaron su punto más alto, una vez más algo inesperado sucedió.

Nanahuatzin, el leproso, el más humilde y pobre de entre todos los dioses, con su taparrabos desgarrado y la piel llena de llagas, apareció detrás del círculo desde donde había estado observando todo desde el principio, y sin vacilar se arrojó al fuego. Las llamas crecieron muy altas gracias al sacrificio de Nanahuatzin, y un nuevo, brillante y poderoso sol surgió en el cielo. Todos sintieron alivio porque un nuevo sol brillaba nuevamente; todos excepto Tecusistecatl, cuya vergüenza se convirtió en furia al verse humillado por el más humilde de los dioses.

Furioso y sin pensarlo un segundo, Tecusistecatl hizo lo que antes no había podido por falta de valor: se arrojó al fuego, y de inmediato un segundo sol surgió en el cielo, justo frente al primer sol, Nanahuatzin.

Los dioses se miraron unos a otros, perplejos y afligidos. '¡No puede haber dos soles! ¡Esto está mal! ¡Tenemos que hacer algo!'

Hablaron por largo tiempo, buscando una solución a este nuevo problema, y finalmente llegaron a un acuerdo: pedirían ayuda al águila y al conejo, quienes habían estado presentes en la reunión, para apagar el segundo sol, Tecusistecatl, de una forma u otra. El águila y el conejo aceptaron la misión. El águila tomó al conejo entre sus garras con cuidado y voló velozmente hacia Tecusistecatl. Cuando se acercó al segundo sol, lanzó al conejo contra su cara con tal fuerza que su luz palideció, convirtiéndose en la luna. En ese instante, Tecusistecatl y Nanahuatzin empezaron a perseguirse entre ellos y desde entonces giran alrededor de la tierra, continuando su interminable persecución".

(Una consecuencia interesante de esta historia sería la huella en forma de conejo que quedó plasmada en la superficie de la luna, como podemos apreciar en las noches de luna llena.)

Habiendo ayudado a restaurar la humanidad, Tochtli, el valiente conejo, se convirtió en símbolo de fertilidad, gozo y el placer de los sentidos.

En la carta, vemos al conejo y a la serpiente tener un encuentro en la cancha de la pelota sagrada donde se jugaba el *ullama*[25] (estas canchas de pelota se pueden encontrar en muchos sitios arqueológicos en México y Centroamérica. Dondequiera que estén, son una señal de la influencia tolteca en la zona). El conejo representa al cuerpo y el poder de los sentidos, y la serpiente, la mente y la capacidad de reflexión. La cancha es el cuerpo humano, y el juego, los retos de la vida.

---

[25]Ullama era el juego ritual prehispánico en el que los jugadores le pegaban a una pelota de hule pesado con sus caderas, hombros y cualquier otra parte del cuerpo, excepto con las manos, pies y cabeza. La meta era hacer que la pelota entrara en un hoyo a través de un anillo colocado en la parte alta de la pared lateral del campo.

Significado general

La carta representa la tensión entre disfrutar la vida siguiendo tus instintos, sentidos y placeres materiales, y la búsqueda del desarrollo de la conciencia. Si el conejo gana y la serpiente pierde, nosotros perderíamos porque el dominio de los sentidos resultaría en el sacrificio de la conciencia superior. Por otro lado, si la serpiente gana y el conejo pierde, fracasaríamos también porque nuestra búsqueda de la conciencia superior acabaría con nuestra alegría de vivir.

Esta carta nos dice que necesitamos cuidar el equilibrio entre ambos aspectos de nuestra existencia: la alegría y la conciencia. El conejo enseña que si te olvidas del gozo y los placeres de la vida, estarás desperdiciando algo precioso: el disfrute de la única vida que tienes en la eternidad; pero si te entregas a la búsqueda del placer y olvidas el desarrollo de la conciencia, perderás tu alma, que también es preciosa. La clave del éxito está en equilibrar y honrar ambos aspectos.

Significado en los cuadrantes

Tonakatl – Cuerpo/Mundo material

Tochtli en la casa de Tonakatl trae un mensaje acerca de los placeres de los sentidos. Si su significado es bueno o malo, depende de cómo te estés relacionando con esta área de tu vida.

Cuando pensamos en los placeres de los sentidos, uno de los primeros que viene a la mente es el placer del encuentro erótico, que es obviamente una de las experiencias más significativas. Pero para la completa comprensión del significado de esta carta en el cuadrante del cuerpo, debemos recordar que el placer de los sentidos se produce de muchas maneras.

El disfrute de la naturaleza, la pintura, música, danza, los alimentos, deportes, películas, los masajes, olores, el tacto... son algunas de las innumerables fuentes de placer que podemos disfrutar a través de nuestros sentidos. Pero no debemos pensar en los sentidos como algo separado del alma. Cuando el gozo de los sentidos viene unido al alma, podemos experimentar los más profundos y exquisitos placeres.

Desafortunadamente, en el mundo de la espiritualidad la palabra "placer" no posee una buena reputación. Es importante recordar que el placer nos fue dado por el Gran Espíritu para aumentar nuestra alegría por la vida; pero cuando nuestra búsqueda de placer es excesiva o daña nuestra alma, este regalo se convierte en un problema. El conejo en el cuadrante del cuerpo te está advirtiendo de cómo los placeres de los sentidos enriquecen o debilitan tu vida.

Si estás desconectado del placer de los sentidos, Tochtli en Tonakatl es un llamado para que cambies tu actitud y te abras a disfrutar más del gozo de vivir que puedes experimentar a través de ellos. Tu sistema entero funcionará mejor si expresas tu amor por ti mismo, permitiéndote disfrutar de experiencias placenteras que le hagan bien a tu cuerpo y a tu alma por igual. En cambio, si acostumbras buscar placeres compulsivamente y sin consultar con tu corazón acerca de sus efectos en el amplio espectro de tu vida, entonces es tiempo de que te detengas, observes, reflexiones y reconsideres.

El placer de los sentidos es un canal muy poderoso por el que fluye la energía de la vida. Cuando se manejan de forma equilibrada, gozo y crecimiento van de la mano; en cambio, cuando se manejan sin el cuidado de tu ser interior, el resultado será agotamiento y soledad. Pon atención a las elecciones que estás haciendo en tu búsqueda o rechazo del placer.

Preguntas sugeridas

* ¿Con qué frecuencia experimento gozo y placer en mi vida?
* ¿De qué maneras estoy obteniendo placer, y cómo afectan a mi ser y a mi vida?
* ¿Estoy trabajando demasiado y olvidando disfrutar los placeres sencillos de la vida?
* ¿Incluyo de modo suficiente entre mis planes para conmigo mismo, tener tiempo placentero de calidad?
* ¿Estoy perdido en la búsqueda descuidada del placer sin considerar sus efectos en el amplio espectro de mi vida?

Actividades sugeridas

* Haz una lista de diez actividades que te causen placer y alegría sin resultados negativos para tu corazón y vida. Revísala y observa cuántas de ellas estás haciendo con suficiente frecuencia. Si son menos de tres, es hora de que incluyas más.

- Escribe otra lista de actividades que te den placer, pero que al mismo tiempo dañen tu vida y corazón de forma significativa.
- Deja de hacer lo que está en la segunda lista y usa esa energía liberada para practicar lo que está en la primera.

Mati – Mente/Trabajo

Tochtli en el cuadrante de la mente representa la medicina de la risa. Necesitas reír más seguido y más profundamente. Te has estado tomando a ti mismo y tu vida demasiado en serio, y tu corazón está pagando la factura.

Una vez más, aplica el arte tolteca de equilibrar los opuestos. Por un lado, tu vida será tan corta que no tienes tiempo que perder; debes librar tus batallas más importantes ahora que estás vivo. Esa es una verdad. Por otro lado, necesitas relajarte, tener calma y no exigirte demasiado; disfrutar, divertirte y no tomar las cosas tan en serio, porque si lo haces, todo se pondrá demasiado dramático. Esta es otra verdad.

Ambas verdades son contradictorias, pero ciertas. ¿Cómo puede ser posible? La respuesta es que vivimos en un mundo de verdades paradójicas, y necesitamos encontrar un equilibrio entre los dos polos de la paradoja.

En este caso la llamada del oráculo es: ¡Vamos! No tomes la vida tan en serio. Ríe un poco más y disfruta sin tantos melodramas. Cultiva tu sentido del humor.

Recuerda que un auténtico sentido del humor no significa coleccionar chistes de un libro para repetírselos a tus amigos mientras beben en una fiesta. La clave para un sentido del humor saludable es aprender a reírte de ti mismo, esto será buena medicina para ti y quienes te rodean.

Preguntas sugeridas

- ¿Me río lo suficiente?
- ¿Cuándo fue la última vez que reí plenamente con todo mi cuerpo y corazón?
- ¿Me tomo demasiado en serio con frecuencia?
- ¿Estoy dramatizando en exceso algunas situaciones de mi vida?

Actividades sugeridas

- Practica sonreír más seguido.

- Da un paseo y sonríele a cada árbol que encuentres en tu camino (si te sientes ridículo, está bien, pues eso te hará reír aún más).

- Practica sonreír para las fotos y sigue haciéndolo, aunque sientas que no es natural. En algún momento tu sonrisa para las fotos se volverá natural.

- Sonríe a la gente, incluso a los extraños.

- Habla con naturalidad acerca de situaciones en las que has hecho el ridículo o te has comportado tontamente. Hazlo hasta que se convierta en un tema de conversación tan natural para ti, como cualquier otro.

Teyoli – Emociones/Relaciones

El conejo en la casa de las emociones y relaciones interpersonales significa compartir el placer de la vida con otras personas, ya sean tus amigos, familiares o pareja.

Aunque a menudo no pensamos en nuestros familiares o nuestra pareja como amigos, es muy saludable que exista una dimensión de nuestra relación con ellos que nos produzca la misma sensación de ligereza y confianza que experimentamos con un buen amigo.

El placer de estar con amigos proviene del hecho de que ellos no te juzgarán. Estarán de tu lado, aun cuando te equivoques, aunque esto no significa que siempre estén de acuerdo contigo. Si son amigos verdaderos, te dirán la verdad, aunque esta a veces no sea agradable de escuchar; pero te la dirán porque quieren lo mejor para ti; y cuando comparten sus puntos de vista, desacuerdos o críticas, lo hacen sin juzgar ni condenarte. En vez de eso, expresarán su aceptación y amor por ti. Eso los hace tus amigos, y tú harías lo mismo por ellos.

De forma parecida, tus relaciones con los miembros de tu familia o tu pareja deben ser alimentadas por la claridad y el placer de la amistad para mitigar las tensiones naturales que a veces resultan de la convivencia diaria.

Tochtli en este cuadrante te recuerda que disfrutes de la frescura y claridad de la amistad. Necesitas la medicina de este tipo de conexión para hacer contrapeso a las dificultades y desafíos de la vida. Busca a tus amigos y disfruta su compañía. Asegúrate de tener suficientes amigos a tu alrededor, al menos uno.

Si no tienes amigos suficientes, puede ser que –sin darte cuenta– no hayas sabido ser un buen amigo para otros; alguien que ayuda, con quien sea agradable y divertido pasar el tiempo. Si este es el caso, aprende a ser un buen amigo. Nunca es demasiado tarde.

Preguntas sugeridas

- ¿Cuántos amigos tengo?
- ¿Cuántos conocidos?
- ¿Podría convertir a algunos de mis conocidos en amigos?
- ¿Me he reunido con mis amigos recientemente sólo por el gusto de hacerlo?
- ¿Dispongo de tiempo suficiente para estar con amigos?
- ¿Soy un buen amigo para mi pareja, padres, hijos u otros miembros de mi familia?
- ¿Comparto suficiente tiempo y alegría con ellos?

Actividades sugeridas

- Haz una lista de tus amigos (no seas demasiado exigente para considerar a alguien como tu amigo).
- Señala aquellas amistades que requieren algo de atención para mantener viva una buena conexión con ellas.
- Llama a un buen amigo a quien no hayas visto últimamente e invítalo a pasar un buen rato juntos.
- Trata a tu pareja u otro familiar como un amigo y realicen alguna actividad divertida.
- Comparte con ellos, relájate y sé feliz.

Teotl – Espíritu

El conejo en la casa del Espíritu es un augurio de fertilidad; un buen momento para concebir algo. Podría ser un nuevo sueño a lograr, un nuevo proyecto, negocio o quizá una nueva vida.

La fertilidad tiene que ver con nuestra capacidad para crear, dar vida a alguien o algo. Pero dar vida conlleva también una responsabilidad. Si traes algo o a alguien al mundo, tienes que honrar tu conexión con lo que estas engendrando durante todo el tiempo que se necesite para cumplir tu responsabilidad hacia ese ser o proyecto.

La responsabilidad es una expresión de amor e implica la paradoja de encontrar una nueva forma de libertad a través de dejar atrás aspectos que, en el pasado, solían expresar tu libertad. Como todo en la vida, tiene dos lados; debes ser capaz de abrazarlos ambos, el placer de amar aquello a lo que has dado vida, y la responsabilidad hacia lo que amas y a quienes amas.

Consulta con tu corazón: ¿qué está listo para nacer en este momento especial de tu vida? Considera esta pregunta cuidadosamente. Considera si estás listo y eres capaz de traer esa nueva energía a la vida. Si lo estas, entonces hazlo ahora porque el tiempo es propicio.

Preguntas sugeridas

- ¿Qué está listo para nacer en mi vida?
- ¿A qué es a lo que mi espíritu quiere que dé vida?
- ¿Qué responsabilidades me traería esto?
- ¿Estoy dispuesto a abrazar ese reto y misterio con amor y alegría?

Actividades sugeridas

- Consulta con tu propio corazón.
- Comenta lo que estás considerando con alguien en quien confíes.
- Consulta con los Poderíos.
- Después de consultarlo y considerarlo cuidadosamente, en medio del misterio, toma tu decisión y no mires atrás.

9 · Atl - Agua

9
Atl - Agua

¡Oh, sagrado espíritu del agua!
¡Limpia mi alma y alimenta mi sueño,
para que llegue a ser
lo que para ser nací!

El agua es uno de los símbolos más profundos y complejos en la tradición tolteca. Debemos entender una circunstancia muy especial, porque siendo uno de los cinco Poderíos principales del mundo, junto con el fuego, la tierra, el sol y el viento, el agua aparece representada en este oráculo en más de una forma.

Atl está estrechamente relacionada con otros dos símbolos en el oráculo tolteca: Kiawitl (la lluvia, carta 19 del Tonalpohualli), y Tlalok, conocido popularmente como "el dios de la lluvia" (grupo de cartas Regidoras). Sus significados se entremezclan, hasta cierto punto, como sucede con muchos de los símbolos de la cosmogonía tolteca. Esto puede resultar confuso, pero podremos entenderlo mejor una vez que exploremos las sutiles pero importantes diferencias entre ellos.

Atl es "el agua de abajo" (océanos, ríos, lagos, etcétera), mientras que *Kiawitl* es "la lluvia" o "el agua de arriba". Basados en la forma en que cada una de ellas trabaja en la naturaleza, están caracterizadas como entidades femenina y masculina. Atl es femenina; el útero de donde proviene la nueva vida; Kiawitl es considerado la potencia creativa masculina, la lluvia como semilla que fertiliza al mundo. En la rueda calendárica de la veintena del Tonalpohualli, Atl corresponde al día 9 y Kiawitl al 19, por lo que aparecen frente a frente en el círculo. Juntos son la pareja sagrada del agua.

Tlalok, por otra parte, es la deidad o principio sagrado más amplio, que incluye y tiene jerarquía por encima de todas las otras deidades relacionadas con el agua. Para visualizar estas diferencias, podríamos decir que mientras Atl actúa en la tierra y Kiawitl en el cielo, y que ambos tienen una influencia directa con lo que sucede en la tierra, Tlalok reina en el universo y su área de influencia es mucho mayor. Debido a esta y otras diferencias que serán vistas en sus capítulos respectivos, cada uno de estos símbolos y deidades posee significados relacionados, pero a la vez únicos, que exploraremos por separado.

Como dijimos anteriormente, Atl es el agua de la tierra, el espíritu que reside en los manantiales, arroyos, ríos, lagos y el océano. Es el Poderío de "la Madre Agua", la esencia de lo que nutre, la energía femenina. El agua en la superficie de la tierra es la matriz de todo lo vivo; su cualidad es la de nutrir, dar vida, proteger, y cuando se requiere, dar sanación; ella puede limpiar el cuerpo y alma. Los poderes de la Madre Agua son muchos, pero los dos más extraordinarios son su capacidad de nutrir la vida y sanar a través de la purificación.

En la imagen, vemos un personaje con el nombre de Ilama, que quiere decir "mujer anciana", y representa a la vieja Madre Tierra. Ilama está practicando el ritual del "agua quemada", en el que la reconciliación de los opuestos (fuego y agua) es la base de ceremonias poderosas como el *temascatl* (que significa "casa donde se suda"). Entre la diosa y el fuego, apreciamos un punto que representa la unidad, indicando que nada está completo sin su opuesto y que, al final, los dos son uno. El signo de arriba es el Sol, que ilumina todo el proceso.

Significado general

Como un poder que nutre, Atl es la placenta que envuelve, protege y alimenta. Representa el lugar y tiempo del nuevo ser desarrollándose, preparándose para venir al mundo por primera vez. Esta metáfora del embarazo nos revela cómo cada sueño o proyecto nuevo se lleva a cabo, y deberá ser abrazado, cuidado y alimentado para, finalmente, ser traído al mundo en el momento apropiado.

Así como el agua, que es fuente de vida, tú estás siendo llamado para abrazar algo que llega a la existencia por primera vez; eres el recipiente sagrado de una nueva expresión de energía vital que viene después de un período de gestación. Toma consciencia, prepárate y sé generoso en alimentar lo que está por venir, pues se encuentra ya dentro de ti, sea que te hayas dado cuenta o no.

Sacar la carta de Atl también anuncia la necesidad de un proceso de limpieza para lo que sea que esté obstruyendo el flujo natural de la energía en tu vida, tanto en el mundo interno, como externo. Lo que experimentas como problemas y tiempos difíciles, son simplemente las manifestaciones de una interrupción en el flujo natural de tu energía en alguna área de tu vida. La carta te está diciendo que necesitas sanar alguna situación específica en tu alma o situación de vida.

Puede que estés atravesando un momento crucial en tu vida, en el que necesitas limpiar tu alma, pero debido a tu conciencia limitada de lo que realmente está pasando, podrías estar resistiéndote al proceso, lo que te puede traer más dolor. Cuídate de no cometer este error. Requieres hacer lo opuesto: abrazar el proceso de limpieza de tu ser y de tu vida.

Significado en los cuadrantes

Tonakatl – Cuerpo/Mundo material

Atl en Tonakatl se refiere a la necesidad de limpiar el cuerpo en un nivel profundo. Cotidianamente, tendemos a pensar en lo que le sucede a nuestro cuerpo como algo separado de lo que le sucede a nuestra alma y vida en general. Aun cuando intelectualmente podríamos considerar la conexión entre nuestro cuerpo físico y nuestra alma, esto no necesariamente significa que en la práctica honremos esa conexión. Atl en Tonakatl es un llamado a recordarla.

El agua en el cuadrante del cuerpo significa que, a través de la limpieza de tu cuerpo, la energía estancada debido a algún desorden de tipo físico será liberada para que pueda fluir en tu proceso de vida. Necesitas un cuerpo saludable para que tu energía fluya y te guíe hacia las metas y sueños de tu vida. El cuerpo humano es una máquina increíble y poderosa, pero como cualquier otra máquina, necesita mantenimiento. Los conductos físicos en nuestro sistema pueden obstruirse o atascarse de la misma forma que nuestros conductos energéticos.

Una desintoxicación de tu sistema digestivo es aconsejable. Puedes hacer esto con una dieta especial durante un corto tiempo. Alimentarse solamente con manzanas y agua por algunos días es una forma sencilla de "barrer" sustancias indeseables fuera de tu sistema digestivo. Prueba este o algún otro programa de desintoxicación, siempre bajo la supervisión de un especialista. El temascal o baño de vapor ceremonial[26] también es una práctica aconsejable, especialmente si lo combinas con trabajo interno para la limpieza del alma.

Un periodo continuo de trabajo moderado al aire libre también es una excelente forma de hacer que tu cuerpo respire y sude en un ambiente saludable. Un campamento de retiro o caminar en la montaña son ejemplos de actividades que te ayudarán a desintoxicar tu cuerpo.

En cuanto al mundo material, esta carta te invita a deshacerte de los objetos físicos que conservas, pero que no necesitas ni te aportan nada. Libera los espacios físicos en que te mueves de cualquier cosa que no sirva a un propósito valioso para ti.

Preguntas sugeridas

- ¿Mi cuerpo necesita un proceso de desintoxicación?
- ¿Qué partes de mi sistema biológico requieren ese proceso con mayor urgencia?
- ¿Por dónde tengo que empezar?
- ¿Qué recursos debo explorar para informarme acerca del proceso de desintoxicación?

---

[26] *Inipi* (lakota) o *sweat lodge* entre los nativos norteamericanos.

- ¿Qué efectos negativos pueden provocar las toxinas acumuladas, tanto en mi cuerpo, como en otros aspectos de mi vida?
- ¿Cuáles son las consecuencias de esto ahora y en el futuro?

Actividades sugeridas

- Haz una dieta de desintoxicación durante un período corto.
- Mejora tus hábitos alimenticios.
- Únete a una actividad al aire libre o un retiro en la naturaleza.
- Participa en una ceremonia de temascal.

Mati – Mente/Trabajo

Generalmente, no somos conscientes de cómo la forma en que funciona nuestra mente afecta nuestras vidas diarias. Por ello, nos habituamos a albergar pensamientos que no nos ayudan a vivir mejor. El agua en el cuadrante de la mente es un llamado a limpiarla de pensamientos negativos y nutrir tu alma con pensamientos más serenos y proactivos.

Las personas creen percibir el mundo tal y como es realmente, y, posteriormente, piensan en lo que perciben. Pero el proceso es casi siempre más cercano a lo opuesto; son tus pensamientos los que afectan tu percepción. Ves lo que ves en la forma en que lo ves, debido a lo que te dices a ti mismo acerca de lo que ves. La mente es tan poderosa que lo que es real para ella tiende a convertirse en real para todo nuestro sistema (cuerpo, mente y emociones). Lo único que se escapa de esto es el espíritu; pero la forma en que la mente trabaja nos aleja de nuestra conexión con él, haciéndole difícil rescatarnos del dominio de nuestros pensamientos negativos.

Atl en Mati te dice que podrías estar viendo un mundo sucio a tu alrededor, debido a la suciedad que tienes en tu mente. Necesitas someterla a un proceso de limpieza energética para que la mejora en la calidad de tus pensamientos tenga influencia positiva en tu vida.

Para mejorar en esta área, debes ser consciente de que no puedes forzar la mente a cambiar su contenido, al igual que no puedes forzar al diálogo interno a detenerse directamente. Pensar en dejar de pensar no detiene el pensamiento. Esto es especialmente difícil con los pensamientos negativos, pues aun sabiendo que no te hacen ningún bien, te sientes incapaz de detenerlos. Por ello, debes trabajar en esto indirectamente; en lugar de pensar "tengo que detener este pensamiento negativo" (lo que lo reforzaría), engaña a tu mente ocupándote en actividades que desvíen tu atención de ellos.

Si te fijas con cuidado, notarás que el pensamiento negativo está apoyado en ciertos patrones de conducta, de la misma forma en que las acciones negativas son apoyadas por este tipo de pensamientos. Es un círculo vicioso que sólo se altera practicando una nueva forma de pensar y actuar que se refuercen entre sí en un círculo de energía positiva.

En cuanto al aspecto laboral, el agua es una señal que te invita a darte cuenta de algo que está contaminado en tu trabajo y al proceso de limpieza que le hace falta. Existe una situación cargada de emociones negativas, como desconfianza, resentimiento, falta de motivación o algo similar. Dicha situación está obstruyendo el flujo adecuado de la energía, dando como resultado no sólo una baja productividad, sino un malestar generalizado en todos los involucrados.

Tienes la oportunidad de hacer algo al respecto, en lugar de resignarte pensando que "así son las cosas". ¿No te das cuenta de que al rendirte de esa manera contribuyes a que la energía permanezca bloqueada? Deja de ser un cómplice y haz algo que ayude a vencer el estancamiento y avanzar hacia un cambio positivo.

Preguntas sugeridas

- ¿Tengo pensamientos recurrentes que me hacen ver al mundo de forma negativa?
- ¿Cuál es el contenido de mis pensamientos negativos repetitivos?
- ¿Cuándo y dónde desarrollé esos patrones de pensamiento?
- ¿Existe alguna situación en mi trabajo cargada de pensamientos negativos?
- ¿Qué dio inicio a esta situación laboral?
- ¿Cómo he contribuido a este problema?
- ¿Cómo puedo contribuir a su limpieza?

Actividades sugeridas

- Practica el pensamiento positivo.
- Medita con el propósito de tranquilizar la mente.
- Realiza caminatas de meditación en la naturaleza y llena tu mente con su presencia.

- Pasa tiempo cerca de un río, arroyo o manantial, y deja que la energía y el sonido del agua que fluye limpien tu mente.
- Da un paso positivo (una acción) con alguien en el trabajo para iniciar un proceso de sanación.
- Discúlpate con alguien a quien hayas lastimado en el trabajo.
- Ten la madurez de reconocer frente a los demás un error que cometiste.
- Presenta alguna propuesta novedosa que libere la energía estancada en forma de pensamientos negativos, para que fluya hacia un cambio positivo.
- Promueve una reunión especial en el trabajo y practica con tus compañeros escucharse unos a otros, con la mente y el corazón abiertos. Puedes utilizar una "piedra sagrada" o algún otro objeto especial para darle la palabra a quien la reciba. Cada persona que hable deberá ser escuchada con empatía, respeto y sin ser interrumpida.

Teyoli – Emociones/Relaciones

El agua en este cuadrante te dice que una relación importante en tu vida está lastimada debido a un malentendido que ha ido demasiado lejos. Has subestimado las consecuencias de esto y te convenciste a ti mismo de que no era la gran cosa o ni siquiera te importaba. Sin embargo, muy en el fondo sabes que esto no es verdad; esa persona te importa y tú le importas a ella.

La fantasía de encontrar la felicidad cuidando sólo de nosotros mismos es una terrible enfermedad característica del mundo moderno. A menudo vivimos como si pudiéramos lograr y hacer todo lo que queremos sin tener que preocuparnos por los demás y seguimos adelante como si nada. Pues bien, no es así como funciona. Tus conexiones con otras personas son parte de quien eres. No hay forma o lugar al que puedas ir a donde tus conexiones no vayan contigo. Podrías, por ejemplo, pretender que odias a tu padre o madre, o a alguna otra persona importante en tu vida, y pensar que quizá odiándolos estarás bien y a salvo. Pero el hecho es que, aun así, siguen siendo tus padres, pues te han dado la vida y los sigues amando en un lugar de tu corazón del que jamás lograrás escapar por completo. Este ejemplo es aplicable a cualquier otra relación verdaderamente significativa en tu vida que esté lastimada.

Negar o pretender que no amas no acaba con el dolor, sólo lo esconde y lo hace crecer. Tarde o temprano tendrás que enfrentarlo y lidiar con él; de otro modo tu corazón se secará a medida que pase el tiempo. Recuerda que la tierra fértil de tu corazón morirá si no la riegas con el agua sanadora de la verdad, la humildad, la empatía y el perdón.

El orgullo no es un buen consejero; mejor escoge amar y encontrarás el camino correcto.

Preguntas sugeridas

- ¿Qué relación importante de mi vida he estado ignorando erróneamente?
- ¿Cómo empezó a dañarse esa relación?
- ¿Por qué la he dejado atrás sin sanarla?
- ¿Cuáles son las consecuencias de no haber sanado esa relación?
- ¿Dónde comienza la sanación?
- ¿Qué puedo hacer para sanar mi corazón?
- ¿Puedo ayudar a la otra persona a sanar su corazón?

Actividades sugeridas

- Haz una evaluación de todas tus relaciones significativas.
- Reflexiona sobre el estado de tu relación con tus padres y otros familiares.
- Evalúa el estado de tus relaciones con las personas con quienes vives.
- Ten una conversación o envía una carta a la persona de la que te has alejado.
- Confiesa tu verdad a esa persona.
- Si sientes que eres tú quien fue lastimado, reconoce cómo contribuiste a esa situación.
- Perdona y pide perdón.

Teotl – Espíritu

Atl en el cuadrante del Espíritu es un llamado del Poderío del agua para que te conectes directamente con ella y alimentes tu alma con la bendición de su poder. El agua será tu entrada a la siguiente etapa de tu desarrollo espiritual. La Madre Agua te está llamando.

Junto con la tierra, el agua es la gran madre de todos los seres vivos en este planeta; nutre, purifica y es poderosa medicina en tiempos de dificultad y confusión. Cuando tu vida está lista para un cambio importante, el agua es el mejor catalizador para el proceso que te ayudará a seguir adelante.

La energía del agua te alimentará y sustentará durante tus momentos aciagos. Si estás dispuesto a dejarte llevar, ella te apoyará y sostendrá por un tiempo; el único requisito es que vayas a ella con la actitud apropiada de respeto y con consciencia plena de lo que estás haciendo. Sé consciente de esto, porque así como el agua es bella, sanadora y purificadora, también puede ser peligrosa para aquel que va hacia ella de manera descuidada.

El agua en el cuadrante del Espíritu se relaciona con el significado de los otros tres cuadrantes. Cualquier situación de tu vida que tenga que ver con la necesidad de limpiar, dejar ir y sanar puede enriquecerse teniendo a este Poderío presente durante el proceso. Esta es una poderosa posibilidad abierta para todos, pero si te sale la carta Atl en el cuadrante Teotl, entonces es casi como si no tuvieras opción; la madre del agua te está señalando directamente, ¿por qué? Esta pregunta la podrás contestar únicamente acudiendo a ella y preguntándole directamente. Es posible que al hacerlo encuentres una revelación acerca de tu próxima tarea. Tal vez tu espíritu esté herido y tengas que acudir a la energía del agua para sanarlo. También podría ser la forma en que el Gran Espíritu te esté llamando para que comiences tu sendero espiritual.

Preguntas sugeridas

- ¿Por qué me está llamando la Madre Agua?
- ¿Responderé al llamado?
- ¿Dónde lo haré?
- ¿Cómo debo arreglar este encuentro?
- ¿Cómo tengo que prepararme para encontrarla?
- ¿Qué haré cuando esté con ella?
- ¿Qué puedo hacer para experimentar este encuentro no sólo físicamente, sino espiritualmente?

Actividades sugeridas

- Aprende a nadar, si aún no sabes.

- Practica una meditación en la que sólo tengas el océano en tu mente.
- Ve al encuentro del mar y háblale acerca de tu vida durante horas o días. Haz pausas por el tiempo que necesites y continúa compartiendo lo que eres. Cuando hayas terminado, haz una promesa de realizar algo positivo en tu vida como forma de agradecerle por acompañarte y ayudarte a limpiar tu alma.
- Lleva a cabo una "búsqueda de la visión" cerca de un arroyo o río, y conéctate con el espíritu del agua durante ese tiempo de retiro.
- Practica la pesca sagrada. Pesca sólo al pez que vayas a comer y antes de que muera, ofrécele una acción a favor de la vida, que cumplirás como agradecimiento por la vida que estas tomando.

10 · Itskuintli - Perro

10
Itskuintli - Perro

Soy el perro.
Te mostraré el camino.
Te seré fiel, así como tú
deberás ser fiel al Dador de Vida.

Itskuintli es el nombre de una raza específica de perros que existió en México desde mucho tiempo antes de la conquista española. Esta aún existe, aunque es considerada rara y no mucha gente accede a ella. Su piel es oscura, sin pelo en casi todo el cuerpo, excepto arriba de la cabeza y en la punta de la cola.

En tiempos antiguos era habitual ver a estos perros en compañía de príncipes y chamanes. Eran símbolo del viaje hacia la realidad aparte y del trance chamánico, en los que era considerado como guía y compañero.

Como el compañero de viaje del chamán, el perro representa también el rastro de conciencia que queda dentro del mundo de los sueños y de cualquier otra experiencia en la que nos trasladamos a nuestro otro yo, que es nuestro lado mágico.

En la imagen de la carta vemos a un chamán con su "doble" o cuerpo energético saliendo de su cuello mientras manipula algunas hierbas sagradas. La huella representa el viaje chamánico y su doble (representado simbólicamente como un perro) lleva una ofrenda para la deidad.

Significado general

Obtener la carta del perro es indicativo de viajar sin perder la conexión con el lugar del que provienes. También representa la virtud de la lealtad hacia alguien o algo.

Como seres duales, no podemos lograr la sanación y bienestar si no honramos nuestros dos lados: tonal y nahual. El problema es que, en tiempos modernos, los humanos viven generalmente absortos en sus pensamientos, atrapados en el lado de la razón, la cual se "enferma" si no está equilibrada por el uso eficiente y continuo de la conciencia del otro yo, basada en el conocimiento silencioso. Es nuestro lado mágico. El perro representa tu viaje hacia las experiencias de tu otro yo con el objetivo de lograr un desarrollo integral y completo. El tiempo es propicio para prácticas que te lleven en esa dirección.

El otro significado importante del perro es la fidelidad. Obtener esta carta puede significar que alguien que te es leal, está jugando un papel importante en tu vida, tal vez sin tu entero reconocimiento. También puede aludir a que estás siendo llamado a defender algo o a alguien y ser leal a esa persona o causa, a pesar de las dificultades que debas enfrentar al hacerlo. Este no es un asunto menor, porque a menudo nuestro propio crecimiento depende de nuestra capacidad para servir a otros. Al final, ser leal a tu corazón y a sus conexiones te orientará en tiempos de incertidumbre.

Significado en los cuadrantes

Tonakatl – Cuerpo/Mundo material

Itskuintli en Tonakatl es un presagio de viajar a lugares o situaciones desconocidas. En el mundo físico, podrías visitar sitios nuevos, ciudades lejanas o países extranjeros. Si usas estas experiencias sabiamente, no sólo descubrirás lugares nuevos, sino también partes nuevas de ti mismo.

Viajar no solamente implica llegar a lugares nuevos y conocer gente nueva; tiene que ver también con algo que es todavía más importante: permitir que esos lugares nuevos entren en tu corazón y te transformen.

Cruzar físicamente las fronteras de tu mundo cotidiano para entrar en entornos novedosos, te llevará a cambiar de rutinas y hábitos mientras exploras nuevas costumbres, estilos de vida y formas de percibir la realidad. Este cambio general en tu contexto y actividades es una oportunidad única para superar tus patrones de desperdicio de energía y abrazar el cambio en tu vida.

Cuando te encuentres en un lugar nuevo, trata de adaptarte a la nueva situación y costumbres, en lugar de insistir en apegarte a tus patrones usuales. Si visitas nuevos lugares con tus viejas actitudes, limitarás tus posibilidades de transformación y crecimiento. Para aquellos que actúan sabiamente, el viaje físico es también una representación del recorrido del alma.

El mejor ejemplo de esta posibilidad es la peregrinación espiritual, en la que el peregrino viaja por el mundo físico sólo como medio para llevar su conciencia a un estado superior. Internamente, el viaje físico de la peregrinación es un mecanismo para llevar nuestra alma hacia su encuentro con el Gran Espíritu.

La verdad es que además de ser una fuente de alegría, emoción o trabajo, un viaje puede ser también un peregrinaje en el interminable sendero del autoconocimiento. Los únicos requisitos son que estés consciente y dispuesto a ir a más allá de los límites de tus hábitos y patrones energéticos, de la misma forma en que estás dispuesto a cruzar los límites de tu mundo físico cotidiano.

Preguntas sugeridas

- ¿Cuánto tiempo ha pasado desde que me di un espacio para mi gozo y crecimiento?
- ¿Hace cuánto tiempo que no viajo?
- Si fuera a viajar, ¿cómo podría hacerlo de forma que contribuya a mi crecimiento personal?
- ¿Cómo debo prepararme para conectar realmente con el lugar y la gente que conoceré?

- ¿Qué patrones y rutinas debo cambiar para aprovechar la oportunidad que me dan los viajes?
- ¿Qué oportunidades de viajar tengo y cuán poderoso seria hacerlo en este momento de mi vida?

Actividades sugeridas

- Rompe tus rutinas viajando a algún lugar muy distinto de tu mundo cotidiano.
- Aprende un idioma nuevo para conectar con la gente local.
- Evita las trampas para turistas y busca, en cambio, los lugares donde se reúne la gente local.
- Aprende sobre la historia de los sitios que visitas.
- Cuando viajes a una nueva ciudad, en lugar de limitarte a mirar edificios y museos, acércate a las personas y observa cómo se expresan sus corazones. Descubre cómo fluye la vida en ese sitio y en qué es diferente del lugar del que provienes.
- Ponte en situaciones inusuales y aprende nuevas habilidades.
- Durante tu viaje, conviértete en la persona que has soñado ser.

Mati – Mente/Trabajo

En el simbolismo tolteca, el perro es quien va delante del alma cuando esta cruza a otro mundo. Itskuintli en Mati señala el viaje de la mente hacia la realidad que quieres crear. Es el sueño que va por delante, guiando tu camino.

Para alcanzar una meta elevada, primero debes ser capaz de soñarla. Cada gran logro en la vida comienza con alguien soñando que ello es posible. La transformación del mundo inicia con un sueño, y ningún logro humano significativo sucedió alguna vez sin ser precedido por un sueño. Tienes la capacidad de visualizar en tu mente cómo sería tu realidad si tu sueño se hiciera realidad. Úsala para empoderar tu vida.

Quizá tu capacidad para soñar se ha quedado atrás por alguna razón. Si este es el caso, ha llegado el momento para sacudirte el entumecimiento y permitirte soñar de nuevo.

Puede ser que tengas ya un gran sueño, muy importante para ti. Si no es así, elige uno de entre los sueños olvidados que aguardan en algún rincón de tu alma. Sueña ese sueño.

Itskuintli en el cuadrante de Mati te impulsa a usar tu mente para visualizar tu sueño y dialogar con él. Visualiza lo que quieres crear, mírate a ti mismo en medio de tu sueño e imagina cada detalle.

A medida que transcurra tu vida diaria, detente de vez en cuando, visualiza tu sueño y suéñate a ti mismo dentro de él. Entre más te veas allí, tu atención dirigirá tu energía en la dirección apropiada. Entre más desarrolles los detalles y expandas tu comprensión de ese sueño, más fluirá el intento de esa visión hacia cada célula de tu cuerpo y cada región de tu campo energético; hacia cada parte de tu mundo, empoderando tus acciones y alineándolas con la conquista de tu sueño.

Tu mente y su capacidad para la creación irán pavimentando tu camino para que cuando empieces a moverte en la dirección de tu sueño, el camino y sus desafíos sean casi como un lugar y proceso naturales para ti.

La práctica de imaginarte viviendo dentro de la realidad que buscas es esencial para descubrir que puedes cambiar tu mundo. La visión de tu sueño te llenará de confianza y seguridad en ti mismo, no sólo para lograr tus metas, también para disfrutar tu viaje hacia ellas.

Preguntas sugeridas

- ¿Cuáles son mis sueños más preciados?
- Si no los tengo, ¿dónde y cuándo abandoné mi capacidad de soñar?
- ¿Tengo sueños olvidados y aún vivos en algún lugar de mi corazón que debería rescatar?
- ¿No me permito soñar con algo realmente bueno para mi vida por temor a tener que cumplirlo?
- ¿Le tengo miedo al éxito?
- Si me permitiera soñar sin restricciones ni temores, ¿acerca de qué soñaría?
- ¿Cuál sería el primer paso para realizar mi sueño?
- ¿Qué pasos deberé de seguir?

Actividades sugeridas

- Haz una lista de sueños que vengan a tu mente. Continúa buscando aún más; permítete escribir sueños cada vez más grandes.

- Organiza tu lista de forma que muestre qué sueños tienen mayor significado para ti y cuáles tienen prioridad; luego, escoge cuál abordarás primero.
- Descubre cuáles de esos sueños quieres alcanzar antes de morir.
- Dedica por lo menos quince minutos de cada tercer día para visualizar en tu mente el sueño convertido en realidad.
- Escribe los pasos necesarios para cumplir tu sueño.
- A medida que practiques, dale más detalles y profundidad, y deja que tu sueño se expanda ante los ojos de tu mente.
- Da el primer paso y continúa gradualmente con los siguientes.

Teyoli – Emociones/Relaciones

Si la carta del perro aparece en este cuadrante, te está diciendo que tienes un llamado para demostrar tu lealtad o generosidad hacia alguien que atraviesa un momento difícil en su vida. Por un momento dejarás de pensar sólo en ti y ofrecerás un gesto de apoyo y amor para alguien más.

Este es el tiempo para ser generoso. Deberás saber lo que tienes que hacer y durante cuánto tiempo. Establece el contexto y los límites de tu generosidad siendo claro con tu corazón antes de comprometerte. Una vez que hayas llegado a un acuerdo contigo mismo, simplemente hazlo. Puede que no sea necesario que le anuncies a esa persona lo que vas a hacer; hay casos en los que es mejor actuar con discreción. Cualquiera que sea la circunstancia, es importante dejar que tus acciones, y no tus palabras, demuestren tu intención.

La lealtad es una de las expresiones de amor más grandes que existen; eleva tu espíritu y alimenta tu corazón. Pero la lealtad auténtica no sólo consiste en hacer de forma automática cualquier cosa que la otra persona quiera, especialmente si esto va en contra de la verdad de tu corazón. La lealtad hacia los demás únicamente es verdadera cuando, al expresarla a través de tus actos, también estás siendo leal a tu corazón. Si aprendes a escuchar tu corazón, y no sólo a tu mente, verás que hay un lugar y momento en que ambas lealtades son exactamente la misma.

Un gesto de lealtad puede ser como una semilla que siembras en la tierra de alguien más. La semilla es tu gesto de lealtad y la tierra, la vida de esa persona. La semilla echará raíces, para luego convertirse en árbol. A su debido tiempo, dará frutos que te traerán energía de vida para compartir con otros.

Nunca subestimes el poder de la lealtad, pero al mismo tiempo nunca trates de ganar la lealtad de alguien. No es así como funciona. La lealtad es sólo otra expresión del amor y al igual que sucede con este, el poder de tu libertad no reside en determinar cuánta lealtad puedes conseguir, sino en descubrir cuánta puedes dar. Piensa en ello.

Preguntas sugeridas

- ¿Quién necesita mi apoyo en este momento?
- ¿Alguna de las personas a las que amo necesita una mano amiga?
- ¿Cómo sería un apoyo real para esa persona?
- ¿Qué se requiere de mí?
- ¿Estoy dispuesto a hacerlo sin esperar recompensa?
- ¿Puedo hacerlo sin faltarle al respeto a mi corazón?
- ¿A quién le he estado fallando?
- ¿Cómo puedo sanar las heridas provenientes de esa falla?

Actividades sugeridas

- Si descubres quién es la persona que necesita tu apoyo, comienza por tener una conversación con tu corazón y decide qué quieres hacer al respecto.
- Planea tus metas, la estrategia y su duración por anticipado.
- Contacta a la persona que necesita tu apoyo, si eso es congruente con tu plan.
- Prepárate para considerar y tomar en cuenta, las circunstancias y dinámica de la situación, así como la reacción de la otra persona. No esperes que tu mente pueda anticipar todas las implicaciones de la situación que habrás de enfrentar. Esto es normal.
- Esta es una oportunidad para que aprendas sobre el amor incondicional. Da sin esperar una recompensa o cualquier otro tipo de respuesta favorable de esa persona.
- Descubre el gozo que se encuentra en la libertad de tener un gesto hacia otro ser humano, sólo por el hecho de hacerlo.

Teotl – Espíritu

Itskuintli en la casa del Espíritu tiene un doble significado. Por un lado, se trata del Gran Espíritu guiándote en tu sendero espiritual para que desarrolles y alcances todo lo que has venido a hacer en esta vida. Por el otro, representa tu apoyo a otros en su camino hacia el Gran Espíritu.

Esta es la base del contrato sagrado que regula la relación entre el Gran Espíritu y nuestro ser. El Dador de Vida te brinda su apoyo y dirección, y ha sido muy generoso al poner todo tipo de oportunidades en torno a ti, como caminos, retos, bendiciones, problemas, personas, animales, plantas, montañas y sueños. Para vivir en equilibrio, debes responder a todos esos regalos siendo generoso con los demás. Este es el contrato sagrado. Recibe y da para que la energía continúe fluyendo sin obstáculos.

El problema de la vida moderna es que estamos demasiado enfocados en exigir y siempre querer tomar más de los otros, pero sin estar preparados para dar a los demás en la misma proporción. Esta forma de vivir provoca que la energía se atasque, causando que las personas enfermen, primero del alma, y luego del cuerpo.

El sentido de reciprocidad como principio de salud energética está presente en esta carta. Te dice que de la misma forma en que el Espíritu te llama y provee de los medios para pulir tu conexión con él, deberás apoyar a otros en su propio camino espiritual. Aunque este principio es verdadero para todos, si obtienes esta carta es una señal directa de que deberás encontrar tu propio camino primero, para luego ayudar a otros a encontrar el suyo. Esta es la esencia simbólica del perro en el oráculo tolteca.

Al enfrentar esta tarea, recuerda que el perro no es un jefe o maestro en busca de admiración y obediencia. Él sólo desea servir, simplemente porque está en su naturaleza. No olvides que quien es guiado por el perro, lo sigue hacia algo superior. De la misma forma, ayuda a los demás sin interponerte en su camino.

Para que puedas mantener esa responsabilidad sin perderte en la importancia personal al asumir el rol de un guía que debe ser admirado, debes asegurarte de continuar siguiendo al Espíritu. Sólo la autenticidad de tu propia conexión con Él te protegerá para no perder la esencia sagrada de tu tarea.

Preguntas sugeridas

- ¿Qué he aprendido y experimentado en mi camino espiritual que podría compartir con otros?
- ¿He podido articular mi propio camino espiritual?
- ¿Sufrí fracasos y luego me he recuperado? ¿Esto me hace capaz de apoyar a otros en situaciones parecidas?
- ¿Cómo puedo apoyar a otros en su búsqueda espiritual?
- ¿Hago esto por el amor y la pasión de aprender, o por el deseo de ser aceptado o admirado?
- ¿Cómo puedo ser un apoyo del Gran Espíritu manteniendo la claridad y humildad del perro?

Actividades sugeridas

- Haz un repaso o recapitulación de tu camino espiritual para que aprecies lo que has aprendido y lo que aún necesitas aprender. Toma notas sobre lo que descubras al respecto.
- Si has llegado a un punto de tu vida en el que tu camino espiritual se ha vuelto claro para ti, y si has podido organizar las diferentes áreas de tu vida de una forma funcional, entonces estás listo para apoyar a otros. Si no es así, haz un plan para trabajar tus áreas que aún están fuera de equilibrio.
- Si vas a empezar a apoyar a otros, haz una lista de las cosas más importantes que has aprendido en tu vida; las batallas más duras que has enfrentado y ganado; cosas que has aprendido, descubierto y conquistado que ayuden a otros con su búsqueda en la vida; los errores más importantes que has cometido.
- Ten la disposición de compartir las cosas valiosas que has aprendido, tus victorias y fracasos, para apoyar a quienes vienen a ti buscando consejo.
- Haz lo mejor que puedas para ayudar a los otros enfocándote en lo que necesitan. No permitas que tus preferencias o intereses se atraviesen en esta tarea.
- Cuando ayudes a otros en su búsqueda espiritual, continúa haciendo tu propio trabajo de crecimiento para prevenir que la importancia personal se apodere de tu tarea sagrada.

11 · Osomatl - Mono

11

Osomatl - Mono

Soy el ignorante que quiere aprender,
luego, soy el sabio que puede enseñar.
Entre esos dos, sólo un instante, sólo un salto.

Los antiguos toltecas eran atentos observadores del mundo. Como la naturaleza era para ellos la cara visible del Gran Espíritu, todo lo que veían en ella era una expresión de la sabiduría del Dador de Vida. Esa es la razón por la que prestaban tanta atención a los seres vivientes en torno suyo, y por la que los animales tenían un lugar tan importante en su mundo espiritual. El mono no era la excepción.

El mono representa la curiosidad, la sed de conocimiento, y la sabiduría hacía la que conducen. Si tuviéramos que escoger una palabra para definir el significado simbólico del mono, esta sería sabiduría. El mono es símbolo de aquel que investiga, aprende,

141

obtiene conocimiento y enseña. Para los toltecas, era la imagen arquetípica del sabio.

En la imagen de la carta, vemos al mono y al esqueleto mostrando una conexión entre dos extremos de la vida: el dinamismo del mono y la inmovilidad de la muerte. El primero sostiene un cuchillo, la segunda, un corazón. El hecho de que compartan el mismo corazón nos revela que ambos son diferentes lados del mismo ser vivo.

Aunque las figuras del cuchillo y el corazón podrían evocar el tema de los sacrificios humanos, es importante notar que esta imagen proviene de un códice tolteca previo a los aztecas. Los toltecas históricos no practicaban sacrificios humanos, como sí hacían los aztecas. El significado de la imagen es, más bien, profundamente espiritual.

En su pensamiento abstracto, los toltecas comprendían la importancia de ser conscientes de nuestra mortalidad para darle a la vida su completo valor. Simbólicamente, el cuchillo representa la atención acrecentada (también llamada "segunda atención"), el esqueleto o calavera significa la trascendencia, y el corazón, la vida[27]. En consecuencia, la imagen representa el logro de la trascendencia en la vida que llega como resultado de manejar la atención bajo la conciencia de nuestra propia mortalidad. En el contexto de esta carta, la conciencia de la muerte y la segunda atención, cuando vienen juntas, dan como resultado lo que llamamos sabiduría.

Significado general

El mensaje de esta carta es la vocación por penetrar en las esferas profundas del conocimiento y el talento para enseñar a otros. Aquí, es importante considerar el concepto tolteca de la enseñanza, que a su vez requiere comprender su concepto de aprendizaje.

Desde su perspectiva, el proceso de aprendizaje no consistía en el maestro teniendo el conocimiento para luego transmitirlo al estudiante. Por el contrario, era el estudiante quien obtendría ese conocimiento por sí mismo. La palabra para el proceso de aprendizaje era *nimomashtik,* que se traduce como "enseñarse uno mismo". Bajo esa luz, la labor del maestro no consistía en representarse a sí

---

[27]En este caso, el corazón tolteca se parece a lo que en la tradición cristiana significa el corazón de Jesús, que representa la vida y no la muerte.

mismo como la fuente del conocimiento, sino en apoyar a los estudiantes durante su proceso de autoenseñanza.

En esencia, para el sabio tolteca no hay otro maestro que el Gran Espíritu, por lo tanto, los maestros humanos sólo son apoyadores del Gran Maestro. Ellos ayudan a los aprendices a enseñarse a sí mismos a conectarse directamente con el Espíritu y sin intermediarios. Esto se encuentra en franca oposición con las actitudes modernas de maestros o líderes espirituales, quienes se colocan a sí mismos en niveles superiores para ser admirados por sus seguidores y obtener ganancias materiales de la devoción de sus estudiantes.

Debido al compromiso de conectar con el Gran Espíritu sin intermediarios que distraigan, en la tradición tolteca[28] no hay mucho espacio para reverenciar personas.

Cuando el maestro olvida su conexión con la fuente sagrada del conocimiento, el alma muere y el resultado es un fraude viviente que necesita la adoración de otros para creer en su propia mentira.

Significado en los cuadrantes

Tonakatl – Cuerpo/Mundo material

El mono en Tonakatl significa la sabiduría de conocer los secretos del cuerpo. Cualquier disciplina relacionada con el conocimiento o desarrollo del cuerpo puede relacionarse con este cuadrante.

El cuerpo no sólo es el vehículo físico que nos permite ir de un lugar a otro, también lo es de nuestra conciencia, y tiene conciencia en sí mismo. El mono te invita a desarrollar el conocimiento de tu propio cuerpo y sus posibilidades como vehículo de la conciencia.

Es tiempo de que profundices la conexión con tu cuerpo e integres la conciencia de tu cuerpo a tus experiencias en el mundo. La tendencia a vivir la vida como si fuera algo sucediendo dentro de los límites físicos de la cabeza, nos lleva a crear una separación

---

[28]Los auténticos maestros toltecas hacen su trabajo de forma humilde. Ellos no esconden secretos acerca de sí mismos ni temen mostrar sus debilidades, de la misma manera en que muestran sus talentos y conocimientos. Los maestros toltecas sustentan sus enseñanzas en su continuo aprendizaje; pueden enseñar porque desde el principio fueron consumidos por la pasión de aprender, y esa pasión continuará siendo su compañera y consejera por el resto de sus vidas.

artificial de nuestra completa experiencia corporal. El resultado para nuestro desarrollo general sólo puede ser descrito como catastrófico.

Primero, no ponemos atención a lo que nuestro cuerpo necesita y conoce. Si no escuchamos a nuestro cuerpo, podríamos seguir alimentándolo de forma dañina. Por esta razón, no le damos el movimiento y actividad que tanto requiere. En nuestras mentes, siempre pensamos que necesitamos algo más; vivimos preocupados por "cosas importantes", mientras nuestro cuerpo trata de soportar el terrible tratamiento que le hemos dado por años, incluso décadas.

El mono en este cuadrante significa que debes prestar atención a las necesidades del cuerpo, y comprometerte consistentemente en disciplinas que le devuelvan su energía y vitalidad. Esto también significa que cuando hayas logrado la tarea de estar totalmente presente en tu cuerpo y aprendido a escuchar su sabiduría, ayudarás a otros a hacer lo mismo.

En el mundo material, el símbolo del mono significa que posees la sabiduría para manejar la energía en el mundo físico, encontrando formas originales y creativas de ganar dinero, manejar tus finanzas, etcétera. Tu éxito será sustentable, siempre y cuando lo equilibres manteniendo una sólida vida espiritual.

Preguntas sugeridas

- ¿Hasta qué punto y con qué frecuencia me mantengo consciente de mi cuerpo físico?
- ¿Cuánto conozco acerca de lo que mi cuerpo necesita?
- ¿Conozco y practico disciplinas físicas que también alimentan mi conciencia?
- ¿Tengo facilidad para las finanzas? ¿Mi sabiduría en esta área puede servirme a mí y a otros?

Actividades sugeridas

- Haz un esfuerzo consciente para conocer tu cuerpo.
- Escucha a tu cuerpo y cumple con lo que necesita.
- Practica disciplinas como yoga, chi-kung, tai-chi, expresión corporal o danza, que benefician tu consciencia a través de la actividad física.
- Conviértete en un entrenador de esas disciplinas.

- Estudia finanzas y aprende a mover energía circulando el dinero para proporcionar soluciones a las necesidades humanas.

Mati – Mente/Trabajo

El mono en el cuadrante de la mente representa al arquetipo del sabio en su modalidad de investigador. Simboliza el uso de la mente para adquirir conocimiento. "Investigación" y "análisis" son palabras clave para comprender la carta en esta posición.

El mono en la casa de la mente es la persona sabia que investiga para encontrar soluciones a los problemas humanos. La investigación podría ser científica o filosófica. La recopilación de datos, la reflexión profunda, los pensamientos creativos y la voluntad para servir son los talentos asociados con Osomatl en la región de la mente.

Una buena capacidad para la introversión facilita el proceso de reflexión que sigue a la observación y recopilación de datos. Si eres introvertido, esta carta te está diciendo que tus logros más valiosos provendrán del uso de esta capacidad. Si eres predominantemente extrovertido, esta carta te está diciendo que necesitas cultivar también la introversión para alcanzar tu pleno potencial, y que una de las mejores formas de hacerlo es por medio del estudio y la investigación.

A partir de los frutos de tu investigación, la enseñanza también puede formar parte de tu destino.

Preguntas sugeridas

- ¿Siento una atracción natural hacia la investigación?
- ¿He creado el espacio y las oportunidades en mi vida para la investigación de los temas que me interesan?
- ¿Qué me gustaría investigar?
- ¿El trabajo de investigación me ayudaría a desarrollar mi capacidad para un pensamiento más profundo?
- ¿Estoy utilizando mis habilidades de investigación y análisis para servir a otros?

Actividades sugeridas

- Si ya estás trabajando en investigación, considera las posibilidades de conectarla con ayudar a otros.

- Ocúpate en actividades que desarrollan tus capacidades intelectuales como leer, escribir, investigar, ciencia, poesía, etcétera.
- Haz una lista de temas acerca de los que te gustaría estudiar; ponlos en orden de prioridad y comienza una investigación acerca del primero de ellos.
- Si has estado recopilando conocimientos acerca de algo, empieza a compartir tus resultados con otros.

Teyoli – Emociones/Relaciones

Osomatl en Teyoli indica el camino de quienes, a partir de su conocimiento, compasión y capacidad de escucha, ayudan a los que sufren dolor emocional.

Es natural considerar esta carta en Teyoli como símbolo de los psicoterapeutas, orientadores, *coaches* de vida y otros especialistas en la sanación emocional, pues esta posición de Osomatl se refiere a la capacidad de los seres humanos para apoyarse entre sí cuando el alma sufre. Esto no se limita a los profesionales acreditados, sino a nuestra capacidad natural para apoyar a alguien en un momento de necesidad. Existe un sanador dentro de cada uno de nosotros, y ya sea que lo hagas de forma profesional o como un gesto natural de humanidad, la esencia de la conexión entre seres humanos es exactamente la misma. Por eso, esta carta posee un significado para todos.

En este momento, alguien necesita de tu apoyo y podrías tener el privilegio de ayudarlo. Si decides hacerlo, entonces hazlo lo mejor que puedas. Necesitarás aplicar algunas habilidades esenciales, como escuchar atentamente y con curiosidad, sin permitir que tus pensamientos bloqueen la percepción. Ofrece compasión abriendo tu corazón para sentir lo que tu prójimo siente. No pierdas de vista que lo que para ti podría ser la solución a un problema, puede no funcionar para alguien más. Si el llamado de esta carta encuentra eco en tu corazón, podrías llevarlo más allá y capacitarte formalmente en el arte de escuchar y apoyar a otros como *coach* de vida o psicoterapeuta.

Preguntas sugeridas

- ¿Quién de entre mis conocidos atraviesa por problemas emocionales y necesita mi apoyo?

- ¿Estoy dispuesto a escuchar sin juzgar o condenar a esa persona?
- ¿Me tomo el tiempo para notar y comprender los sentimientos de otros?
- ¿Qué le pasa a mi alma cuando soy capaz de escuchar y apoyar a otros?
- ¿Dónde y cómo puedo adquirir conocimientos para escuchar y apoyar a quienes sufren dolor emocional?

Actividades sugeridas

- Haz una cita para escuchar y apoyar a alguien que atraviese por un problema emocional.
- Practica escuchar profundamente, con interés genuino y sin sacar conclusiones prematuras.
- Trata de ver la dinámica de la energía en la conducta humana y descubrir cómo podría modificarse el uso particular de la energía que está causando problemas[29].

Teotl – Espíritu

El mono en el cuadrante del Espíritu es símbolo de aquel que es un maestro porque ha viajado lejos por el camino del conocimiento, y se ha convertido en un experto sobre la búsqueda espiritual.

Esta carta significa que puedes estar listo para aceptar este papel, siempre y cuando cumplas con los siguientes requisitos:

- Te has ocupado con seriedad de tu vida espiritual.
- Has alcanzado un buen nivel de equilibrio en tu vida en general, y superado los aspectos más desafiantes de tu sombra[30].

---

[29]Consulta mi libro *Las Enseñanzas de Don Carlos* para una explicación detallada de cómo comprender el comportamiento humano desde el punto de vista del uso de la energía.

[30]Utilizo el término "sombra" como Carl Jung lo hizo para referirse a las partes de nuestra personalidad que rechazamos. Como consecuencia de este rechazo-negación, estas aparecen en nuestra vida como un comportamiento negativo que realizamos sin darnos cuenta, pero que otros pueden ver mejor que nosotros. El comportamiento de la sombra está ahí, como un intento de nuestro inconsciente por ayudarnos a crear conciencia de dichas partes, de modo que podamos manejarlas mejor y avancemos en el desarrollo de lo que Jung llamó "el yo superior".

- Has cultivado el hábito de consultar todo con tu corazón.
- Te has organizado para crear un lugar, un tiempo y un método para conectar con el Gran Espíritu de manera regular.

Si has alcanzado todos estos logros, entonces has llegado al momento de tu vida en que apoyar a otros en su camino hacia el Espíritu puede formar parte de tu propio proceso de crecimiento.

Reflexiona cuidadosamente. Obsérvate en el implacable espejo de la verdad. No te juzgues con dureza por lo que todavía no has logrado, y no seas tímido en reconocer las victorias que has alcanzado en tu camino. Evalúa si estás listo o si aún necesitas resolver algunas situaciones complicadas antes de enfocarte en apoyar a otros.

La regla de oro es: no se puede enseñar lo que no se ha aprendido. No puedes compartir con otros lo que no te has dado a ti mismo. Míralo de esta forma: ¿qué te gustaría brindarle a los demás? ¿Lo has logrado para ti mismo? Si la respuesta es no, entonces ve y encuentra la forma de crear el milagro en tu vida. Sólo cuando hayas llegado al lugar a donde quieres invitar a los otros, tendrás algo significativo para compartir.

Querer ser un maestro sin haber enfrentado tus propios problemas es equivocado. Si no estás listo todavía, pero sientes la pasión por ayudar a otros en su camino espiritual, tómate el tiempo y encuentra la manera de aprender lo que compartirás con ellos.

Si sientes el llamado de la sabiduría, no pierdas el tiempo. Ve a los lugares y con la gente que te puede enseñar lo que necesitas saber; sé directo y pide lo que quieres; en tanto hagas tu parte, lo que estas buscando te será dado.

Preguntas sugeridas

- ¿He avanzado lo suficiente en mi camino de desarrollo espiritual como para poder apoyar a otros que están iniciando su propio camino?
- ¿Cuáles han sido los mayores fracasos de mi vida? ¿Los he superado?
- ¿Qué me gustaría enseñar a otros? ¿He logrado eso para mí?
- ¿He cumplido algunos de mis sueños más importantes?
- ¿Siento la motivación de apoyar a otros por un genuino deseo de servir, o por el de ser visto como un maestro?

Actividades sugeridas

- Haz una recapitulación de tu propio camino espiritual.
- Escribe una lista de tus mayores logros y otra de tus fracasos más significativos.
- Embárcate en la búsqueda de tu visión y pregunta al Espíritu si estás en un buen lugar para ayudar a otros.
- Si sientes el llamado, pero aún no llevas una vida lo suficientemente sana y equilibrada, establece altos objetivos por alcanzar, antes de empezar a apoyar a otros.
- Entrénate en las habilidades que puedas necesitar.
- Pide ayuda a quienes saben lo que quieres aprender, y sé muy honesto al revelar lo que buscas.
- Expresa gratitud a aquellos que te han ayudado en tu propio camino.

12 · Malinalli - Hierba

12
Malinalli - Hierba

Mayahuel, diosa de la tierra,
tiene en una mano flores de sanción
y espinas envenenadas en la otra.
Tú que eres libre ... ¿cuál escogerás?

El significado literal de *malinalli* es "la hierba torcida" y se refiere a la planta de maguey, tan típica del campo mexicano, cuyas hojas crecen de forma curvada, de ahí su nombre. Varios tipos de bebidas alcohólicas son hechas a base del maguey, principalmente el pulque, conocido como neutle entre las antiguas culturas indígenas de México que practicaban la embriaguez sagrada a través de su consumo, así como de hongos psicoactivos y peyote para contactar con lo sagrado. Aunque cualquiera de esas sustancias podía inducir estados de psicosis, cuando eran usadas en las circunstancias apropiadas y con un propósito sagrado, producían una visión espiritual. Este estado era visto como lo opuesto a la embriaguez profana[31].

En la imagen de la carta vemos a Mayawel, a menudo representada como la diosa de la embriaguez, ya sea sagrada o profana. Pero esa es sólo una interpretación superficial de este símbolo, que se hizo popular debido a la dificultad que los conquistadores españoles tuvieron para comprender su significado más profundo. Lo que mucha gente ignora es que también era la diosa de la medicina y la sanación. Su poder se manifestaba en el uso de extractos de plantas y hierbas por parte de curanderos para sanar enfermedades del cuerpo y alma.

En la carta, Mayawel está sentada sobre una tortuga y una serpiente, animales que viven arraigados firmemente a la tierra. Esto significa que ella está profundamente conectada con la tierra y su poder. En una mano sostiene un tazón con flores, representando la medicina buena (la sanación), y en la otra lleva las espinas que simbolizan la medicina mala (la embriaguez profana y los venenos). En otras palabras, el poder de las hierbas y plantas usado sabiamente puede traer vida, pero también dolor y muerte si son usadas en la ausencia de lo sagrado.

Aquí apreciamos nuevamente la siempre presente conciencia tolteca de la dualidad. La energía de la hierba no es buena o mala, pero sí lo es la forma en que es utilizada. Las experiencias producidas por el uso de plantas que alteran la percepción pueden traer aprendizaje y gozo, pero si estas no son manejadas apropiadamente, pueden causar pena y destrucción. De la misma forma, los extractos de las plantas podrían ser usados para producir medicinas o venenos. Este es el significado esencial de la flor y las espinas en las manos de la diosa.

Significado general

El significado positivo de Malinalli representa el poder del sanador, y como señal de advertencia, los riesgos de la embriaguez física o psíquica.

Este símbolo puede venir a ti porque tienes la necesidad de buscar sanación para ti, o porque estás siendo llamado a convertirte en

---

[31]A pesar de que su uso sagrado es casi inexistente hoy en día, el consumo de pulque aún es muy popular entre los pueblos rurales de México.

un sanador. Con frecuencia, ambos mensajes aplican para la misma persona.

Sanación, en la forma aquí utilizada, implica los servicios de un médico moderno, curandero (sanador espiritual), terapista, consejero o cualquiera que esté involucrado en apoyar los procesos de sanación. Te relacionarás con el que resulte más apropiado para tu situación personal[32].

El arquetipo del sanador herido es muy relevante para comprender esta carta. Sólo cuando hayas sufrido dolor y recobrado de él, podrás comprender y asistir a otros. Tus penas, fracasos, tiempos de crisis y dolor emocional serán de gran ayuda al momento de apoyar la sanación de los demás, siempre y cuando te hayas recuperado y encontrado paz para ti mismo; entonces estarás listo para personificar auténticamente al sanador. El sanador y la sanación vienen juntos como las dos caras de la misma moneda.

El sentido de advertencia de Malinalli puede aplicar en ti si tienes o estás en vías de tener problemas relacionados con el uso o abuso de sustancias como alcohol, marihuana u otras drogas. En este caso, es importante tener tus ojos internos bien abiertos. En ocasiones, quienes sufren problemas de adicción sólo admiten tener un problema cuando es, quizás, demasiado tarde para evitar daños severos a su salud y a su vida en general. Asegúrate de que esto no te suceda.

Sé especialmente cuidadoso con el consumo de cualquier droga considerada como "buena", "inocua" o "leve", porque son engañosas. Dosis pequeñas de placer, entumecimiento o "elevación" son vistas como inofensivas por algunos, pero sus efectos en tu nivel de energía, productividad y capacidad para conectar con otros son devastadores, especialmente a medida que pasa el tiempo. Cuando la carta de la hierba lleva el significado de la advertencia, también señala la necesidad de sanación. Si Malinalli te está advirtiendo, es mejor que le pongas atención.

---

[32]La existencia de tantas formas diversas de sanación tiene origen en el hecho de que existen tantas diferencias en el entorno, cultura, historia y características de las comunidades y personas; en consecuencia, la curación que funciona bien para unos bajo ciertas circunstancias, no siempre funcionará igual de bien para otros en circunstancias distintas.

Significado en los cuadrantes

Tonakatl – Cuerpo/Mundo material

La hierba en este cuadrante advierte sobre problemas potenciales para tu cuerpo debido al uso o abuso de una sustancia, o por falta de esta.

Sin darte cuenta, podrías estar metiéndote en problemas por el uso o abuso de alcohol, nicotina u otras drogas. Tal vez creas que te resultaría evidente si tuvieras problemas de este tipo, sin embargo, deberías pensarlo dos veces y observarte atentamente y sin justificaciones. Las adicciones no sólo se alimentan de sustancias, también de nuestra negación a ver la realidad.

Esta carta también puede alertarte sobre el abuso del azúcar, harinas, grasas, incluso de verduras, vitaminas o cualquier otro nutriente que resulte dañino cuando es consumido en exceso. El consumo excesivo de estos alimentos es como cualquier otra adicción.

En sentido inverso, tu cuerpo podría encaminarse hacia un problema por falta de alguna sustancia necesaria para tener una nutrición balanceada. La carencia de nutrientes vitales es tan dañina como su exceso. Si no estás obteniendo todas las proteínas, vitaminas, minerales, carbohidratos, grasas y otras que tu cuerpo requiere, es momento de corregirlo.

Presta atención a los mensajes no verbales que tu cuerpo está enviando. Monitorea los efectos de los tipos y cantidades de sustancias que ingieres, y de los nutrientes que eliges. Probablemente necesitarás dejar de lado algunas viejas creencias en esta materia que te han dado comodidad psicológica o emocional, pero tu cuerpo no miente; escúchalo.

Preguntas sugeridas

- ¿Consumo regularmente alguna sustancia que me esté causando problemas?
- ¿Estoy negando los efectos dañinos de lo que consumo?
- ¿Otras personas aprecian los efectos negativos de mi uso de sustancias que yo no veo?
- ¿Estoy causando daño a mi cuerpo al consumir en exceso cierto tipo de alimentos?

- ¿Provoco problemas a mi cuerpo por mi rechazo a cierto tipo de alimentos?
- ¿Escucho a mi cuerpo o sólo sigo viejas creencias?

Actividades sugeridas

- Escribe una lista de lo que consumes y habla sobre esto con personas en quienes confíes.
- Aprende más acerca de los efectos de lo que consumes hablando con especialistas y personas que hayan experimentado problemas por el uso de la misma sustancia.
- Habla con un nutriólogo acerca de los contenidos y efectos de los alimentos que ingieres.
- Revisa tus creencias acerca de estos temas y sé abierto a considerar cambios.
- Cuando hagas una autoevaluación de tus hábitos de consumo, sé implacable contigo.
- Abstente de lo que te hace daño y consume lo que verdaderamente necesitas.

Mati – Mente/Trabajo

Malinalli en este cuadrante representa la embriaguez de la mente. No está relacionado con el consumo de una sustancia, sino con pensar demasiado en ciertas ideas que paralizan tu percepción y crean ilusiones que te llevarán a una pérdida de energía.

Este tipo de pensamientos son como la embriaguez física, en el sentido de que primero te generan algo de placer, luego, cierta insensibilidad, después alteran tu percepción y finalmente producen enajenación y enfermedad. El problema es que mientras una botella de alcohol puede ser vista y una persona ebria fácilmente reconocida, la embriaguez de la mente a menudo no es tan evidente. Necesitas tu ojo interno para reconocerla.

Este tipo de embriaguez sucede más frecuentemente de dos formas. La primera, cuando tu mente dice que eres el mejor y estás por encima de los demás. Es la fantasía de ser tan superior a los demás que mereces recibir todo de ellos mientras que ellos no merecen recibir nada de ti. Necesitas tener esta clase de pensamientos una y otra vez para convencerte a ti mismo, pero si son detenidos o cambias sus contenidos, el espejismo desaparece.

La segunda forma ocurre cuando tu mente se satura de menosprecio por ti mismo y piensas que hay algo mal contigo. Este es un tipo de embriaguez mental muy peligrosa, pues puede llevar al individuo a castigarse a sí mismo de forma inconsciente, y en casos extremos, a buscar su autodestrucción. Como sucede con la embriaguez de la arrogancia, esta también es alimentada por la *importancia personal*, pero en su modalidad de autocompasión. Esta peligrosa condición es sostenida por pensamientos que crean la ilusión de una realidad, una pesadilla de la que puedes despertar deteniendo o cambiando el contenido de tus pensamientos.

Deja de embriagar tu mente en cualquiera de estas modalidades. Sé consciente de que no puedes romper este patrón únicamente pensado que sería bueno detenerlo. Necesitas realizar acciones que desarmen la mecánica de tus pensamientos negativos. Ocúpate en actividades que no estén relacionadas con ellos.

Preguntas sugeridas

- ¿Me estoy volviendo demasiado engreído?
- ¿Presento una imagen arrogante frente a otros?
- ¿Mantengo un comportamiento autocompasivo hacia la vida y a mí mismo?
- ¿Tengo el mismo pensamiento una y otra vez porque me provoca un placer secreto?
- ¿Tengo el mismo pensamiento una y otra vez hasta quedar entumecido?
- ¿Cuáles son los efectos de este patrón de pensamiento en mi vida?
- ¿Qué actividades puedo hacer para disminuir y detener este tipo de pensamientos?

Actividades sugeridas

- Escribe el patrón de pensamiento que embriaga tu mente.
- Lee esos pensamientos escritos como si fueran los de alguien más; observa lo que son y lo que hacen.
- Implementa una estrategia para dejar de alimentar tu alma con ese patrón de pensamiento.
- Escribe una lista de actividades que no mantengan relación con este tipo de pensamientos.

- Comienza a practicarlas de forma continua hasta que este tipo de pensamientos no te atraigan más.

Teyoli – Emociones/Relaciones

Malinalli en Teyoli significa la embriaguez metafórica de los sentidos en la esfera de las relaciones humanas, proveniente del placer de la belleza física, el placer del contacto y el gozo sensual.

La espada de dos filos de la diosa Mayawel se muestra aquí como el gozo que obtenemos a través de nuestros sentidos, por un lado, y por el otro, la pena que viene de extraviarnos en una felicidad ilusoria, cuando perdemos de vista la más profunda y sutil belleza del alma.

La embriaguez de los sentidos comienza con la búsqueda del placer. Ese placer te seduce por lo que te sientes atraído y buscas conectarte. Entrar en el mundo de los sentidos y sus placeres es como llegar a la puerta de un castillo inmenso con muchos corredores, pasillos y habitaciones; la puerta puede conducirte al interior del castillo donde se encuentran las verdaderas riquezas, pero si te quedas en el umbral, hipnotizado por el lujo y brillo de su entrada, podrías perder el tesoro más grande. Si no penetras más allá de esa deslumbrante antesala, estarás condenado a descubrir que lo que para ti era tan cautivador al principio, ha perdido su poder y no te producirá más placer. Entonces, la puerta de la belleza deja de ser tal para convertirse en tu prisión.

Se ha dicho: "sólo con el corazón se puede ver bien... lo esencial es invisible para los ojos"[33]. La hierba en el cuadrante de las emociones y relaciones te dice que si quieres pararte en piso firme y edificar relaciones más satisfactorias, deberás ver más allá de la ilusión creada por los sentidos.

Preguntas sugeridas

- ¿Qué busco en la persona con quien me gustaría estar?
- ¿Qué me atrae de esa persona?
- ¿Estoy viendo su alma o sólo los rasgos físicos?
- ¿En dónde reside la belleza verdadera?
- ¿Cuál es la belleza que tengo para ofrecer a otros?
- ¿Cuál es la belleza que crece con el paso del tiempo?

---

[33] *El principito,* Antoine de Saint Exupéry (Harcourt, 2000).

Actividades sugeridas

- Considera los diferentes conceptos de la belleza que la humanidad ha creado a lo largo de la historia y en todo el mundo.
- Escribe tus pensamientos acerca de la belleza física.
- Escribe tus ideas acerca de la belleza en general.
- Escribe tus ideas acerca de la belleza interna.
- Recuerda qué ha traído a tu vida cada tipo de belleza.
- Practica conectar con la belleza del alma mirando a los ojos de las personas.

Teotl – Espíritu

La hierba en el cuadrante del espíritu tiene dos significados. El primero, como símbolo de vocación, representa al sanador. En las sociedades tradicionales representa a la *persona medicina*. Obtener esta carta en este cuadrante representa tus dones como sanador, reconocidos o no. Al relacionar su significado con el de la carta Regidora que aparezca en el centro del tablero, podrás tener un indicio del tipo específico de sanación que será más productiva para ti.

El segundo significado se refiere a tu situación de vida. El mensaje de Malinalli es una invitación a permitir que tu verdad y tu sueño crezcan en el mundo, así como crece la hierba sobre la tierra, lentamente, pero sin pausa.

Cuando creas o abrazas algo que parece brotar naturalmente de tu ser interior, tienes algo que ofrecer. Tal vez estés dispuesto a compartirlo, pero esto podría ser un reto más grande de lo que imaginas. Querer dar no significa que los otros quieran recibir lo que tienes para compartir; tal vez ni siquiera sepan que lo necesitan.

La dificultad de tener un sueño o proyecto en un mundo que todavía no está listo para recibirlo podría desanimarte y hacer que lo abandones. La hierba en el cuadrante del Espíritu te está diciendo que al compartir lo que amas, debes hacerlo como una hierba que crece. Toca al mundo con delicadeza, paso a paso; haz lo que puedas, pero mantén el flujo de energía en la dirección correcta a través de tus acciones. Continuidad, paciencia y confianza traerán resultados más firmes que las acciones ocasionales de alta intensidad.

Preguntas sugeridas

- ¿Tengo inclinación natural a contribuir a la sanación de los demás?
- ¿Qué quiero sanar?
- ¿Cuál es la razón esencial por la que quiero sanar?
- ¿Cuál es el área de sanación que podría ser natural para mí?
- ¿Cuál es el don que quiero traer al mundo (o a mi mundo)?
- ¿Me estoy apresurando demasiado con mi proyecto o sueño?
- ¿Estoy siendo demasiado intenso para que otros puedan recibir lo que quiero compartir?
- ¿He estado intentándolo torpemente, sólo para desanimarme y detenerme demasiado pronto?

Actividades sugeridas

- Practica caminatas relajadas en un entorno tranquilo.
- Pasa tiempo contemplando la naturaleza.
- Habla de tu don con alguien en quien confíes.
- Toma terapia, apóyate en un *coach* de vida o asesórate con algún experto en el campo de tu interés.
- Escala una montaña y cuando llegues a la cima, consulta con el Gran Espíritu.

13 · Akatl - Caña

13
Akatl - Caña

Al igual que la caña,
sé firme, pero flexible;
así, el viento no te quebrará.

*A*katl se traduce de la lengua náhuatl como "caña", del tipo que crece cerca del agua. Como a menudo esta se encontraba a orillas de los arroyos o lagos sagrados, se le asociaba con el poder espiritual. Era muy valorada en el mundo tolteca debido a sus útiles cualidades físicas, así como su uso en prácticas espirituales; un ejemplo de esto fue la creación de pequeñas flechas ceremoniales, las cuales eran hechas tomando una pequeña sección de la caña, a la que luego hacían cortes en una de sus puntas, a manera de muesca, para colocar la cuerda del arco que, después de ser tensada, habría de propulsar la flecha. En el otro extremo de la caña hueca se insertaba una vara de madera con la punta afilada para completar la flecha. Finalmente, la flecha ceremonial era pintada con colores que representaban los poderes o espíritus que el hacedor de la flecha buscaba convocar.

Akatl proviene de la raíz *ak*, que significa "vara", pero también "fuego", es decir, que la caña posee la capacidad de encenderse. Debemos recordar que el fuego era la fuerza más sagrada de la naturaleza para los toltecas, así que su habilidad para arder se añadía a la importancia de la caña. Evidencia sobre la relevancia de este símbolo se presenta en el nombre del líder espiritual y político más importante para los toltecas: Se Akatl Topiltsin Ketsalkoatl (999-947 a.C.), cuya traducción literal es: uno (Se) caña (Akatl) nuestro precioso niño o nuestro precioso príncipe (Topiltsin) serpiente emplumada (Ketsalkoatl).

En la imagen de la carta vemos a la caña representada como la Madre Tierra protegiendo a los seres humanos. Está vestida como quetzal, simbolizando la belleza de la naturaleza. En la parte superior apreciamos la caña que ha sido usada para fabricar una flecha ceremonial.

Significado general

La caña es una planta cuya vida comienza siendo pequeña y frágil, pero que más tarde se convierte en una vara larga y fuerte. Aun cuando en su etapa inicial podría parecer débil, su potencialidad para encender el fuego subyace siempre latente. Crecerá, se hará más fuerte y eventualmente proveerá luz al arder. Su otra fuente de poder proviene de su flexibilidad; si la caña fuese demasiado rígida, los vientos fuertes la quebrarían.

Tu vida puede ser vista como la de la caña. Al principio, o aun en este momento, que es el principio de lo que te queda por vivir, no pareces demasiado fuerte, pero tu fuego interno está allí, esperando a que lo liberes. Piensa en las palabras del antiguo príncipe poeta Nezahualcóyotl[34]: "El ser humano es igual que la madera. Sólo da luz cuando se quema". Esto significa que lo mejor de ti sólo saldrá e

---

[34]Nezahualcóyotl (1402-1472) fue gobernador del pueblo alkowa (vecino y contemporáneo de los meshicas). Fue un líder orientado a la espiritualidad y cultivó la práctica de la meditación, la filosofía y la poesía. La capital alkowa, Texcoco, fue una de las tres ciudades que formaron la triple alianza en el siglo XV. Esta alianza, que incluía las ciudades de Tacubaya y Tenochtitlan, ayudó a que Meshico-Tenochtitlan alcanzara la cumbre de su poder.

iluminará al mundo cuando seas capaz de poner toda tu pasión en hacer algo que realmente te interese. No olvides que el fuego yace dentro de ti todo el tiempo, esperando a que reconozcas lo que te apasiona y tengas la voluntad de abrazarlo. Pero tu fuerza se convertiría en nada en un instante si no eres capaz de acompañarla con cierto grado de flexibilidad. El sello de la caña es fuerza y flexibilidad, por eso prevalece.

La carta de la caña te invita a visualizar las situaciones por las que atraviesas como si estuvieras enfrentándote a la fuerza del viento. Si eres demasiado rígido en tu forma de abordarlas, puede producirse el rompimiento. Nada bueno vendrá de la rigidez.

Significado en los cuadrantes

Tonakatl – Cuerpo/Mundo material

La caña en el cuadrante del cuerpo indica que tu pasión necesita ser mantenida con cierto nivel de flexibilidad. La pasión perdura por su efectividad y se desvanece gradualmente cuando no puede ser alimentada por la energía del éxito. Para que esto suceda, ser creativo y flexible es la clave.

En el nivel físico, la caña te dice que deberías considerar dedicar más tiempo a desarrollar la flexibilidad y agilidad de tu cuerpo, y quizá perder peso; esto mejorará el ritmo de tus movimientos y elevará la confianza en ti mismo y tu sentido de felicidad en general.

También representa la energía roja de la pasión al nivel del cuerpo físico, la cual puede canalizarse en el terreno sexual o ser redirigida hacia la realización de tus sueños. Ambas posibilidades no se excluyen entre sí.

Preguntas sugeridas

- ¿Tengo la cantidad y tipo de actividad física que mi cuerpo necesita para desarrollar o mantener su flexibilidad y fortaleza?
- ¿Cuál es mi pasión en la vida?
- ¿Soy lo suficientemente abierto a las diversas posibilidades sobre cómo manejar mi pasión?

Actividades sugeridas

- Practica yoga, gimnasia u otra actividad física que estimule la flexibilidad y fuerza de tu cuerpo.

- Sé fuerte al elegir las mejores formas de alimentación, y flexible mientras exploras otras que normalmente descartarías.
- No tengas miedo de dejar que tu pasión fluya, no sólo en tu vida sexual, sino en tu vida general.
- Dedica más tiempo a tu pasión, en vez de sólo andar por la vida en modo de supervivencia automática.

Mati – Mente/Trabajo

La carta de la caña en el cuadrante de la mente es una señal de advertencia contra la rigidez de tus patrones mentales. Podrías estar atrapado en pensamientos recurrentes o formas de pensamiento fijos que te impiden descubrir nuevas posibilidades.

La rigidez es una forma peculiar de organizar nuestra percepción y comportamiento que nos provoca grandes dificultades. Es fácilmente confundida con la determinación, fortaleza y otras cualidades positivas similares. Por eso es tan peligrosa. La rigidez podría estar llevándote al fracaso, al mismo tiempo en que tienes la fantasía de estar haciendo algo increíblemente valioso. Este patrón de comportamiento frecuentemente viene acompañado de la creencia que equipara flexibilidad con debilidad.

La verdad se halla en un punto medio, donde la fuerza verdadera tiene espacio para la flexibilidad, y esta mantiene la fuerza y le da la posibilidad de crecer. Esto nos devuelve al familiar principio tolteca de armonizar los opuestos. La determinación y la apertura a nuevas posibilidades deben combinarse para que vivas en equilibrio.

Preguntas sugeridas

- ¿Qué tipo de pensamientos recurrentes contribuyen últimamente a que vea las cosas con demasiada rigidez?
- ¿Cómo podría considerar ser más flexible respecto de esa forma de pensar?

Actividades sugeridas

- Haz una lista de las ideas que más has defendido últimamente.
- Subraya las ideas con las que estás siendo rígido.
- Escribe posibles variaciones o alternativas para ellas. Imagínate a ti mismo creyendo en ellas y poniéndolas en práctica.

Visualiza los resultados en tus meditaciones y considera implementarlas en la vida real.

Teyoli – Emociones/Relaciones

La caña en el cuadrante de las emociones te llama a que uses la fuerza de la flexibilidad en tus relaciones interpersonales, pues tu rigidez podría estar lastimando emocionalmente a alguien, incluyéndote a ti mismo.

El equilibrio emocional llega cuando eres firme en la defensa de lo que te resulta esencial, a la vez que suave para expresar el amor que hay en ti a través de la gentileza.

Aunque no es difícil entender que al ser demasiado fuerte podrías carecer de la flexibilidad necesaria para salir adelante, no siempre nos damos cuenta de que ser demasiado suave, o débil, es otra forma de rigidez. Cuando estás en el lugar del equilibrio, puedes ser bastante fuerte para lograr algo noble, pero no tanto como para que termines lastimando lo que amas.

Piénsalo. Podrías estar lastimando a alguien que te importa al ser demasiado rígido o demasiado débil, y, lo que es más peligroso, podrías estar haciendo esto incluso sin darte cuenta. Debes ser consciente de que lastimar a otros, o a ti mismo, son dos cosas que siempre vienen juntas. ¿Cómo podrías lastimar a alguien sin lastimarte a ti mismo? ¿Y cómo lastimarte a ti mismo sin que, a la larga, termines por afectar también a los demás?

Preguntas sugeridas

- ¿A quién lastimo emocionalmente siendo rígido?
- ¿A quién lastimo emocionalmente siendo débil?
- ¿Cómo sería si me permitiera ser más flexible con esa persona?
- ¿De qué forma evitar la rigidez o la suavidad excesivas me ayudaría a sanarme o a sanar a alguien más en un nivel emocional?
- ¿Qué significa ser flexible en esta situación específica?

Actividades sugeridas

- Pide retroalimentación a las personas en quienes confías y que te conocen bien.
- Practica ser flexible en otras áreas de tu vida. Jugar con niños o entrenar mascotas cariñosamente son ejemplos de actividades con las cuales practicar tu flexibilidad.

- En cuanto estés listo (asegúrate de no esperar demasiado tiempo). Pon en acción tu buena voluntad de ser flexible con otra persona, para que la sanación pueda comenzar.
- Escoge una situación en la que seas muy rígido y en la que podrías manifestar una fuerza más profunda siendo flexible a través de una acción específica. Haz esto una vez por semana durante cuatro semanas.

Teotl – Espíritu

La caña en este cuadrante te llama a mantenerte firme en tu camino espiritual y anuncia que tu momento de brillar ha llegado.

Así como el junco, sin ser demasiado rígido, apóyate en tu camino espiritual durante los tiempos difíciles que te confrontan con retos de un tipo que no habías conocido. Al final, descubrirás que el mismo viento que parece desafiarte, alimenta y enciende tu fuego interno. Recuerda que una vez encendido, el fuego avanza y abrasa todo lo que toca.

Tú eres la caña que está siendo alimentada y crece. La tormenta puede desafiarte, pero tienes la fuerza para resistir las dificultades. Podría parecer que no puedes sobrevivir, porque tu fuerza es sutil y tu canto, suave. No te desalientes ni decaigas; permanece flexible, pero siempre confía y regresa a lo que te sostiene. Estás haciendo lo correcto.

Piensa en esta metáfora y cómo aplica en lo que te apasiona. Recuerda que hay un momento y lugar para todo. Sigue alimentando tu espíritu. Tu sabiduría y poder crecen en tu interior. Más pronto de lo que te imaginas, una chispa desde el espíritu encenderá el fuego de tu pasión y te verás librando la batalla de tu vida, permitiendo que tu pasión fluya en tus acciones y visiones, así como el fuego que comienza como una chispa y crece hasta convertirse en una poderosa hoguera.

Preguntas sugeridas

- ¿Cuál es la visión espiritual o las prácticas de que dispongo para fortalecerme en este momento de mi vida?
- ¿Dedico suficiente tiempo y atención a esas prácticas para lograr experiencias espirituales alrededor de las cuales pueda edificar mi vida?

- ¿Me tomo el tiempo necesario para mis prácticas espirituales, de modo que pueda examinar mi vida bajo su luz?
- ¿Qué sueño duerme dentro de mí?
- ¿En qué pondré toda mi pasión?

Actividades sugeridas

- Encuentra un lugar en la naturaleza para meditar acerca del poder de equilibrar firmeza y flexibilidad en tu vida.
- Durante tus prácticas espirituales, siempre pregunta cómo podrías ayudar a iluminar al mundo.
- Encuentra un lugar adecuado en la naturaleza donde puedas hacer una serie de danzas sagradas para el sol, comenzando al amanecer y finalizando en el ocaso. Puedes alternar períodos de danza con otros de contemplación y descanso. No hablarás durante la jornada, pero en tu corazón estarás pidiéndole consejo al Padre Sol sobre tu sendero espiritual y tu tarea en la vida. Come la menor cantidad de alimentos o ayuna durante ese día especial[35].

---

[35]La danza debe ser suave y rítmica para que puedas seguir haciéndola por un largo tiempo. La idea es entrar en un estado especial de conciencia acrecentada, similar a la meditación o a soñar despierto. Mantén tu conexión con el sol y tus preguntas espirituales presentes durante tus esfuerzos. Asegúrate de no hacer un esfuerzo excesivo, pero continúa en tanto tu concentración y sentido de bienestar te lo permitan. Cuando sea necesario, haz una pausa.

14 · Oselotl - Jaguar

14
Oselotl - Jaguar

Así como es grande el poder del jaguar,
igualmente grande es su responsabilidad.
Solitario, recorre su territorio, pero no lo posee,
lo protege, empeñado en su tarea sagrada:
mantenerlo en equilibrio.

Siendo el más fuerte y poderoso de los cazadores entre todos los animales conocidos del continente americano, el jaguar estaba destinado a llamar la atención de los toltecas, consagrados a observar al mundo. Junto con la serpiente (Koatl) y el águila (Kuautli), el jaguar pertenece a una triada sagrada de espíritus animales que eran altamente respetados en la tradición tolteca.

Estar asociados con el poder del jaguar significaba mucho para los antiguos toltecas. Las historias populares acerca de la ferocidad y coraje de los guerreros águila y jaguar de épocas antiguas poseen un indicio de verdad; hubo linajes de estos guerreros que, eventualmente, participaban en tareas de defensa, pero que al mismo tiempo tenían un propósito místico. Por desgracia, las ideas relacionadas con el propósito fundamentalmente bélico de los guerreros aztecas son tan extendidas, que es difícil hacer una distinción entre aquellas agresivas imágenes populares y las cualidades de los antiguos guerreros toltecas –orientados al espíritu– que les precedieron.

El hecho es que el jaguar no era visto por los toltecas como un animal violento, invasor, asesino o enemigo. Por el contrario, su fuerza era entendida como proveniente de un profundo estado de armonía con la naturaleza y las fuerzas invisibles que la gobiernan. De esta forma, la imagen del jaguar no solamente evocaba poder, también armonía y vida en equilibrio.

En la imagen de la carta, vemos al jaguar sentado en un trono como expresión de su elevada jerarquía en la cosmogonía tolteca. En la parte superior se aprecia el número catorce en los tradicionales símbolos numéricos náhuatl y nuevamente la cabeza del jaguar. Y en el trono, una flecha ceremonial representando la ofrenda para el jaguar como deidad.

Significado general

El significado de Oselotl proviene de la naturaleza del jaguar, tal y como era percibida desde la perspectiva tolteca, y engloba fuerza, poder de caza, equilibrio, armonía, acecho, paciencia, capacidad de aguda observación, belleza, flexibilidad y magia. Si obtienes la carta del jaguar, debes adoptar sus características para relacionarte con el mundo que te rodea.

Serás como un cazador que observa su territorio con todos los sentidos en estado de alerta, en espera de tu presa; pero al igual que el jaguar, no tomarás más de lo que necesitas. Tu papel como cazador contribuirá al elevado propósito de mantener en equilibrio los elementos de tu mundo, que están todos conectados entre sí. Para poder hacerlo, requerirás de algo mucho más poderoso que la fuerza física: el poder mágico del jaguar, proveniente de vivir en armonía con el mundo que le rodea. Su papel en la naturaleza es el de ayudar a mantener el equilibrio entre todos los seres vivos de su entorno, pues nunca usa su poder para abusar o tomar más de lo necesario.

Este poder mágico viene del Kinam, que es el poder que surge de armonizar los opuestos. Para poder sobrevivir como un cazador solitario, Oselotl debe estar en armonía con todo, incluyendo su presa. Esa es la fuerza que has sido llamado a desarrollar. Podría tomarte una vida entera llevar semejante poder a su máxima expresión, pero ese es tu destino.

Significado en los cuadrantes

Tonakatl – Cuerpo/Mundo material

El jaguar en este cuadrante significa fortalecer tu cuerpo y estar en equilibrio con tu mundo.

Haz actividades en el exterior y ejercítate en tu casa o el gimnasio; trota y corre regularmente; combínalo con levantamiento de pesas, si eso te hace sentir bien. Haz tu propio programa y síguelo con disciplina y continuidad. Abraza la fuerza que tienes dentro y déjala crecer como una forma de incrementar tu conexión con el Gran Espíritu, y no permitas que tu importancia personal le reste ventaja a la fuerza física que has ganado.

Fortalecer tu cuerpo resultará en la agudización de tus sentidos. Tu cuerpo se volverá mucho más sensitivo y pasarás de percibir sólo desde tu mente, a hacerlo con todo el cuerpo. Tu conciencia corporal te revelará aspectos del mundo que ahora no puedes ni sospechar.

Todo comenzará para ti cuando recobres la conexión con tu cuerpo; aprenderás a estar presente en él nuevamente. La aceptación y el amor hacia tu cuerpo serán el siguiente paso. Notarás tu progreso no solamente en la forma de tratar a tu cuerpo, sino también en el tipo y nivel de actividad que le des. Mientras trabajas en fortalecerlo, tu observación del mundo y tu búsqueda de equilibrio también serán más fuertes. Ambas partes deberán desarrollarse juntas, de otro modo sería una pérdida de tiempo desarrollar tus músculos o mejorar tu apariencia externa, mientras que en tu interior tu alma continúa enferma.

Preguntas sugeridas

- ¿Cómo tengo que fortalecer mi cuerpo?
- ¿Cómo debo mantener la conexión entre mi cuerpo físico y mi conciencia interna?

- ¿Cómo puedo mejorar mi equilibrio con lo que me rodea?

Actividades sugeridas

- Comienza un programa de ejercicios para fortalecer tu cuerpo.
- Inscríbete en un gimnasio y asiste con regularidad.
- Sal a la naturaleza y adopta la actitud del jaguar. Muévete como él. Mira el mundo como él. Siéntete como él.
- Observa tu mundo e imagina cómo sería estar en equilibrio en cada situación que veas.

Mati – Mente/Trabajo

El jaguar en el cuadrante de la mente significa el desarrollo de la capacidad para una observación aguda.

Deberás entrenar tu atención para que no esté sólo vagando de un tema a otro sin dirección ni propósito. Como el jaguar, lo observarás todo a tu alrededor, especialmente aquello que es importante para ti, con paciencia, persistencia y concentración absoluta.

Mientras entrenas tu atención durante períodos de tiempo prolongados para permanecer enfocado en lo que quieres ver o alcanzar, entrarás en un estado mental llamado "conciencia acrecentada". No necesitas preocuparte acerca de la conciencia acrecentada o tratar de alcanzarla directamente, ya que se trata de un estado que no se puede explicar o comprender del todo; sólo puedes entrar en ella y experimentarla. El trabajo de enfocar la atención y expandir tu capacidad de observación te llevará a ese estado de percepción especial de manera natural.

Debes practicar como si no te importara en lo absoluto, y expresar tu interés sin tensiones ni obsesiones, sino con trabajo tranquilo, persistente y relajado.

En cuanto a tu ambiente de trabajo, Oselotl en Tonakatl significa que deberás ser como el jaguar en tu lugar de trabajo, acechando a tu presa (en este caso, la meta que estás persiguiendo) pacientemente. Aprende todo sobre ella y espera el momento preciso para hacer tu movimiento. Cuando este llegue, procede sin vacilación de un solo y preciso golpe. Hazlo como el jaguar; no sólo para tu propio beneficio, también para el desarrollo y protección del entorno en el que vives.

Preguntas sugeridas

- ¿Qué tan aguda es mi capacidad de observación en este punto de mi vida?
- ¿Cómo puedo mejorarla?
- ¿Qué prácticas debo incorporar en mi vida cotidiana para mejorar mi capacidad de observación?
- ¿He experimentado la conciencia acrecentada?
- Si pienso en mi trabajo y la actitud del cazador, ¿cuál debería ser mi presa?
- ¿Cómo puedo aplicar las habilidades de observación y acecho para lograr mis metas?
- En cuanto a alcanzar mis sueños en el campo laboral, ¿cuál podría ser un golpe o movimiento preciso y poderoso para mejorar mi desempeño?

Actividades sugeridas

- Ve a un parque público. Siéntate en una banca, observa cada detalle de lo que la gente hace y toma notas de lo que aprendas acerca del comportamiento humano. Vuelve al mismo lugar siempre que puedas y sigue practicando hasta que tus observaciones te arrojen datos que no hayas registrado antes. No te distraigas juzgando a las personas; solamente debes registrar la realidad tal y como se manifiesta.
- Ve a un parque u otro lugar donde puedas ver patos y otros animales. Obsérvalos en detalle hasta convertirte en un experto de su comportamiento. Luego, practica con abejas y otros insectos.
- Observa el movimiento de las olas en el océano hasta que puedas predecir la llegada de una ola más grande entre las más pequeñas.
- Elige a alguien en tu trabajo y observa sus rutinas hasta que puedas predecirlas. Cuando tengas éxito en esto, rastrea las tuyas del mismo modo.
- Identifica y escribe tus metas profesionales y de trabajo, y planea posibles estrategias para tratarlas como a tu presa.
- Establece lo que estarás observando y aprendiendo, dónde y por cuánto tiempo.

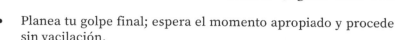

- Planea tu golpe final; espera el momento apropiado y procede sin vacilación.

Teyoli – Emociones/Relaciones

Oselotl en Teyoli es una lectura que te previene de aquellos con el poder para afectar a otros y que tienen por tanto la posibilidad de abusar de él. La sabiduría del jaguar te aconseja usar este poder de una forma que promueva el equilibrio y bienestar de todos los involucrados.

El poder que tienes es, al mismo tiempo, un don, como algo que te has ganado; te fue otorgado al nacer y lo has mantenido gracias al trabajo efectuado en ti mismo y al enfrentar desafíos a lo largo de tu vida. ¿De qué forma usas este poder para afectar a otros? Si no lo respetas y abusas de él para sacar ventaja de los demás en tu propio beneficio, el precio a pagar será la pérdida de tu alma. De la misma manera, tu poder sólo disminuirá si intentas incrementarlo de forma obsesiva. Pon mucha atención. Si fallas en esto, el resultado será el agotamiento de tu energía, la enfermedad y la soledad.

El único camino seguro es usar ese poder para servir al Gran Espíritu, para proyectos y acciones a favor de la vida. Úsalo para proteger y ayudar a otros desde la distancia, pero evita abrumarlos con tu entusiasmo. Recuerda que demasiada fuerza, demasiado cerca, interfiere con el desarrollo de la fortaleza de los otros. Apoya, ayuda y protege, pero hazlo desde una distancia sana para que tu amor sea fresco y nutriente, y no pesado o arrogante.

Preguntas sugeridas

- ¿Tengo el poder de afectar a quienes se encuentran a mi alrededor?
- ¿De qué forma estoy usando mi poder?
- ¿Por qué uso mi poder de esta manera?
- ¿Cuáles son los resultados de usar mi poder de la forma en que lo hago?
- ¿Debería cambiar el modo en que uso mi poder para afectar a otros?
- ¿Cómo puedo hacerlo mejor?

Actividades sugeridas

- Escribe tus respuestas a las preguntas anteriores.

- Pide retroalimentación a las personas que estás afectando; escucha lo que dicen sin contestar o discrepar.
- Haz un plan para usar tu poder de una mejor forma.
- Mantén una ceremonia personal en donde ofrezcas a un Poderío o al Gran Espíritu usar tu poder de manera benéfica.

Teotl – Espíritu

El jaguar en el cuadrante del Espíritu significa que estás caminando por un sendero solitario, donde el Gran Espíritu será tu principal aliado; tenerlo siempre presente es tu única esperanza.

El jaguar pasa la mayor parte de su vida recorriendo su territorio en soledad. Rara vez se encuentra con otros de su propia especie. Pero esa soledad no es desolación, porque no camina solo. El Gran Espíritu lo acompaña. Si no fuera así, su vida sería desolada y miserable, y su poder inútil y carente de sentido. Gracias a esta conexión con el Espíritu, su enorme poder contribuye al equilibrio del mundo.

Este es el mensaje para ti: tener poder te hace solitario, y tu única oportunidad de no vivir en desolación es con la compañía del Espíritu como tu aliado principal; esto asegurará el uso apropiado de tu poder.

Si tienes éxito en hacer amistad con el Espíritu, también podrás conectar con los demás. Tu vida estará llena de amor y tendrás toda la compañía que necesitas. Tal vez no gozarás de esa compañía por largo tiempo, pero la calidad de esa conexión compensará su falta de frecuencia. Tú lo sabes. En la vida, un poco de algo grandioso es mucho mejor que mucho de algo vacío.

En el mundo, quizás otros no entiendan tu camino porque no es el suyo. No hay nada malo en ello. Tu fuerza se sentirá a través de tus acciones y sus resultados. Los demás sólo verán tu caída cuando tropieces o tus triunfos cuando te levantes. Pero sólo tú sabrás, en el fondo de tu corazón, que tu compromiso con el Espíritu es lo que te mantiene en pie.

Preguntas sugeridas

- ¿Mi camino es un camino de poder?
- ¿Cómo afecta mi vida?
- ¿Siento la compañía del Espíritu en mi camino?
- ¿Es posible que no haya buscado lo que es más importante?

- ¿Cómo puedo buscar al Espíritu y tenerlo de mi lado?

Actividades sugeridas

- Recapitula tu vida y observa cómo has utilizado tu poder.
- Aprende a distinguir qué aumenta tu poder y qué lo disminuye.
- Ve a la cumbre de una montaña o al fondo de un cañón y ofrécele tu alma al Espíritu.
- Crea espacio en tu vida para conectar con el Espíritu de manera regular.

15 · Kuautli-Águila

15

Kuautli - Águila

¡No tengas miedo de lo alto que puedes volar!
No importa la altura, elevarte es tu destino.
¿No lo has descubierto aún?
Desde el día en que naciste, el Espíritu que te anima
fue forjado para las alturas.

Los pueblos nativos del continente americano sentían una gran fascinación por el águila, el ave de presa más reverenciada entre ellos. Los antiguos toltecas no fueron la excepción. Para ellos, el águila era la clásica representación de la elevación del espíritu en todos los sentidos posibles. Su adoración estaba relacionada con la veneración del Sol, que era considerado el gobernante supremo del mundo.

Esta poderosa ave formaba parte del símbolo tolteca más importante, que define la esencia de su cultura, alma y destino:

Ketsalkoatl, la Serpiente Emplumada. Como hemos explicado en capítulos anteriores, Ketsalkoatl es la fusión del águila y la serpiente. Lo que vuela y lo que se arrastra se unen para hacer posible la elevación sagrada. A diferencia del símbolo azteca en el que vemos al águila devorando a la serpiente, en la versión tolteca no existe la destrucción, sino la integración. Para el pueblo azteca, el águila simbolizaba su orientación militar y el triunfo del culto solar por encima de cualquier otro.

Para los toltecas, el águila no es enemiga de la serpiente, sino que están unidas, y una no puede existir sin la otra. Incluso las palabras Koatl (serpiente) y Kuautli (águila) comparten la misma raíz (*koa, kau*). Por eso, en la sucesión circular de los símbolos calendáricos del Tonalpohualli, águila y serpiente se ubican uno frente al otro, siendo localizados en los números 5 y 15 del círculo.

Como podemos ver, el águila, lejos de significar amenaza, representa el potencial escondido de la serpiente, la promesa secreta de su elevación.

En la imagen de la carta vemos a un guerrero águila –sabemos esto por la pluma sobre su cabeza– pintado de negro, que junto con el rojo eran los colores del conocimiento; representan renuncia al mundo terrenal y su dedicación a la búsqueda del conocimiento espiritual. Este guerrero es Ketsalkoatl en su forma humana. Está lanzando una esfera que representa tanto la atención, como al número uno, que es el símbolo del Gran Espíritu como *El Uno*. En la parte superior, apreciamos un globo ocular representando la acción de atender. Esta imagen de Ketsalkoatl en su traje de guerrero águila nos recuerda que debemos dejar de ver únicamente el mundo terrenal para enfocar nuestra atención en la presencia de El Uno. De esta manera, podremos mantener nuestro equilibrio, que es la meta natural para los seres de naturaleza dual como nosotros.

Significado general

La carta del águila representa la libertad para elevarse desde abajo y por el propio esfuerzo. Obtenerla significa que necesitas –y puedes– levantarte de cualquier situación que te esté oprimiendo, sin importar qué tan bajo pienses que estás.

El espíritu águila representa un proceso de autoliberación que no está dirigido contra algún enemigo exterior. El único enemigo real es nuestro apego a viejos hábitos y a lo conocido. Este apego, en lugar de darnos vida, nos la quita, manteniéndonos encadenados al miedo de intentar algo nuevo.

La voz del águila dice: tú puedes detener el hábito que te está matando; puedes dejar a la persona que no te respeta o ese trabajo que asfixia tu espíritu. Ahora mismo puedes empezar a vivir la vida que siempre haz anhelado; dejar de lastimar tu cuerpo comiendo de una forma que sabes que no es buena para ti; dejar atrás las adicciones físicas o emocionales que sustentan tu máscara falsa de debilidad. En un instante puedes cambiar todo eso. Eres mucho más fuerte de lo que nunca te has imaginado. Esta es la elevación que el águila representa.

Las barreras para una vida mejor siempre han estado en tu interior, y este es el primer lugar donde deberías superarlas. Una vez que lo hagas, el cambio interno será expresado en acciones que empoderarán tu vida y tu mundo.

Sé consciente de que la elevación del águila no sucede a través de pelear en contra de lo que se arrastra, sino en la trasmutación de esto en algo más alto. Psicológica y espiritualmente, significa que habrás de elevarte, propulsado por tu pasión de volar y no a partir de tus esfuerzos por luchar directamente contra tus partes negativas. En vez de pensar en términos de destruir aquello de ti o de tu vida que te causa problemas y no te hace bien, piensa en transmutarlas. Primero, identifica el bien que estás tratando de alcanzar, pero a través de una conducta equivocada; mira detrás de la acción y pregúntate: ¿qué estoy tratando de lograr a través de esta conducta? Lo que sea que encuentres, continúa haciéndote la misma pregunta. Cuando llegues al fondo de tus motivaciones, descubrirás que estás buscando algo positivo, aun a través de la conducta más negativa[36].

Piensa en los adolescentes que van a la playa a embriagarse, dejan el lugar lleno de basura y luego arriesgan sus vidas manejando ebrios. Es un ejemplo de comportamiento destructivo, pero en lo profundo de sus corazones, lo que están buscando, sin saber, es una conexión con algo más alto que podría proveerlos de estabilidad y

---

[36]Para una exploración más completa de las razones positivas ocultas detrás del comportamiento negativo, recomiendo aprender una poderosa técnica de meditación sobre este punto preciso, desarrollada por Connirae Andreas y Tamara Andreas en *Transformación Esencial* (*Core Transformation,* Real People Press, 1996).

un sentido de seguridad para sus almas. Ellos no lo saben, pero en el fondo anhelan el equilibrio con el Gran Espíritu, al igual que cualquier otro ser vivo. El problema es que simple y sencillamente no conocen un camino mejor.

El mensaje del águila es: encuentra la semilla del bien escondida en tu comportamiento negativo, y vuela con ella hacia mejores formas de alcanzar el bien que buscas.

Significado en los cuadrantes

Tonakatl – Cuerpo/Mundo material

El águila en el cuadrante del cuerpo representa la elevación de los instintos a su expresión más alta.

Las sociedades occidentales siempre han luchado en contra de los instintos por razones moralistas, creando represiones que enferman nuestra alma y vida. El sabio tolteca no te aconsejaría reprimir tus instintos, sino abrazarlos para que puedas elevarlos a su expresión superior.

El instinto de supervivencia debería ser elevado a la pasión por hacer de esta vida una verdadera experiencia mágica. Mientras que el instinto básico pide que te alimentes y protejas para permanecer biológicamente vivo, tu espíritu quiere que vivas por completo con cada célula de tu cuerpo físico y cada fibra de tu cuerpo energético. El placer de comer está ahí para asegurarte de que te sigas alimentando y no mueras; pero ese placer básico puede ser elevado por un conocimiento superior de que tu cuerpo necesita más que placer para mantenerse saludable y fuerte. Alimentarse puede ser elevado a una experiencia de comunión en torno a la mesa con los miembros de tu familia, incluso una comunión con la Madre Tierra o el Dador de Vida, quienes proveen todo para ti.

El instinto que te induce a dormir para descansar por las noches podría ser elevado si pones atención y registras tus sueños, para que los mensajes y triunfos del mundo de los sueños puedan empoderar tu experiencia de vida mientras estás despierto.

El instinto de reproducción, que se encuentra detrás de la necesidad del placer sexual, puede ser elevado a una experiencia mágica que nos permita trascender la sensación persistente del ego y su separación de cuanto le rodea. Durante el éxtasis espiritual de la unión de los amantes, finalmente, los opuestos introversiónextroversión pueden unirse: "Tengo que ir profundo dentro de mí, para así poder llegar a ti y que ambos seamos uno". Sólo así sanamos la separación eterna en la experiencia mística de la unión eterna.

Cada uno de tus instintos básicos posee también una función superior. Kuautli en Tonakatl te dice que eleves tus instintos hacia esferas superiores.

En cuanto al mundo material, la elevación del águila apunta a acometer un proyecto de un nivel de éxito muy alto. No tengas miedo. No hay nada de malo en proponerte la meta más alta. Si te atreves a ir en pos de ella, ya es tuya.

Preguntas sugeridas

- ¿Cómo se manifiestan mis instintos en mi estilo de vida?
- ¿Qué aspectos de mi comportamiento provienen de mis instintos básicos?
- ¿Soy consciente de cómo mis instintos se hacen presentes en mi comportamiento?
- ¿Tengo una conexión saludable con mis instintos, o prejuicios moralistas bloquean mi conciencia de ellos?
- ¿Qué instintos me dominan y cuáles me causan más problemas?
- ¿Cómo podría elevar esos instintos a su expresión superior?
- ¿Tengo miedo de aceptar mi capacidad de ser totalmente exitoso?

Actividades sugeridas

- Nombra los instintos básicos que tienen mayor influencia en tu vida.
- Haz una lista de situaciones específicas en las que ves tus acciones surgir de estos instintos.
- Imagínate y registra cómo se verían esas situaciones si elevaras tus instintos a su expresión superior.
- En esas situaciones de tu vida real, aprende –a través de la práctica– a transmutar los instintos que te dominan a su expresión superior.
- En tu trabajo, atrévete a establecer metas mucho más altas que las que te has permitido hasta ahora.

Mati – Mente/Trabajo

El águila en este cuadrante te aconseja que consideres el panorama amplio de aquello a lo que te enfrentas, en vez de permanecer estancado, tratando de descifrar los detalles. La visión desde lo alto te permitirá apreciar lo que no puedes ver cuando estás atorado lidiando con los detalles del momento.

Podrías estar obsesionado con partes pequeñas y difíciles de un proceso mucho más grande. Es tiempo de detenerte por un momento y observar la situación desde una perspectiva diferente, la perspectiva del águila.

El águila mira el mundo desde las alturas. Desde allí tiene una visión mucho más completa. Por otro lado, su presa sólo ve lo que está frente a sus ojos. Pero el águila ve la trayectoria de la presa; ve de dónde viene, dónde está y a dónde va. Observa la continuidad del pasado, presente y futuro; por ello, es capaz de atrapar a la presa en el lugar y momento correctos.

Usa la visión del águila para observar tu problema desde una perspectiva más amplia; esto te dará claridad para decidir cómo proceder.

Preguntas sugeridas

- ¿Qué problema estoy enfrentando?
- ¿En qué aspecto del problema estoy estancando?
- ¿Puedo olvidarme por un momento de esto para considerar un esquema más grande de la situación?
- ¿Cuál es el contexto más amplio en el que esta situación está ocurriendo?

Actividades sugeridas

- Dibuja un mapa mental acerca del problema o proyecto que estás enfrentando.
- Marca la parte específica con la que estás luchando.
- Aprecia su conexión con la totalidad.
- Observa los otros caminos disponibles para alcanzar tu meta.
- Evalúa tu conexión interna con el proyecto entero.
- Una vez que examines la situación desde una perspectiva más amplia, vuelve a las partes problemáticas y aplica tu nuevo sentido de dirección a la solución.

Teyoli – Emociones/Relaciones

El águila en el cuadrante de las emociones te dice que debes buscar la modalidad más elevada respecto de tus relaciones.

Cada vez que los seres humanos inician una relación, las diferentes partes de su ser juegan un papel en la relación, incluyendo tanto las partes más bellas, como las menos desarrolladas. El resultado de tal interacción dependerá de cómo y qué partes de cada uno se conectan con las del otro.

A menudo, una relación insatisfactoria es consecuencia de poner, por así decirlo, las fichas de menor valor sobre la mesa. En tales condiciones, ¿cómo podrías esperar un buen resultado? Reflexiona acerca de una relación problemática que desearías que funcionara mejor, y considera si estás poniendo o no lo mejor de ti en ella.

Tal vez no estás contribuyendo con lo mejor de ti porque no valoras mucho esa relación. Si este es el caso, ¿qué sentido tiene permanecer en esa relación? Kuautli en Teyoli te advierte: o elevas la calidad de la relación o la terminas, y a partir de ahora, te comprometerás solamente en relaciones con las que estés dispuesto a compartir lo mejor de ti.

El guerrero del espíritu pone lo mejor de sí en cada relación, grande o pequeña, con todo y con todos. Esta opción es el "camino de la impecabilidad" y hará que tu vida brille más de lo que nunca imaginaste.

Preguntas sugeridas

- ¿Qué parte de mí mismo estoy dedicando en mi relación con _____ (escribe el nombre de la persona)?
- ¿Es eso lo mejor de mí?
- ¿Qué influencia tiene esto en la relación?
- ¿Cuáles son las mejores partes de mí?
- ¿Cómo actuaria con esa persona si diera lo mejor de mí en nuestra relación?

Actividades sugeridas

- Haz una lista de tus relaciones actuales.
- Escribe una lista de las partes de ti que trajiste a cada una de esas relaciones.

- Piensa en cómo afectas esas relaciones y sé responsable de lo que estas trayendo a ellas.
- Averigua qué te impide dar lo mejor de ti en tus relaciones.
- Toma las decisiones que tu vida necesita y actúa.
- Lo que sea que ofrezcas en términos de mejorar, hazlo como un gesto de libertad y amor, y no por esperar alguna recompensa.

Teotl – Espíritu

Cuando el águila se posa en el cuadrante del Espíritu, estás recibiendo la llamada más fuerte para aceptar tu semejanza con ella y vivir en consecuencia.

Has sido destinado para alcanzar las esferas más altas. Es posible que hayas estado distraído por mucho tiempo, fallando en reconocer tu verdadera naturaleza como un hijo del Sol. Tu sino ha sido siempre el de brillar y traer luz a la oscuridad de tu vida y de los demás. Tienes que hacer esto por medio de acciones, manteniéndote presente en el momento que vives y estando realmente presente para los demás.

Examina tu vida, lo que has hecho en tu pasado y lo que estás haciendo en tu etapa actual. ¿Eso es todo lo que puedes lograr en esta vida? ¿Has cumplido con tu destino más alto? Piensa en esto: ¿puedes soñar con algo más grande que esta realidad creada por y para ti?

El águila ha venido al cuadrante del Espíritu para decirte que tu destino es elevar tu alma más allá de los límites impuestos por la sociedad, tu educación, tu historia personal y tus miedos. Has sospechado esto toda tu vida y ahora es tiempo de que lo aceptes totalmente. El espíritu del águila vive dentro de ti y anhela ser liberado. Deja que vuele en busca de la vida que has soñado. Ella te llevará a un mundo nuevo, donde conocerás aspectos tuyos que nunca imaginaste. Irás al lugar al que sólo las águilas se atreven a ir; un lugar solitario y al que no muchas almas se atreven a llegar. Allí disfrutarás momentáneamente en compañía de otros seres, quienes, como tú, emprendieron el gran viaje del águila solar.

Preguntas sugeridas

- ¿He escuchado a mi espíritu-águila?
- ¿Hacia qué dirección quiere que vaya?

- Si fuera uno con mi padre, el Sol, ¿cómo expresaría nuestra conexión en mi vida diaria?
- ¿Cuál es el sueño que mi espíritu-águila anhela?
- ¿Quiero seguir repitiendo los mismos viejos patrones, o estoy listo para iniciar el viaje de mi vida?

Actividades sugeridas

- Consulta con tu corazón en un sitio solitario de la naturaleza, o al menos en uno al aire libre.
- Haz una peregrinación a un sitio de significado espiritual para ti, a manera de un rito de pasaje.
- Haz una danza al amanecer dedicada al Padre Sol en un lugar donde puedas ver su salida con claridad. Danza hasta que el sol haya salido completamente y finaliza haciendo una promesa de realizar algo importante para ti en el futuro cercano.
- Elige una o más actividades a través de las cuales manifiestes tu compromiso con el llamado del águila.

16

Koskakuautli - Zopilote

¡Oh, elegante limpiador de la muerte!
Tu vuelo es tan hermoso, como tu tarea bienvenida.
De los restos de lo que fue
¡tú crearás luz, belleza, vuelo y vida!

Mientras que en las sociedades modernas occidentales el zopilote (buitre) arrastra una mala reputación porque se alimenta de carroña, las antiguas culturas de México tenían a esta ave en alta estima, pues la consideraban el espíritu protector de santos y poetas.

Dos rasgos particulares atrajeron más la atención del tolteca hacia el zopilote: su papel clave como limpiador y reciclador en el mundo natural, y su característica de ser el ave que vuela más alto que ninguna otra, tomando lo que está muerto y elevándolo al cielo.

183

El zopilote simboliza el regreso del alma a la esfera de lo sagrado, de donde surge la vida.

Sabemos que para los toltecas, la realidad de la muerte no era horrorosa, sino sólo otro proceso del ciclo natural, tan importante y necesario como el de nacer. Esto nos ayuda a comprender por qué el zopilote era considerado desde una perspectiva tan positiva.

En la imagen de la carta, bajo la cabeza del zopilote vemos a un asceta pronunciando palabras de poder. Está sentado en la cima de una pirámide indicando que él es la voz de la divinidad. Al igual que en las demás cartas del Tonalpohualli, arriba a la izquierda apreciamos el número dieciséis, de acuerdo con el sistema de representación numérica mesoamericana.

Significado general

El zopilote representa el inicio de un ciclo nuevo que será alimentado por los restos de lo que hubo antes. Correspondiendo al número dieciséis en la veintena del calendario sagrado, su significado se relaciona con el de su contraparte, la muerte, que con el número seis se ubica justo al frente en el círculo calendárico del Tonalpohualli. Ambas cartas se relacionan con el proceso de la muerte en el sentido de renovación; la diferencia es que mientras la carta de la Muerte significa la llegada a una nueva etapa cuando la anterior ha terminado, la del zopilote significa el florecimiento de la vida a partir de los restos de lo que llegó a su fin. La Muerte es el crecimiento que tiene lugar al dejar ir; el zopilote es el crecimiento que incorpora los restos de lo que fue y les da un nuevo significado, una nueva vida.

El final de un ciclo trajo consigo pena y dolor, pero ahora, el zopilote viene a transformar el cadáver que, generalmente, miramos con rechazo y tristeza, en una ofrenda que nutrirá al nuevo ciclo que comienza.

El zopilote anuncia renovación. La pérdida de lo que tenías puede ser dolorosa por un tiempo, pero lo que ha terminado no está perdido y olvidado, sino que continúa presente en la nueva etapa de tu vida en forma de la sabiduría que ganaste a través de esa experiencia, relación, negocio, proyecto o sueño en el que estabas inmerso. Esa sabiduría nutrirá tus nuevas experiencias, contribuyendo a la evolución de tu vida.

El zopilote enseña que de las cenizas de lo que fue, debes rescatar las lecciones aprendidas para que tu pérdida se convierta en ganancia.

No permitas que tu corazón se hunda. Sé agradecido por todo lo que has disfrutado y aprendido, aun a través de la pérdida en sí misma. El fin de lo que amabas es el principio de una nueva etapa, llena de promesas y asombrosas posibilidades para una nueva vida.

El ignorante ve al zopilote como un símbolo de muerte; el sabio como uno de renovación y de vida. Como él, toma los regalos que perduran entre los restos de lo que ha muerto y úsalos para volar hacia alturas que nunca imaginaste.

Significado en los cuadrantes

Tonakatl – Cuerpo/Mundo material

El zopilote en Tonakatl representa las enfermedades que podría padecer el cuerpo físico como consecuencia de nuestra resistencia a aceptar los cambios que llegan con la vejez.

Dejar atrás la juventud no es una enfermedad, pero nuestro rechazo a la vejez y la falta de conciencia acerca de lo que el paso del tiempo significa, pueden producir enfermedad.

La madurez y la vejez son puertas de entrada a etapas nuevas de la vida. Cada una ofrece nuevas oportunidades y experiencias. Pero si fallas en adaptarte a las características y requisitos de estas, tu cuerpo puede reaccionar hablándote a través de una enfermedad, disminución de tu nivel de energía, síntomas de estrés u otras reacciones adversas, de modo que prestes atención y te adaptes al nuevo momento como se requiere.

Los restos del niño, adolescente o joven adulto que fuiste se han convertido en nutriente para tu nueva etapa, donde el poder no proviene de tu fuerza física, sino de la sabiduría que has acumulado en el camino.

El zopilote en este cuadrante te aconseja que pongas atención a los pequeños malestares de tu cuerpo, especialmente mientras son pequeños, pues todavía estás a tiempo de hacer algo al respecto. Si la protesta del cuerpo se intensifica, la adaptación sanadora requerirá de mucho más tiempo y energía.

Sólo aceptando el cambio y adaptándote podrás aprovechar los regalos que la nueva etapa de tu vida te trae. El primer paso a dar es el de cambiar tu actitud hacia la vejez. Deja de angustiarte por la pérdida del esplendor de la juventud y reconoce las ventajas del nuevo tiempo, en el que tu fuerza provendrá de un lugar más profundo y de la sabiduría que has adquirido como consecuencia de lo que has vivido. Cada etapa de la vida tiene sus propias dificultades y formas de éxtasis profundo. No hay mejor o peor etapa en la vida, sólo variación, término y renovación; ya sea que experimentemos alegría o dolor en un momento, esto frecuentemente se resume a una sola palabra: adaptación.

Preguntas sugeridas

- ¿En qué etapa del ciclo de la vida me encuentro ahora?
- ¿Mi cuerpo físico está dándome señales de adaptación insuficiente a esta etapa de mi vida?
- ¿Qué me están diciendo mis problemas de salud, mayores o menores, en el contexto del panorama amplio de mi vida?
- ¿Cómo debería responder a esto?
- ¿Qué cambios debo hacer para moverme de la angustia a la serenidad y la alegría?

Actividades sugeridas

- Agenda un examen físico general.
- Consulta con un médico acerca de los cambios en tu cuerpo y cómo adaptarte a ellos.
- Haz un plan para manejar adecuadamente los cambios físicos y síguelo con entusiasmo.
- Aumenta tus actividades al aire libre.
- Camina con regularidad.
- Mejora tus hábitos alimenticios.
- Crea tiempo para actividades que levanten tu espíritu y hagan feliz a tu cuerpo.

Mati – Mente/Trabajo

El zopilote en el cuadrante de la mente te urge a que la enfoques en comprender la lección oculta en la terminación de algo muy amado para ti.

Has recorrido todo el camino, desde el principio, hasta el final, hacia algo que anhelabas. Puede ser que una relación muy intensa acabó; que un proyecto de negocios muy importante en su momento llegó a su fin; puede tratarse de valores que considerabas esenciales para ti, pero que ahora han cambiado, o antiguas creencias que dejaron de tener sentido en el presente. Estas experiencias fueron todo para ti una vez, pero ahora las miras desde la distancia. Han quedado atrás.

La sabiduría del zopilote consiste en tomar todos los nutrientes que quedan en el cuerpo muerto y usarlos para alimentar la vida. De la misma forma, deberías hacer un esfuerzo consciente para descubrir la lección en todo lo que has vivido, y en lo mucho que esas experiencias dejaron en ti. Permite que la sabiduría adquirida sea el alimento para las nuevas experiencias que te trae la vida.

Recapitula tus relaciones, trabajos, proyectos en desarrollo, tus victorias y fracasos. Toma nota de las repeticiones y piensa por qué y cómo fracasaste, y por qué y cómo tuviste éxito. Pon especial atención en cómo tus acciones o actitudes afectaron el curso de los acontecimientos. Olvídate de culpar a otros; sé responsable de tu parte porque eso es lo único que puedes cambiar. De igual forma, no te juzgues tan duramente. No importa cuán fracasado te sientas, eres más sabio ahora, y esos errores fueron tu forma de alcanzar esa sabiduría.

Descubre y aprende las lecciones de lo que está terminado, y asegúrate de ir hacia la nueva relación, proyecto de trabajo, aventura o sueño con una actitud renovada. Usa todos los recursos obtenidos durante las batallas que libraste; confía en ese conocimiento tan duramente adquirido y úsalo para asumir los nuevos retos con entusiasmo renovado.

Preguntas sugeridas

- ¿Cuál es la lección detrás del sueño que ha terminado?
- ¿Me he enfrentado a esta lección más de una vez?
- ¿Cómo construí mi propio fracaso?
- ¿Soy una mejor persona después de terminar con _____ (describe tu situación)?
- Si fuera a empezar de nuevo, ¿qué haría diferente?

Actividades sugeridas

- Escribe la historia de tu vida en tercera persona, como si estuvieras hablando de alguien más, de tal forma que las lecciones implícitas en ella sean evidentes para el lector (aunque tú seas el único que la lea).

- Escoge un área significativa de tu vida, como amistades, trabajos, parejas, parientes, proyectos, etcétera. Revisa las historias que has vivido cada vez que empezaste algo nuevo en esa área[37].
- Busca los patrones surgidos de tus experiencias pasadas. ¿Cuál fue su efecto y qué has aprendido de ellos?[38]
- Escribe lo que harías diferente en el presente y futuro.

Teyoli – Emociones/Relaciones

El zopilote en este cuadrante se refiere al comienzo de una nueva relación amorosa, tras un período de duelo por una relación que ha culminado.

El duelo terminó, es tiempo de renovarte. Una nueva oportunidad para entrar en el misterio del amor llega nuevamente a ti.

Este es un buen momento para que recuerdes que el misterio del amor –el cual es aún más grande que el misterio de la muerte– forma parte natural de nuestra existencia. Los dos misterios traen consigo algo mágico a nuestra vida, que de otra forma sería predecible y sin sentido. Pero la incertidumbre de comenzar una nueva relación, especialmente después de que otra ha terminado, nos puede crear dudas para dar el paso y entrar en este misterio.

La certeza acerca del futuro es sólo una fantasía de la mente occidental moderna y no tiene nada que ver con la dinámica siempre cambiante de la vida. Los antiguos toltecas sabían esto, y aprendieron a no sólo aceptar el misterio como algo natural, sino a amarlo y vivir en armonía con él.

No saber lo que nos espera en la siguiente vuelta del camino, o qué deberemos hacer si tomamos este camino o el otro, es consustancial a la vida misma. No hay nada malo en ello. Tomar decisiones en medio del misterio es nuestra responsabilidad natural en este extraordinario viaje que es la vida.

---

[37]Para este proceso de evaluación, recomiendo practicar lo que los antiguos toltecas llamaban *tlasentlalia,* conocido actualmente como "recapitulación". Este proceso de autosanación energética ha sido descrito detalladamente en mi libro *El Camino Tolteca de la Recapitulación* (Bear & Company, 2002).

[38]Ver nota anterior.

Vivimos en un mundo paradójico, donde las verdades opuestas danzan entre sí y nosotros estamos en medio para aprender el arte de equilibrarlas. Cuando entras a una nueva relación después de todo lo que has perdido antes, tendrás miedo de perder de nuevo. No permitas que esto te detenga. Por una parte, debes estar listo y dispuesto a amar como si nunca te hubieran herido; por la otra, usa todo lo que has aprendido acerca de ti mismo, de la naturaleza del amor y de las relaciones afectivas para construir mejor tu nueva relación.

Necesitas de la inocencia que te permite amar plenamente, y al mismo tiempo usar la experiencia que has ganado para amar mejor. Este enigma no está aquí para que tu mente lo resuelva; sólo en la práctica encontrarás el equilibrio entre estas verdades contradictorias.

Preguntas sugeridas

- ¿Estoy listo para una nueva relación?
- ¿Qué cosas positivas me quedaron de mi relación anterior?
- ¿Estoy agradecido por lo bueno que mi relación anterior me dio?
- ¿He aprendido del dolor que experimenté en mi relación anterior?
- ¿Estoy ya en paz con ella?
- ¿Aún tengo alguna distancia que andar antes de encontrar la paz?
- ¿Cómo puedo ser un mejor ser humano en una nueva relación?

Actividades sugeridas

- Recapitula tus anteriores relaciones amorosas[39].
- No culpes a los demás por fracasos en tus relaciones pasadas.
- Asume tu responsabilidad por lo que viviste.
- Deja ir deliberadamente, perdona los agravios y agradece las vivencias positivas.
- Aprende de los errores que cometiste.

---

[39]Para esto, puedes consultar mi libro *El Camino Tolteca de Recapitulación*, publicado por diversas editoriales alrededor del mundo.

• Usa lo que has aprendido de ti mismo en las relaciones.

Teotl – Espíritu

Koskakuautli en Teotl señala el camino de la contemplación. Koskakuautli es el espíritu promotor de los ascetas y santos, cuya actividad es nutrida por la contemplación. Esta carta te dice que necesitas un período de contemplación para poder escuchar a tu propio corazón y obtener claridad sobre lo que sucede en tu vida ahora mismo y hacia dónde vas. Quien contempla, debe verlo todo sin oponer ninguna resistencia.

Los toltecas edificaron su sabiduría al contemplar la naturaleza, observando los ciclos de la vida, la muerte y la transformación de todo lo existente. Su contemplación silenciosa abrió las puertas de la percepción, revelando las conexiones y relaciones invisibles entre todas las partes de la creación. La contemplación del sabio lo abarca todo, desde las estrellas en el espacio exterior, hasta los sentimientos y cambios en el espacio interior; desde el vuelo de las aves en el cielo, hasta el ritmo y flujo de la gente en las ciudades. Existe una fuerza, una motivación detrás de cada cosa que se mueve o permanece inmóvil.

El zopilote en la casa del Espíritu te está invitando a un período de contemplación. La contemplación de la naturaleza es siempre buen alimento para el alma, pero contemplar tu vida cotidiana también. Observa a la gente que se mueve a tu alrededor, las situaciones que atraviesas en tu trabajo, tu casa y tus relaciones. Alterna la contemplación de tu propio mundo con la del mundo que te rodea: las estrellas, los animales, los insectos, las plantas, las sombras, los sueños, etcétera, hasta que seas capaz de notar la conexión invisible entre todos ellos. Para descubrir las leyes sutiles que operan indistintamente entre los mundos, todo lo que necesitas es enfocar tu atención y silenciar tu mente.

Mientras contemplas, aquieta tu mente tanto como puedas y no le prestes atención a los pensamientos aleatorios. Enfócate en lo que estás observando y míralo con cada parte de tu ser. Poco a poco notarás que tu actividad mental disminuye y verás mejorar la calidad de los pensamientos ocasionales.

Cuando concluyas tus sesiones de contemplación, permanece quieto durante más tiempo, de modo que lo que captaste se asiente en tu ser y se transforme en plena consciencia. Entonces, busca la manera de devolver al mundo parte de lo que has ganado; hazlo a través de acciones dirigidas a un propósito elevado. También puedes escribir prosa o poesía, componer música, enseñar o usar tus percepciones para crear una vida más feliz. Sólo asegúrate de que los frutos de tu contemplación sean compartidos con el mundo.

Preguntas sugeridas

* ¿He practicado la contemplación?
* ¿Dónde y cuándo podría practicarla?
* ¿Qué debo hacer para crear tiempo y espacio para mi contemplación?
* ¿Puedo incorporar la contemplación en mi vida cotidiana?

Actividades sugeridas

* Busca o planea oportunidades para contemplar los cambios de la naturaleza durante las estaciones, el movimiento de las nubes, los patrones de vuelo de las aves, las fuerzas de la naturaleza (fuego, océano, viento, tormentas, nevadas, etcétera), las sombras, el movimiento de la gente en el metro (transporte subterráneo) o en un parque público, las estrellas y el espacio a su alrededor, a tus hijos, tu ambiente de trabajo, a ti mismo mientras interactúas con otros, los contenidos de tu alma en un momento dado.
* Escribe poesía expresando los hallazgos que encontraste durante la contemplación.

17 · Ollin - Movimiento

17
Ollin - Movimiento

La única verdad permanente es que nada es permanente.
Todo es siempre cambio y movimiento.

Ollin representa lo que las antiguas culturas de Mesoamérica concebían como la característica más universal de todo lo existente: el movimiento. Junto con la palabra *yolistli* (vida), era parte del binomio sagrado *Ollin-Yolistli* (vida y movimiento), una dualidad que no podía ser separada porque no hay vida sin movimiento y no hay movimiento sin vida.

Para los toltecas, el movimiento es la expresión básica de la vida, y moverse es estar vivo. Este es un concepto muy significativo que difiere del concepto occidental de la vida. Mientras que en el pensamiento occidental los objetos deben poseer características específicas para ser considerados como seres vivientes (i.e., nacer, alimentarse, crecer, reproducirse y morir), en la visión tolteca, el movimiento es el centro esencial de la vida; por lo tanto, los seres con movimiento eran considerados vivientes: el sol, la tierra, los planetas y las estrellas.

Esta visión es consistente con las palabras que un amigo indígena me dijo una vez, cuestionando el escepticismo de los tewari (gente no indígena) con respecto a la sacralidad de la naturaleza; dijo: "Si la tierra y el sol son los dadores de la vida, ¿cómo pueden ellos mismos no estar vivos?"

En la imagen de la carta, vemos al movimiento representado por el proceso de la muerte, el cual no conduce a la desaparición, sino al movimiento y la transformación. En la mano del personaje hay un pergamino que contiene la historia de su vida, como una representación de la recapitulación o revisión final de nuestra existencia, que tiene lugar durante el proceso de la muerte. Cuatro cuerpos energéticos abandonan el cuerpo físico del difunto. Desde la base de la columna vertebral, la fuerza vital ígnea *eukayotl* (conocido en la India como kundalini) se está alejando. De su ombligo sale una serpiente roja, representando la energía que mantenía con vida a la persona. De su garganta sale una serpiente gris con la cabeza de Ehekatl (dios del viento, el espíritu), que representa el cuerpo emocional. Una cuarta serpiente más pequeña sale por la parte superior de la cabeza; representa el cuerpo de la mente pensante abandonando el cuerpo físico[40].

Todas esas serpientes energéticas no están desapareciendo para siempre, sino que reingresan al mundo de la energía que rodea al ser humano, y del cual todo proviene. El cuerpo físico, ahora un cadáver incompleto, también se está convirtiendo en parte de la energía del mundo, representada por el fondo gris; pronto no habrá rastro de la persona.

En esta carta apreciamos el tránsito de la energía que constituía al individuo regresando a su origen: el océano infinito de energía y conciencia del que todo parte y al que todo regresa.

---

[40]Entre los toltecas, todos esos cuerpos energéticos o almas conjuntas son aspectos diferentes del concepto general del alma o cuerpo energético.

Significado general

Ollin representa la naturaleza cambiante de la vida. La vida es transitoria porque su dinámica de transformación continua es la única cosa que *es* permanente.

Este rasgo específico de la vida es lo que más nos molesta, lidiar con un mundo y una vida que nunca permanecen iguales. Una vez que nos las arreglamos para comprender y adaptarnos a un momento o situación específica, este cambia nuevamente, trayendo nuevas preguntas y exigencias de adaptación a la nueva situación. Nuestro desconcierto ante esto es expresado en el dicho popular: "cuando finalmente obtuve todas las respuestas, me cambiaron todas las preguntas".

La única forma de mantenerse sincronizados con un mundo cambiante es a través de una conciencia cambiante. No sólo eso, necesitamos desarrollar una personalidad cambiante, una capacidad para amar cambiante, etcétera. Lo que aprendiste ayer puede no ser suficiente para lo que enfrentas hoy, debido a que ni siquiera eres ya la misma persona.

Es de esta consciencia de un mundo en transformación permanente de donde nace el impulso hacia el desarrollo personal y la necesidad de contar con algún tipo de camino espiritual. Debido a que el mundo y la vida siempre están cambiando, tú también debes permanecer en movimiento, inventarte y reinventarte una y otra vez en el proceso de tu vida. Esa es la única forma de seguir el paso y en equilibrio con el continuo movimiento de energía que es la vida. Lo que estás viendo es sólo uno de sus filosos bordes; todo está muriendo desde el momento en que nace. Observas tantas cosas irse, que pueden quitarte el aliento, pero tienes que seguir moviéndote, pues por cada cosa que se va, hay muchas cosas más viniendo hacia ti en ese mismo momento.

Significado en los cuadrantes

Tonakatl – Cuerpo/Mundo material

El movimiento en el cuadrante del cuerpo significa que los cambios que experimentas en tu realidad física son sólo la energía de la vida en movimiento, pero podrías tener dificultades debido a tu resistencia a ellos. Podría ser tu cuerpo, tu casa, el lugar donde vives o tus posesiones. Los cambios están ocurriendo y tienes problemas para reconocer la perspectiva completa de lo que está pasando.

Ten cuidado. Resistirte al cambio o tomarte demasiado tiempo para aceptar la realidad de lo que te está sucediendo podría crear una tensión excesiva entre la intensidad y el ritmo de los cambios, y la velocidad y naturaleza de tu reacción. Esa tensión puede ser dolorosa si no te unes al flujo de energía.

La enfermedad puede transformarse en salud y la salud deteriorarse a enfermedad. Cada cambio es sólo otra lección. El dinero fluye con facilidad en un momento y se vuelve difícil de conseguir en otro. Las olas de energía siguen moviéndose. ¿En qué parte de la ola estás? ¿Estás subiendo o bajando? Todo es parte de un flujo continuo y puedes aprovecharlo, en tanto no olvides que la próxima etapa de la ola se aproxima y estés preparado para sortearla.

Preguntas sugeridas

* ¿Qué cambios están sucediendo en mi cuerpo físico?
* ¿Cómo me relaciono con ellos?
* ¿Cuál es mi situación financiera y qué podría venir?
* ¿Estoy aprovechando el periodo de dificultades para aprender a construir el éxito?

Actividades sugeridas

* Tómate el tiempo para conocer tu cuerpo en su etapa actual.
* Haz alguna búsqueda sobre los procesos físicos que suceden a tu edad.
* Elabora un diagrama que demuestre con detalle tu situación financiera.
* Escribe una lista de tus bienes, deudas y fuentes potenciales de ingreso.
* Toma notas sobre las lecciones que estás aprendiendo en tu momento de dificultad.
* Haz un mapa mental de cómo tus dificultades presentes ayudarán a conseguir tu éxito futuro.

Mati – Mente/Trabajo

Cuando la carta del movimiento aparece en la casa de la mente indica que los acontecimientos a tu alrededor están desafiando tu forma de pensar. Esta combinación significa que tu antigua forma de pensar no es funcional para lidiar con las circunstancias presentes y futuras de tu vida.

Es tiempo de cambiar los paradigmas de tu mente para evitar que tus viejos patrones mentales se conviertan en tu principal obstáculo para triunfar.

Un paradigma es como un mapa que guía la forma en que actúas, pero lo hace automáticamente. Esto significa que, más frecuentemente de lo que te imaginas, tus acciones y decisiones están determinadas por tus paradigmas sin que seas consciente de ello. Esos paradigmas son el resultado, tanto de tus creencias conscientes, como inconscientes, pero en general, tus creencias inconscientes tienen una influencia aún más fuerte que las conscientes en la construcción de tu realidad.

Las creencias son mecanismos peculiares; parecen ser reales debido a que actuamos de acuerdo a ellas. La mayor parte del tiempo, nuestro comportamiento está dictado por nuestras creencias, y los resultados de nuestras acciones generalmente las refuerzan. Así es como las creencias y comportamientos se respaldan unos a otros, y por eso resulta tan difícil romper con los viejos paradigmas.

Cuando Ollin se posiciona en la casa de Mati, los eventos en tu vida no están yendo de la forma en que usualmente lo hacen. No estás siendo eficaz del modo en que acostumbras. No importa cuánto te esfuerces, lo que haces no está funcionando, y si lo está, quizás no estés recibiendo el mismo tipo de satisfacción por ello.

En este momento, lo que enfrentas no es sólo mala suerte o un problema ordinario, sino una clara señal de que tus viejos paradigmas ya no te son útiles y necesitas establecer nuevos.

Trata de no preocuparte demasiado por esto y no tengas miedo. Acepta la invitación para establecer los paradigmas que te encaminen hacia una nueva y más poderosa etapa de tu vida.

Preguntas sugeridas

- ¿Qué paradigmas han moldeado mi vida en la forma que tiene ahora?
- ¿Cómo me han servido?
- ¿Mi situación es la misma que cuando se formaron esos paradigmas?
- ¿Cuáles son mis nuevas metas?
- ¿Qué paradigmas o ajustes mentales me ayudarán a lograrlas?

Actividades sugeridas

- Practica meditación profunda para evaluar lo que has hecho, tanto lo bueno, como lo malo. Luego, pregúntate: ¿qué paradigmas y creencias crearon la forma de vida que llevo actualmente?
- Escribe una lista de tus paradigmas y creencias.
- A continuación, medita nuevamente e imagina el tipo de vida que en verdad quieres vivir.
- Pregúntate: ¿qué tipo de paradigmas o creencias necesito para hacerla realidad? Escríbelos.
- Recuerda deliberadamente los nuevos paradigmas tan a menudo como puedas y llévalos en tu corazón.
- Usa letreros y notas adhesivas; colócalas en tu auto, casa, oficina, maleta y donde sea que te recuerden trabajar en interiorizarlos.

Teyoli – Emociones/Relaciones

El movimiento en este cuadrante significa que debes estar listo para cambios que están próximos a ocurrir en el área de tus relaciones.

Podría producirse un cambio en tu estado conyugal; alguien podría llegar a tu vida... o irse; un hijo podría nacer, o alguien con quien estás muy conectado, morir. Para quien esté por llegar, prepara tu corazón para que se sienta bienvenido en tu vida; para el que está por partir, ten el corazón abierto, reconoce y agradece a esa persona por todas las cosas buenas que compartieron.

Lo que sea que esté sucediendo, la llegada o la partida, la alegría o el dolor, es igualmente parte de la dinámica de la vida que trae consigo la renovación, una y otra vez. Deja ir lo que se va, con la misma generosidad con que das la bienvenida a lo que llega. Al final, ambos momentos están atados entre sí, pues no hay principio que no sea precedido por un fin y no hay fin que no sea seguido por un nuevo comienzo.

Si te quedas mirando por mucho tiempo aquello que se va, estarás llamando al sufrimiento y puedes acabar deprimido. La medicina para esto es voltear para ver lo que está llegando, en vez de quedarte atorado, pensando constantemente en lo que se ha ido.

Preguntas sugeridas

- ¿Qué tipo de cambios o movimientos están sucediendo, o a punto de suceder, en mis relaciones?
- ¿Cómo estoy reaccionando a ellos?
- ¿Qué necesito hacer para dejar que la energía siga fluyendo hacia este nuevo tiempo?
- ¿Es tiempo de dejar ir?
- ¿Estoy listo para abrazar los cambios que están sucediendo?
- ¿Qué está comenzando a partir de lo que está terminando?

Actividades sugeridas

- Si estás sufriendo, acepta tu dolor completamente, pero no por más tiempo del necesario.
- Renuncia a tus resentimientos, perdona, y si reconoces que has lastimado a otros, pide perdón.
- Deja ir con una palabra de gratitud en tus labios y con un sentimiento de amor en tu corazón.
- Prepara tu corazón y tu vida para aquel que está llegando.
- Si lo requieres, haz un ritual, recapitulación o técnica de entierro para articular el cambio energéticamente[41].

Teotl – Espíritu

Ollin en el cuadrante del Espíritu anuncia que ese cambio de gran importancia que has estado anhelando desde lo más profundo de tu espíritu, está finalmente por suceder, pero requiere de una acción inicial de tu parte para desatar el cambio.

Nada volverá a ser lo mismo otra vez porque el momento está listo, la energía se ha estado acumulando durante suficiente tiempo y el movimiento fluirá como el agua de una presa al abrirse las compuertas.

Has estado deseando una gran oportunidad y fantaseado con ella por algún tiempo; sin embargo, dudabas que eso tan anhelado

---

[41]"El entierro del guerrero" es una técnica para la sanación energética que he explicado en mi primer libro *Las Enseñanzas de Don Carlos,* publicado por distintas editoriales, y es también una práctica común en mis talleres. Una de sus aplicaciones más poderosas se realiza para dejar ir o decir adiós a una relación o periodo de nuestra vida al que nos hemos apegado demasiado.

pudiera convertirse en realidad. Ahora estas muy cerca de hacer realidad el sueño que pondrá tu vida en movimiento y cambiará todo dentro de ti y en tu entorno. Sólo tienes que dar el primer paso para desencadenar la secuencia que te llevará al punto sin retorno.

Debes hacer tu movimiento rápido, porque la oportunidad está aquí, pero no se quedará para siempre. Si vacilas o lo piensas demasiado, la puerta se cerrará y no habrá forma de saber si alguna vez tendrás esta oportunidad de nuevo.

Preguntas sugeridas

- ¿Cuál es el cambio que mi espíritu ha estado anhelando?
- ¿Estoy listo para abrazarlo?
- ¿Cuál es el primer paso o acción que debo realizar para liberar este flujo de energía?
- ¿Cómo puedo hacer que mi vida esté lista para los cambios que se aproximan?
- ¿Cómo puedo compartir la bondad de este cambio con otros?

Actividades sugeridas

- Escribe una historia o haz un dibujo sobre el sueño de tu espíritu.
- Visualízate a ti mismo dentro de él, como si ya estuviera sucediendo.
- Mírate ahí y entonces haz que "la película" corra hacia atrás, hasta que te veas dando el primer paso que desató el proceso que te llevó a él.
- Identifica cuál será tu primer paso o evento catalizador.
- Ahora, da ese primer paso en la realidad.

18 · Tekpatl - Pedernal

18
Tekpatl - Pedernal

Así es mi vida, piedra... como tú.
León Felipe

Tekpatl es una piedra tallada con forma de cuchillo. En la vida diaria del tolteca, era usada para cualquier tarea que lo requiriera. Como símbolo en el Tonalpohualli, Tekpatl representa la conciencia.

En la imagen de la carta vemos a un chamán con los símbolos del autosacrificio en su mano izquierda y el de Ehekatl en un gran pendiente sobre su pecho. Arriba, apreciamos un cielo lleno de piedras talladas que significan que todo lo que tiene que ver con el individuo está conectado con las más altas esferas del cosmos, desde donde desciende una mano protectora. Por lo tanto, el chamán está protegido debido al desarrollo de su conciencia más elevada.

Significado general

Tekpatl representa la conciencia acrecentada que –como un espejo– refleja la armoniosa existencia de la totalidad cósmica. También al poder y bienestar que surgen de vivir en armoniosa conexión con lo sagrado, tanto en su manifestación física (el universo visible), como en su manifestación espiritual, en tanto que fuerza unificadora y sustentadora de todo cuanto existe. Estas fuerzas eran conocidas entre los toltecas como Senteotl, la Unidad Sagrada.

Tekpatl también implica la tensión o esfuerzo que le toma a la piedra tallada en forma de cuchillo abrirse camino hasta completar la tarea que le fue asignada. En sentido espiritual, representa no sólo la más elevada conciencia, sino específicamente los esfuerzos que debes hacer para alcanzarla. También el esfuerzo para vivir una vida con propósito, que a su vez promueve el logro de una conciencia más elevada. Estos dos esfuerzos recíprocos se mantienen el uno al otro en lo que podemos llamar un sistema sagrado autosustentable.

Pero para que los esfuerzos del cuchillo tengan éxito al abrirse camino, la piedra ruda deberá primero ser tallada y pulida. Esto significa que para que puedas liberar todo tu poder, primero deberás tallarte y pulirte a ti mismo, lo que resulta consistente con el concepto tolteca del desarrollo humano, expresado en el viejo consejo de los ancianos: "Labra tu cara hasta tener un rostro verdadero, para que puedas mirar y ser mirado".

Para lograr tus metas más altas, primero debes trabajarte a ti mismo hasta obtener un "rostro verdadero", luego debes ser persistente y mantener tus esfuerzos en la dirección correcta; de ese modo abrirás el camino que conduce hacia lo que sueña tu corazón. En otras palabras, dirige tus esfuerzos tanto hacia tu mundo interno, como externo.

Tratar de alcanzar algo realmente valioso solamente enfocado en lo exterior carecería de sentido, porque la forma en que experimentas la vida es el resultado de la interacción dinámica entre las dos esferas de tu existencia. Por lo tanto, primero debes tallar y pulir la piedra, y luego aprender a dirigirla hacia tu meta más alta, con un propósito firme a través de tus acciones en el mundo.

Significado en los cuadrantes

Tonakatl – Cuerpo/Mundo material

El significado más general de la piedra en el cuadrante del cuerpo/mundo material es la necesidad de trabajar y pulir tu cuerpo físico para lograr una vida más saludable y feliz. Sin embargo, un examen más profundo podría revelar la existencia de cierto nivel de rechazo en la forma en que lo ves, como si se tratara de una piedra que no ha sido trabajada y pulida.

La piedra en bruto contiene la potencia del cuchillo labrado, pero necesita algo de trabajo para hacer visible su fuerza. Tu cuerpo es una poderosa, valiosa posesión, pero tal y como la piedra, experimentarás esta herramienta sólo como una tosca y pobre expresión de todo el potencial que posee hasta que lo trabajes y pulas.

Es común entre las personas que se sienten incómodas con sus propios cuerpos pensar que su condición es un hecho dado, más allá de su control. Incluso pueden sentir que son víctimas de circunstancias terribles que no pueden cambiar. La verdad es que, sin importar cuán negativas sean tus ideas acerca de tu cuerpo, siempre puedes hacer una enorme diferencia para bien, si primero aceptas que puedes mejorarlo, y luego tomas acciones decisivas para que eso ocurra.

En lo que respecta a tu mundo material, Tekpatl en Tonakatl significa que recursos materiales están siendo desperdiciados o a punto de ser desechados, y que podrían proveer grandes beneficios si encuentras un nuevo uso para ellos o los reciclas en algo nuevo. Mira lo que tienes y no estás utilizando, y considera cómo esos recursos pueden ser aplicados en una nueva tarea. Quizás necesites algo de trabajo para transformarlos en bienes valiosos que te beneficien a ti o a otros.

Preguntas sugeridas

* ¿Estoy permitiendo que mi cuerpo manifieste su potencial completo?
* ¿He estado ignorando a mi cuerpo como si fuera una piedra en bruto, sin haber notado todo su poder y belleza contenidos?
* ¿Cuánto más fuerte, saludable y feliz sería si trabajara en pulir mi cuerpo físico?

- ¿Tengo recursos materiales, objetos o bienes que no me parezcan útiles? ¿Pueden ser transformados en algo valioso para mí u otros si les encontrara un nuevo uso o hiciera algo para mejorarlos?
- ¿Cómo podría mejorar mis recursos materiales y usarlos más eficientemente?

Actividades sugeridas

- Haz una lista de todas las acciones que puedes tomar para desarrollar tu cuerpo a su máximo potencial.
- Escoge las acciones más convenientes y prácticas de tu lista y planea un programa de entrenamiento.
- Síguelo por un período de tiempo específico, de modo que puedas evaluar tu progreso, y entonces decide si quieres continuar.
- Sé realista y no hagas de la perfección tu meta, porque esta es la forma más fácil de desanimarte y abandonar tus esfuerzos.
- Haz un inventario de tus recursos materiales e identifica cuáles no estás utilizando.
- Enlista las acciones que podrías mejorar o usa estos recursos más sabiamente.
- Programa tiempo para hacer esas mejoras e implementar nuevos usos.

Mati – Mente/Trabajo

La piedra en el cuadrante de la mente significa que el mapa mental que estás usando para lograr tus metas no está en su mejor forma posible. No es que esté equivocado, sólo se encuentra sin refinar, y tu proyecto entero podría estar resintiéndolo.

Si tu plan para lo que quieres alcanzar o conseguir no está progresando lo suficiente, no necesitas descartar completamente tu línea de pensamiento, pero sí hacerle algunos ajustes y afinarla. Tómate el tiempo para considerar todos los factores que determinen su éxito o fracaso.

Imagina, por ejemplo, que tienes un gran plan para mudar a tu familia a una nueva ciudad o para cambiar un procedimiento en el trabajo; que a pesar de tu entusiasmo, tu familia, tu jefe o tus compañeros de trabajo no se sienten igual de motivados por tu idea. Eso podría desanimarte y hacerte pensar en descartarla. Bien, tal vez la idea básica es buena, pero te ha faltado analizar y explicar suficientemente la lista de beneficios y un programa realista de cómo van a suceder los cambios. Tu mapa mental es como la piedra en bruto que necesita ser pulida para convertirse en un mecanismo poderoso, atractivo y eficiente que te lleve a la meta.

En cuanto a tu ambiente de trabajo, Tekpatl en Mati indica la posible existencia de alguna situación que podrías estar rechazando porque no te gusta. Si trabajas en ello, puedes transformarla en una herramienta poderosa para tu desarrollo laboral. Lo que rechazas podría contener una posibilidad escondida que te aportaría un gran crecimiento. Para que esto suceda, debes de sobreponerte a tus impresiones negativas y aceptar la situación tal cual es para entonces poder mejorarla. Sólo imagina: si la piedra en bruto hubiera sido descartada únicamente por su tosca apariencia, el cuchillo, un instrumento bello y poderoso, nunca habría sido tallado.

Talla y pule la piedra en bruto hasta convertirla en bello y poderoso cuchillo, y úsalo para un noble propósito.

Preguntas sugeridas

- Si mis puntos de vista, planes o mapas mentales no son efectivos, ¿es posible que no me haya tomado el tiempo suficiente para desarrollarlos?
- ¿Mi plan o meta están equivocados, o me hace falta refinarlos?
- ¿En mi trabajo existe alguna situación, relación o proyecto que estoy rechazando sólo porque no me gusta en su forma actual?
- ¿Hay alguna posibilidad positiva y poderosa en esa situación que no estoy notando?
- ¿Cómo podría trabajar en esta situación para que el poder y los beneficios escondidos en ella puedan manifestarse?

Actividades sugeridas

- En un papel blanco tamaño poster, dibuja un diagrama, empezando por escribir las partes involucradas en un área importante de tu vida que no esté yendo bien. Circula cada una. Luego haz círculos más pequeños que salgan de cada una de esas partes, y escribe en ellos los puntos clave de un plan para mejorar las áreas que están en bruto, incompletas, sin refinar, poco claras o que resulten contraproducentes para tus objetivos.
- Tómate el tiempo para refinar tu plan estratégico y añade lo que haga falta en tu diagrama.

- Escribe una descripción de la situación que estés rechazando en el trabajo y reflexiona sobre cómo puedes usarla para desarrollar algo positivo.
- Habla con tus colegas y administradores sobre este proyecto y obtén retroalimentación.
- Si puedes evitarlo, no discutas tu proyecto con personas que tengan sentimientos negativos al respecto, porque en la etapa inicial difícilmente contribuirán a tu tarea; pero permanece dispuesto a aceptarlos cuando el proyecto esté en camino y se sientan más cómodos volviéndose parte de él.

Teyoli – Emociones/Relaciones

La piedra en este cuadrante indica una relación personal con la que tienes dificultades y por eso estás considerando la ruptura. Tekpatl en Teyoli te aconseja no apresurarte en descartar esa relación, sino trabajar para mejorarla.

Cuando una relación va mal, podrías preguntarte si estás con la persona correcta y si valen la pena los esfuerzos para continuar con ella. Esto implica una expectativa: si estuvieras con la "persona correcta", todo lo que hagas con ella debería ser agradable y sencillo. Esto es un error, porque una buena relación no está determinada por qué tan afortunada o compatible es la combinación de personalidades, o por cuanto se gusten el uno al otro. Una buena relación no depende tanto de *quienes* son las personas que la forman, sino de *la forma* en que se están relacionando.

Hay momentos en que las relaciones llegan a su fin natural, de una forma u otra. Cuando eso sucede, no hay mucho que hacer al respecto. Pero la piedra en este cuadrante te aconseja que –antes de tomar una decisión drástica– consideres la relación que pasa por un mal momento como una piedra en bruto que necesita ser tallada y pulida para mostrar todo su potencial y belleza. Si sigues sinceramente este consejo, es posible que la relación cambie y puedan superarse las dificultades del momento.

Preguntas sugeridas

- ¿Cuál de mis relaciones atraviesa por un mal momento?
- ¿A quién estoy empujando lejos de mí?

- ¿Es posible que estemos lidiando con una relación que no ha crecido y que los problemas sean sólo un llamado a hacer cambios para desarrollar una relación de naturaleza superior?
- ¿Qué no hemos hecho que está faltando en nuestra relación?
- ¿Qué estamos haciendo yo y la otra persona que nos está separando?
- ¿Qué cambios podemos hacer para que las posibilidades positivas de nuestra relación que están escondidas puedan realizarse?

Actividades sugeridas

- Tómate un tiempo de introspección para descubrir cómo has contribuido a que la relación caiga en un momento difícil.
- Escribe una carta o habla con la otra persona; reconoce tus errores y plantea trabajar juntos para que la relación mejore.

Teotl – Espíritu

La piedra en el cuadrante del Espíritu es un llamado a desarrollar tu alma con mucha más dedicación que como lo has hecho hasta ahora.

Esto significa una de dos cosas: o no te has ocupado en absoluto del desarrollo de tu alma porque has estado ocupado solamente en los aspectos básicos de la vida (trabajo, dinero, pareja, familia), o lo has hecho sólo de manera tangencial y ha llegado la hora de aplicarte en esa importante tarea de una forma más organizada y efectiva.

Hasta ahora, la forma y el contenido de tu vida espiritual son como la piedra en bruto, carente de belleza o filo, y su poder yace aún escondido. Has hecho un comienzo, pero debes demandar más de ti en términos del tiempo que dediques a tu vida espiritual y su práctica. Si algo ya no está funcionando para ti, déjalo; si necesitas incorporar algo nuevo, hazlo. Toma el riesgo; prueba, y si cometes errores, dales la bienvenida y aprende de ellos.

Echa un vistazo a tu vida, ¿está equilibrada y llena de energía, o es aburrida, confusa y torpe? ¿Eres uno con el Gran Espíritu o estás perdido? Cualesquiera que sean tus respuestas, Tekpatl en Teotl te está llamando a la búsqueda de una conciencia más elevada.

Medita, busca ayuda, emprende un retiro espiritual, lleva a cabo un peregrinaje, haz ofrendas al Gran Espíritu y sigue adelante con tu vida cotidiana. Busca, aprende o inventa las prácticas que acrecentarán tu conciencia y te llevarán más cerca del Gran Espíritu. Asegúrate de repetir esto hasta que la fuerza y claridad de tu conexión con el Dador de Vida sean como un cuchillo capaz de romper con las limitaciones de una vida basada en miedo o importancia.

Trabaja y desarrolla tu corazón; luego mantén tus esfuerzos, de modo que abran el camino para que tu alma transite hacia un estado perenne de conexión con el Espíritu.

Preguntas sugeridas

* ¿Cuánto tiempo y atención doy a mi vida espiritual?
* ¿En qué forma es mi vida espiritual como una piedra en bruto, que necesita ser tallada y pulida para ser más efectiva?
* ¿He estado demasiado ocupado con aspectos básicos de la vida, y olvidado el desarrollo de mi alma y conciencia?

Actividades sugeridas

* Haz una lista de actividades relacionadas con la vida espiritual en las que estés involucrado actualmente.
* Háblale al Gran Espíritu y pregúntale qué hace falta en tu práctica espiritual. Haz esto en un escenario natural, junto a un fuego ceremonial, preferentemente por la noche para que tu concentración sea más profunda.
* Escucha a tu corazón y al Gran Espíritu, hasta que los escuches a ambos cantando la misma canción.
* Busca una piedra suave y tállala en forma de flor para representar la conciencia o visión elevada que quieres encontrar. Llévala a un lugar sagrado y entiérrala mientras haces la promesa de realizar una acción que eleve tu espíritu.

19 · Kiawitl - Lluvia

19
Kiawitl - Lluvia

Deja que el Espíritu fluya en tu vida y fertilice tus sueños,
porque sólo cuando abras tu corazón,
el milagro se hará realidad.

La lluvia ha sido siempre reconocida por las antiguas culturas de México como uno de los elementos más preciosos de la naturaleza. Los pueblos indígenas del México moderno continúan manifestando la misma reverencia hacia ella.

Recuerdo las palabras de mi amigo Tayau, del pueblo wixarika[42], quien una vez me dijo: "Nosotros no vivimos del dinero, sino de la lluvia. La lluvia es todavía más preciosa para nosotros que el dinero

---

[42]He escrito previamente sobre Tayau en mi libro *Toltecas del Nuevo Milenio.*

para los tewari".[43] Esto debería ser cierto para cada ser humano, porque todos dependemos de la naturaleza para vivir y todos nuestros recursos provienen de ella; pero es entre las sociedades basadas en la agricultura que nuestra dependencia de los elementos naturales para sostener la existencia es más claramente comprendida.

Los antiguos toltecas fueron uno de los mejores ejemplos de esta percepción del mundo natural como sagrado. Si nosotros, en la modernidad, tuviéramos el mismo respeto y amor por la naturaleza arraigado en la cultura, sin duda los bosques, fauna y otros recursos no estarían tan amenazados y disminuidos como ahora.

Desde esta perspectiva, podemos imaginar la gran importancia que Kiawitl tenía entre los toltecas y mesoamericanos en general, como la deidad que representa los atributos espirituales de la lluvia.

Como mencionamos en el apartado de la carta 9, Atl (agua), Kiawitl es su opuesto complementario, colocado directamente frente a ella en el círculo del calendario conocido como Tonalpohualli. Kiawitl es "el agua de arriba" y simbólicamente es el esposo de Atl, "el agua de abajo". Es el principio masculino fertilizador de todo lo que reside sobre la tierra, incluyendo a Atl, el agua que habita en lagos, ríos, arroyos, manantiales, e incluso en el océano. Kiawitl y Atl están conectados con Tlalok, la deidad superior representada en una de las cartas Regidoras y en la fuerza espiritual transcendental detrás de ambos.

La conexión e interacción entre todos estos símbolos y deidades es un reflejo de cómo todo se encuentra interconectado, tanto en el mundo físico, como en el espiritual, y nada puede ser entendido sin estas conexiones. Esta realidad aplica no sólo para el mundo natural, también para el mundo humano en sus niveles individual y global.

En la carta vemos a Kiawitl, deidad de la lluvia. Con una mano sostiene a la serpiente, que representa el brillo del relámpago, y con la otra un hacha, que representa la caída del rayo. También aparecen las gotas de agua. Arriba apreciamos el número 19, un tazón que contiene la semilla del maíz, que simboliza la fertilidad, y a Tlalok, la deidad superior del agua, de quien Kiawitl y Atl son una representación.

---

[43]Tewari es el nombre genérico que los wixarika usan para referirse a las personas de origen no indígena.

Para la psicología tolteca, el agua es símbolo de la mente, la serpiente del cuerpo, y el hacha de la identidad o personalidad.

Significado general

El significado más amplio de Kiawitl es la acción de nutrir o fertilizar algo que va a dar fruto para una cosecha futura. Esta carta te dice que tu sueño se está acercando, pero sus semillas requieren de acciones que las alimenten para alcanzar su destino.

En el momento, puedes estar experimentando ansiedad respecto de los resultados que quieres lograr, pero todo es un proceso y una etapa no puede suceder antes de que las anteriores hayan sido completadas. Esto significa que no habrá cosecha sin haber plantado antes la semilla y regado la tierra. Necesitas el poder espiritual de la lluvia para hacer esto con tu vida.

Empieza por ser consciente de que ya has plantado las semillas de lo que quieres alcanzar; ya has hecho algún progreso. Pero esas semillas necesitan ser alimentadas para que crezcan y rindan su fruto en la cosecha futura.

El mensaje de Kiawitl es sobre la importancia del riego, pero también sobre la regularidad. No cometas el error de juzgar los resultados sólo por lo que ves en este momento, porque el proceso no está terminado. Aunque el tiempo de la cosecha se acerca, aún no ha llegado. No pienses que has fracasado, pero reconoce que lo harás si no cuidas la continuidad de tus esfuerzos.

En un nivel más profundo, esta carta te dice que tienes dentro de ti el poder de nutrir. Quizás no lo has reconocido y usado en la forma necesaria. Imitando a Kiawitl, tendrás la energía vital requerida para que todo crezca. No seas tímido ni subestimes tu poder. Identifica cuáles son tus "semillas" y cuál el terreno donde las "plantaste". Luego, deja que la energía de vida fluya a través de tus acciones dentro de esa tierra y esas semillas, para que evolucionen y logres una cosecha abundante.

Significado en los cuadrantes

Tonakatl – Cuerpo/Mundo material

La lluvia en el cuadrante del cuerpo puede ser una señal de embarazo, mejoría de tu condición física o sanación de una enfermedad.

Tu cuerpo físico está entrando en una etapa positiva porque la energía de vida fluye dentro de él.

Cualquiera que sea tu caso, disponte a participar activamente en el proceso, porque esta es tu oportunidad para hacer el mejor uso de la lluvia fertilizadora de Kiawitl. La sanación podría no suceder, la oportunidad de mejoría ser desperdiciada o el embarazo no llegar a buen término si no cumples tu parte activamente y con la máxima atención.

El embarazo puede ser simbólico, señal de algún proyecto o idea en etapa de gestación que requiere de tu cuidado antes de "nacer".

Respecto del mundo material, tus inversiones darán fruto siempre que te mantengas alimentando el proyecto. Mantente enfocado y no te distraigas, porque el éxito está cerca.

Preguntas sugeridas

- ¿Cómo puedo alimentar y apoyar el proceso de mejoría de mi cuerpo?
- (Si estás recibiendo atención médica) Además del cuidado médico normal, ¿qué más puedo hacer para alimentar y apoyar el proceso de sanación?
- ¿Cómo puedo ayudar al proceso de gestación física o metafórica para que evolucione del mejor modo posible?
- En mi mundo material, ¿cómo puedo proteger mi inversión y hacerla crecer?

Actividades sugeridas

- Practica meditaciones en las que visualices tu cuerpo cambiando o mejorando en la forma que necesita.
- Si te estás ejercitando, complementa tu proceso con una dieta más nutritiva.
- Si estás cambiando tus hábitos alimenticios, mejora los resultados ejercitándote.
- Si estás sanando de una enfermedad, pon atención a la forma en que hablas de ella y al tipo de pensamientos que tienes. Asegúrate de pensar y expresar pensamientos positivos.
- Si tus inversiones han ido bien, considera invertir un poco más.

Mati – Mente/Trabajo

La lluvia en este cuadrante significa que también tu mente está siendo expuesta a nuevas ideas o necesitas abrirla para que nuevas ideas y perspectivas entren en ella. Esta apertura traerá la mentalidad nueva y fresca que necesitas para dar un salto significativo en tu proceso de desarrollo.

Las nuevas ideas y visiones que están –o muy pronto estarán– entrando en tu vida desafiarán tus viejos patrones y creencias. Incluso podrías sentirte amenazado por estas nuevas posibilidades, por temor a dejar la zona de comodidad de tus viejos conocidos patrones y creencias.

Kiawitl en Mati te aconseja no entregarte al miedo, porque la nueva perspectiva que está llegando a tu mente será como la lluvia que alimenta la tierra. Después de un proceso de asimilación, podrás hacer tuyas esas nuevas ideas, comprendiéndolas realmente en el contexto de tu propia situación de vida, y aplicándolas en tu mundo personal.

Esta exposición a nuevas ideas podría sucederte en el trabajo. Si ese es tu caso, el consejo permanece: no temas al nuevo enfoque. Abre tu mente, integra tanto como puedas de la nueva visión a tu propia óptica y alcanzarás un nivel más elevado de desarrollo.

No importa cómo lo hagas o en qué área de tu vida lo apliques, tu mente necesita ser "regada" con nuevas ideas para renovar la energía que fluye dentro de ti y tus acciones. Si sigues este consejo, la claridad que vendrá a tu mente florecerá para aumentar tu felicidad en el mundo.

Preguntas sugeridas

- ¿Estoy expuesto a nuevas ideas o mi mente se ha estancado en viejos patrones de pensamiento?
- ¿Qué debo hacer para abrirme a nuevas ideas y perspectivas?
- ¿Qué tan abierto estoy a las nuevas ideas que llegan a mí?
- ¿Tengo miedo de aceptar una nueva forma de pensar debido a mi necesidad de aferrarme a lo que me es familiar?
- ¿Qué tan importante es para mí estar abierto a nuevas ideas en mi trabajo?

Actividades sugeridas

- Si estás expuesto a nuevas ideas, haz una lista de sus principales características y subraya las que sean atractivas para ti, pero que también te generan cierto temor. En estado de meditación, visualízate aceptando y actuando conforme a esas nuevas ideas. Deja que tu visualización evolucione y observa lo que sucede. Si te hace sentir bien, impleméntalas en tu vida.

- Si necesitas abrirte a nuevas ideas, lee libros con nuevas perspectivas, ve a lugares donde te conectes con diferentes tipos de gente y realiza nuevas actividades.

Teyoli – Emociones/Relaciones

La lluvia en este cuadrante te dice que tus relaciones necesitan atención y alimento, así como las flores de tu jardín requieren suficiente agua para florecer.

Tal vez necesites alimentar una relación nueva que se está tornando muy importante en tu vida, o una ya establecida necesite de renovación.

Con respecto de tus relaciones actuales, hay una a la que no has puesto suficiente atención durante mucho tiempo. Tal vez no has visto o hablado con esa persona o podrías estar dándola por descontada teniéndola a tu lado, pero sin verla realmente. En este tipo de situación, la vida diaria se convierte en una repetición continua que poco a poco pierde su poder. La gente y las relaciones se secan, como la tierra y las plantas, cuando la bendición de la lluvia no las toca por largo tiempo. En tus relaciones con otros, debes ser como la lluvia que alimenta, refresca y trae vida a quienes toca.

Para una nueva relación, puede haber alguien a tu alrededor a quien no le estés prestando atención, tal vez porque estás demasiado ocupado, tienes demasiado trabajo o te has vuelto demasiado flojo en abrir tu corazón y tu vida para que suceda algo nuevo. Mira en torno tuyo; hay personas que quieren tu atención y compañía, que podrían traer renovación a tu vida si las dejas entrar y te das una oportunidad. Da el primer paso para alimentar aquello que quiere florecer.

Preguntas sugeridas

- ¿Alguna de mis antiguas relaciones necesita atención y alimentación para renovarse?

- ¿Quién se me ha acercado con quien pueda cultivar una nueva relación?
- ¿Cómo debo alimentar esa relación para que alcance un estado más satisfactorio?
- ¿Estoy olvidando ser atento y alimentar la relación con mi pareja?

Actividades sugeridas

- Llama o haz una cita con una persona significativa a quien no has visto últimamente.
- Prepara una comida para esa persona que no ha recibido suficiente atención tuya últimamente.
- Encuentra un libro verdaderamente valioso y regálaselo a la persona con quien quieres mejorar tu relación.
- Encuentra actividades novedosas y motivantes y compártelas con tu pareja o familiar. Considera escalar una colina o montaña, sembrar árboles, rescatar animales, apoyar a gente necesitada, explorar un nuevo lugar o país, aprender un nuevo idioma, nuevos estilos de baile, participar en una ceremonia espiritual o una sesión de tambores, etcétera.

Teotl – Espíritu

Kiawitl en el cuadrante del Espíritu anuncia su descenso. Así como la lluvia que cae al mundo para dar vida y alimentar el florecimiento de los seres vivos, el Gran Espíritu algunas veces hace un gesto y desciende hasta tu vida para darte una oportunidad única de florecimiento.

¿Qué significa esto? ¿Cómo sucede?

No te lo imagines como la clase de acontecimiento espiritual que verías en una película, con un supremo maestro viniendo a ti o una visión de Dios hablándote. Más bien, con frecuencia el descenso del Espíritu ocurre en forma de eventos inesperados que te obligan a reevaluar lo que estás haciendo con tu vida y cómo estás tratando tus conexiones, incluyendo a las personas, la naturaleza y a sus Poderíos.

Podrías experimentar esto a través de una enfermedad o accidente repentino, o durante una experiencia al aire libre; escalando una montaña o perdido entre desconocidos en un país lejano. Puede venir a través de la muerte de alguien muy importante para ti, como una pérdida financiera o incluso como un gran éxito sorpresivo. Cualquier cosa inesperada y fuerte, que afecte cada fibra de tu ser y proporcione una revelación o te abra la puerta hacia algo nuevo y positivo, puede ser el descenso del Espíritu.

Podrías haber tenido esa experiencia recientemente, o la tendrás muy pronto. De cualquier manera, debes abrazar el encuentro sin reservas. Es una oportunidad poco común y debes tomarla. Si no has tenido este tipo de encuentro recientemente, entonces prepara el espacio para que el Espíritu entre, porque está llegando. Debe haber espacio en tu corazón y en tu vida, de lo contrario, cuando venga, tal vez no te des cuenta, y si no lo haces, podrías fallar en aprovechar este extraordinario evento.

Tal apertura espiritual tocará cada parte de tu vida, porque la espiritualidad, cuando es auténtica, no sólo se practica en ceremonias o reuniones religiosas. La espiritualidad es la energía sagrada de comunión con el poder más alto fluyendo en todo lo que hacemos. A veces estamos totalmente conscientes de su flujo y sabemos que estamos teniendo una experiencia espiritual; otras, fluye de un modo sutil sin nuestra plena conciencia.

Este es el tipo de renacimiento espiritual que experimentarás si tomas esta oportunidad para dar la bienvenida al Espíritu que desciende en ti. Para hacerle espacio y que entre, no debes estar totalmente absorto en ti mismo o perdido en la actividad frenética para alcanzar tus metas mundanas. Libera parte de tu energía, atención y corazón para dirigirlas al Espíritu.

Preguntas sugeridas

- ¿El descenso del Espíritu pudo haberme sucedido recientemente?
- ¿Los cambios o situaciones inesperadas que he estado enfrentando podrían ser la llamada del Espíritu?
- Si nada fuera de lo normal me ha sucedido últimamente, ¿cómo puedo hacer espacio en mi vida para que el Gran Espíritu entre en ella?
- Si el Espíritu llama, ¿estoy listo para responder a su llamado?
- ¿De qué forma puedo responder al Espíritu y articular una forma de vida en la que mi espíritu esté siendo atendido?

Actividades sugeridas

- Repasa o recapitula los eventos inusuales de tu vida en el último año.
- Reflexiona en la posibilidad de que alguno de ellos haya sido una señal del Espíritu a la que no respondiste.
- Tómate un tiempo a solas para tener al Gran Espíritu en tu corazón y mente.
- Arregla tener un tiempo libre alejado de tus actividades normales para tener tiempo y espacio de responder al llamado. Puedes hacer esto dando paseos en la naturaleza o cualquier otro espacio tranquilo y apropiado.
- Si quieres propiciar este encuentro, háblale al Espíritu durante la noche, a través de la luz de una vela o de una fogata al aire libre.

20 · Shochitl - Flor

20
Shochitl - Flor

¡Ladrón de cantares!
Corazón mío...
¿dónde los hallarás?
(Antiguo poema tolteca)

S*hochitl* se traduce de la lengua náhuatl como "flor" y es un término que los antiguos toltecas usaban para referirse a su concepto abstracto más elevado. Es el símbolo que cierra el
Tonalpohualli y el que abre la cuenta nueva en el ciclo que se repite
interminablemente.

Desde los tiempos de Teotihuacán, y aun antes, los toltecas divi-
dieron el conocimiento en diversas ciencias y especialidades, incluidas arquitectura, medicina, psicología, matemáticas,
astronomía, pintura, poesía, agricultura, estudios del ciclo del
tiempo y chamanismo. Un aspecto único de la toltekayotl es el

hecho de que las ciencias basadas en las matemáticas y las ciencias del alma no eran vistas de forma separada, sino como complementarias y recíprocas. La única de ellas que era considerada como superior a todas las demás era *in shochitl in kuikatl.* Este término tan importante –que se traduce como "flor y canto"– no estaba relacionado con el cultivo de flores de jardín o la escritura de canciones, aunque estas dos actividades también eran altamente valoradas. Su significado filosófico es distinto y más profundo que las dos palabras que lo conforman.

La traducción más cercana que puedo imaginar es "poesía." En el sentido más elevado y profundo de la palabra, la poesía es mucho más que escribir rimas o versos románticos. Se refiere a nuestra capacidad subjetiva de trascender las limitaciones de la razón y el mundo físico, para conectar con todo lo que nos rodea en una forma que va más allá del tiempo y espacio. Lo que opera en este ámbito no es la razón, sino el conocimiento silencioso. Esa experiencia es el centro del chamanismo, y quienes eran devotos de esta ciencia suprema, se hacían merecedores de la más alta consideración en la sociedad tolteca. El tolteca tenía un nombre especial, *tlamatinime,* para aquellos hombres y mujeres de conocimiento, devotos de in sochitl in kuikatl.

El término *shochitl,* representado por la imagen de una flor, es símbolo de la revelación espiritual alcanzada en los estados de la realidad no ordinaria. Una escultura de Shochipilli, deidad o señor de la visión mística, exhibida en el Museo de Antropología de la Ciudad de México, lo muestra en estado de éxtasis y con la piel cubierta de flores.

En la imagen de la carta, vemos a un chamán o buscador espiritual alineado con el sol y su tarea sagrada de traer luz a la oscuridad. Sabemos que es devoto del Padre Sol porque el símbolo en su pecho lo representa. En sus manos lleva los juncos de Tula (capital de los toltecas étnicos), representando la claridad que se logra al cultivar la toltekayotl (el sistema tolteca de las artes y ciencias). En la otra mano lleva la espina del sacrificio personal, que representa los esfuerzos y el compromiso del guerrero espiritual. Arriba, en las esquinas, apreciamos una flor y un corazón, que son representaciones intercambiables de la iluminación espiritual que el individuo está logrando al seguir la toltekayotl. Finalmente, el símbolo de arriba al centro es el número veinte en el sistema numérico mesoamericano.

Significado general

Shochitl tiene dos significados principales. El primero es del florecimiento de algo que ha sido esperado por largo tiempo, y el segundo, la visión que viene como resultado de un estado elevado de conciencia. Ambos están muy relacionados porque cultivar la conciencia acrecentada en tu vida conlleva el florecimiento de lo que has estado buscando durante mucho tiempo. De la misma manera, el florecimiento de tus sueños en tu vida incrementará tu conciencia. En cualquier caso, Shochitl es una carta muy positiva.

En la primera línea de interpretación, la carta de la flor te dice que has esperado lo suficiente, pero tu espera no ha sido pasiva. Has estado alimentando tu semilla por mucho tiempo, regándola de la manera apropiada, y ahora estás entrando en un período de florecimiento muy feliz. Aprovéchalo, porque la vida y sus ciclos están cambiando siempre y el tiempo de florecimiento es un momento especial de bienestar y felicidad.

¿Cómo mantendrás la felicidad de este florecimiento? ¿Cómo puedes aprovecharlo al máximo? Aquí, su segundo significado viene a proveer el equilibrio y la profundidad espiritualidad que necesitas para manejar tu momento de florecimiento de la mejor forma posible. Necesitas acompañar este momento de éxito con la conciencia elevada que Shochitl representa.

Cuando te encuentres en medio de esa alegría, vívela completamente, pero recuerda: "esto pasará también". La felicidad y el éxito de hoy no nos garantizan los de mañana. Pregúntate: ¿de dónde proviene este florecimiento? ¿Cómo llegué a este momento mágico? No es coincidencia. Te lo ganaste con tu dedicación y con dos elementos importantes que trabajan juntos: tu planeación estratégica y tus acciones comprometidas, por un lado, y tu alianza con el Espíritu, por el otro. Esta toma de conciencia es muy importante porque te recuerda qué es lo que necesitas hacer para tener éxito en tus mundos exterior e interior.

En tu momento de alegría, recuerda al Espíritu y asegúrate de tener el tiempo y espacio para agradecer y mantener tu conexión con la limpieza sagrada. Esta es la única forma en la que puedes balancear tu momento de alegría y éxito con la experiencia poderosa de alcanzar la conciencia elevada.

Significado en los cuadrantes

Tonakatl – Cuerpo/Mundo material

La flor en este cuadrante representa la experiencia del disfrute de tu cuerpo físico y las posibilidades que te brinda. Es el momento de sentirte cómodo con tu cuerpo por todas las experiencias bellas que te ha dado.

Este es un buen momento para tomar un desafío que lograrás a través de tu cuerpo físico; escala una montaña, haz una caminata larga, explora un nuevo territorio o emprende una aventura al aire libre. Bajo el signo de Shochitl en Tonakatl, esta actividad no sólo te traerá placer y mejorará tu condición física, sino también un conocimiento profundo de ti mismo, una conciencia elevada de que eres capaz de lograr mucho más de lo que crees. Es una lección importante que tendrá influencia positiva en cada parte de tu vida.

La flor en el cuadrante del cuerpo físico también se refiere a la placentera experiencia de la sensualidad en su más alta expresión. Representa el momento cuando el placer y la elevación del espíritu se unen. Durante el encuentro sexual, esto ocurre cuando eres capaz de unirte a otro ser humano no solamente en el aspecto físico, sino también en el nivel del alma. En este espacio, puedes trascender el estado habitual de un ego separado de los demás y experimentar la integración de tu dimensión física con la espiritual, lo que te llevará no solamente al gozo, sino también a tu crecimiento como ser humano. Para que esto suceda, debes ser sincero con tu corazón y sentimientos, y estar dispuesto a sumergirte en el misterio que es la experiencia del amor.

En el mundo material, Shochitl representa tener éxito al cosechar los frutos de los esfuerzos que has realizado por largo tiempo.

Preguntas sugeridas

- ¿Me estoy dando la oportunidad para descubrir y ampliar las posibilidades de mi cuerpo físico?
- ¿Cuánto tiempo ha pasado desde que me permití experimentar una aventura física en la que disfruté de mi cuerpo y su fortaleza?
- ¿Qué tipo de experiencia podría tener que me permita hacerme amigo de mi cuerpo físico y descubrir su pleno potencial?

- En mi vida sexual, ¿soy capaz de entregarme totalmente a la experiencia sin restricción, miedo o vacilación?

Actividades sugeridas

- Practica caminatas, rafting, escalar en rocas, rapel, entre otras.
- Camina por largo tiempo en la naturaleza.
- Acampa por una semana.
- Si tienes la oportunidad, entra a un minimaratón.
- Haz el amor con responsabilidad pero sin miedo, con un corazón que confíe, explore y descubra nuevas posibilidades, aumentando tu atención y descubriendo nuevas profundidades en tus experiencias íntimas.

Mati – Mente/Trabajo

Shochitl en el cuadrante de la mente te aconseja que busques la experiencia del conocimiento silencioso a través de un elevado estado de atención.

La función normal de la mente es razonar y hablar contigo mismo acerca de las preguntas y problemas de la vida. Sin embargo, no mucha gente sabe que existe una expresión más elevada de la función intelectual, que es la experiencia mágica del conocimiento silencioso, que consiste en una conciencia extraordinariamente clara y súbita de quién eres y qué estás haciendo en este mundo. No puedes forzar a la mente a dar esta voltereta. No es a través de la reflexión normal o análisis que llegas a ver esto. Lo más que puedes hacer es proveer el espacio necesario y las circunstancias para que esta función superior de la mente suceda; entonces, tu cuerpo energético lo hará todo por sí mismo.

Cada segundo que pases en la experiencia del conocimiento del silencio será como un recurso acumulado que te llevará más cerca de tu ser real o elevado; más allá de lo que tu mente te dice acerca de ti mismo y de tu vida. El conocimiento silencioso te permitirá ver quién eres realmente y de qué trata tu vida.

Tu ser entero necesita la experiencia del equilibrio y la sanación del conocimiento silencioso. Para acceder a él, puedes aportar el espacio que requiere pasando largos periodos en silencio, o entrenar tu atención enfocándola en una acción repetitiva que te dirija hacia el silencio más profundo. Actividades como la contemplación de las fuerzas de la naturaleza, caminatas de atención (como lo explico en mi libro *Las enseñanzas de Don Carlos*), la oración meditativa o cantar mientras tocas un tambor durante largo tiempo, pueden ayudarte a alcanzar el silencio.

Sé consciente de que este tipo de silencio es una forma especial de conectar con el mundo, y no simplemente detener tus pensamientos. El conocimiento silencioso es un estado de unidad con todo lo que te rodea. En ese momento todo es claro, sin tener que explicar las razones ni sus motivos. Esta experiencia no se puede describir completamente con palabras; la única manera de alimentar tu vida con el poder curativo del conocimiento silencioso es trabajar consistentemente en crear el espacio para que pueda producirse.

Preguntas sugeridas

- ¿Necesito la sabiduría y la paz del conocimiento silencioso en mi vida?
- ¿Tengo el espacio y tiempo en mi vida para buscar el conocimiento silencioso?
- ¿Existe una comprensión silenciosa en la región más profunda de mi mente, detrás del constante balbuceo de mi dialogo interno? ¿Tengo una intuición de esto?
- ¿Es posible sumergirme completamente en esa conciencia profunda?
- ¿Cómo cambiaría mi vida si paso periodos de tiempo en el conocimiento silencioso?

Actividades sugeridas

- Pasa largos ratos en silencio haciendo una actividad que mantenga tu atención muy enfocada, como tallar madera, tomar caminatas de atención, cantar frente a un fuego ceremonial, entre otras.
- Háblale al fuego, a un río, a la tierra, al viento o al sol por largo rato, hasta que no tengas nada más que decir. Puedes vaciar tu mente contando la historia de tu vida. Luego, quédate allí, contemplando.
- Haz un retiro solitario en la naturaleza durante días, sin hablar con nadie.

Teyoli – Emociones/Relaciones

La flor en este cuadrante significa que tus relaciones mejorarán gracias a una conciencia más grande de lo que esa conexión significa realmente para ti. El florecimiento de tus relaciones tiene lugar cuando eres completamente consciente de hasta qué punto estás conectado con los demás. La cultura moderna nos inculca la dolorosa fantasía de que vivimos aislados de todo y de todos. Una constante y secreta ansiedad proviene de este sentimiento de separación; pero una conciencia más elevada de tu existencia en el mundo te permitirá apreciar que no hay forma de estar aislados. Tienes una conexión energética con todo a tu alrededor.

El hecho de que no estamos separados, sino conectados unos con otros, puede ser difícil de aceptar cuando piensas en tu conexión con personas que no te agradan y a quienes frecuentemente criticas. Por ejemplo, podrías pensar que no tienes una conexión con tu padre o madre, debido a resentimientos provenientes, en apariencia, de la forma en que te trataron. Tal vez sientas que fuiste abandonado, y por causa de esos sentimientos negativos pienses que no tienes ninguna conexión con ellos. Pero la verdad es que la conexión energética está allí pese a todo, aunque sea por el solo hecho de que te dieron la vida. Podrías tratar de vivir negándola, pero mantendrás tu energía vital atascada en esa área dolorosa. Shochitl en Teyoli significa que tienes trabajo que hacer: reconoce y honra tus conexiones, independientemente de lo que pienses de ellas.

Trabaja primero con tus conexiones básicas –familia, pareja, colegas–, luego incorpora en tu conciencia un rango más amplio de conexiones, como las personas de tu vecindario, tu país, y aun las de otros países y culturas. Estás conectado con todos, y aquellos a quienes rechazas o criticas sólo te están mostrando partes de ti con las que aún no has hecho amistad. La flor en el cuadrante de las emociones y relaciones te aconseja abrirte a la conciencia expresada a través del antiguo saludo de los mayas-toltecas: *in lack ech* (tu eres mi otro yo).

Preguntas sugeridas

- ¿Estoy honrando mis conexiones?
- ¿Existe alguna conexión o relación que estoy tratando de negar en mi vida?
- ¿Cómo estoy conectado con las personas a quienes rechazo?

- ¿Cómo puedo sanar mis conexiones con otros, independientemente de las razones que me repito a mí mismo para tratar de negarlas?
- ¿Cómo puedo traer alguna mejoría al mundo al abrazar mis conexiones?
- ¿Qué parte de mí estoy rechazando al criticar a otros?

Actividades sugeridas

- Honra tus conexiones, incluyendo aquellas que resientes.
- Elige ser agradecido por lo que recibiste de otras personas, en lugar de vivir resentido por lo que no te dieron.
- Si piensas que no has sido suficientemente amado, perdona y abraza tu capacidad para amar sin pedir recompensa.
- Habla con las personas con quienes has estado enojado durante mucho tiempo desde una postura compasiva y comprensiva.
- Sana tus sentimientos hacia otros sin demandar que ellos hagan lo mismo.
- Pasa tiempo y conecta con personas que sean muy diferentes de ti, cultural y socialmente.
- Aprende a apreciar la belleza en quienes son diferentes de ti.

Teotl – Espíritu

La flor en este cuadrante es el mandato del Gran Espíritu para que empieces inmediatamente una búsqueda de la visión que le dará significado y dirección a tu vida. Has madurado lo suficiente para buscar una visión más elevada; no tienes tiempo que perder.

Encontrar tu tarea trascendental es una etapa específica en el camino del conocimiento, y estás llegando justamente a ese punto. Tu tarea sagrada, o camino con corazón, posee algunas características especiales: serás llamado a servir a quienes te rodean; será un mecanismo de crecimiento muy poderoso para ti porque, para poder hacerlo, tendrás que crecer en formas nuevas. Sólo podrás lograrlo dando lo mejor de ti.

Tu camino con corazón dará significado a tu vida y te ayudará en momentos difíciles. Mientras mantengas una intención inflexible hacia la persecución de tu tarea sagrada, podrás sobreponerte a lo que sea que te desafíe.

La sociedad te ha enseñado a luchar para obtener lo básico para una vida normal: una carrera, ganar dinero, una familia, competir con otros y comprar, comprar y comprar. Pero el Espíritu te dice que la vida es mucho más que eso, y dado que siempre estamos recibiendo vida de los Poderíos del mundo, la única forma de alcanzar el equilibrio es dando en la misma magnitud en que recibimos.

Encontrar una tarea significativa en la vida hace un mundo de diferencia para quienes nunca han experimentado un sentido de propósito. Todas tus acciones serán más efectivas y poderosas cuando tengas algo muy amado por ti a lo que dedicar tu vida.

Perseguir apasionadamente una tarea que valga la pena te enseñará mucho más de lo que puedes imaginar acerca de ti mismo y del mundo. Recorrer tu camino con corazón te dará alegrías y emociones, y te mantendrá en un proceso de aprendizaje por el resto de tu vida.

Preguntas sugeridas

- ¿Tengo una tarea de vida o sólo vivo de acuerdo con las expectativas de la sociedad?
- ¿Ha llegado el momento para que busque una visión de mi tarea en la vida?
- ¿Cómo puedo invocar mi visión? ¿Cómo debo buscarla?
- ¿Cómo puedo hacer espacio para que la visión venga a mí?

Actividades sugeridas

- Como forma de preparación, háblale al Gran Espíritu por lo menos una vez por semana pidiéndole una visión. Haz esto usando una vela o cualquier método que te ayude a enfocar tu atención.
- Consulta con tu corazón acerca de lo que te gustaría hacer por el resto de tu vida.
- Haz un retiro solitario al campo, pidiéndole al Gran Espíritu por una visión de lo que estás destinado a hacer con tu vida.

III
Las cartas de los Regidores

Senteotl
El Uno

Senteotl - El Uno
(La Unidad Sagrada)

Para entender a Senteotl en su totalidad, necesitamos hacer a un lado un concepto erróneo y muy extendido acerca de las religiones prehispánicas de Mesoamérica, me refiero a la categorización de su rica cultura espiritual como politeísmo.

La ideología detrás de esta concepción se refiere a la asociación del politeísmo con sociedades supuestamente subdesarrolladas y del monoteísmo como característica de pueblos presuntamente civilizados. Esta asociación ha sido utilizada para justificar la invasión y el robo de las tierras y demás bienes de las culturas aborígenes del continente americano, y el continuo intento de borrar para siempre de la historia cada pieza de su desarrollo cultural y espiritual. Este concepto erróneo acerca de las culturas originales de México, el cual comenzó a difundirse desde el siglo XVI, sigue vigente hoy en día. Esto es relevante para la cabal comprensión de la primera deidad de nuestro grupo de trece cartas Regidoras.

Senteotl significa "la Unidad Sagrada" o "el Uno". Las raíces de la palabra son *sen*, que significa "uno", y *teotl*, "divino" o "sagrado".

Cuando nos ocupamos de los "dioses" toltecas, no hablamos realmente de seres humanizados, como ha sido la marca de las culturas occidentales a lo largo de la historia, sino de conceptos filosóficos y metafísicos que los toltecas desarrollaron para representar –con palabras, imágenes e ideas– su comprensión acerca de la naturaleza de la realidad, el universo, los seres humanos y las dinámicas de la existencia. Aquello que conecta y abarca todos esos principios metafísicos es Senteotl, el Uno.

Senteotl resume el punto de vista tolteca de la religión basada en un principio metafísico universal único, pero con muchos rostros y manifestaciones. Era su concepto del poder o energía última, para efectos prácticos equivalente a Dios, pero sin características antropomórficas. En un sentido general, Senteotl incluye a las otras deidades, pues cada una de ellas es una manifestación distinta del Uno.

En esencia, Senteotl encarna el principio sagrado de que todo en el universo está conectado. Desde una perspectiva religiosa, podríamos decir que Senteotl es el nombre de Dios y creador del universo, quien provee orden, propósito y significado a todo lo que existe. Desde una perspectiva metafísica, podríamos decir que es la energía unificadora que sostiene y conecta todas las cosas. En términos de lo físico, sería el máximo "entramado" energético que conecta todo en el universo.

El psicólogo Carl G. Jung probablemente habría identificado a Senteotl como el último nivel del inconsciente colectivo, que está conectando a todos y a todo.

En la imagen de la carta, vemos a un iniciado invocando a Senteotl. Sabemos que es un iniciado en las ciencias y artes espirituales porque porta un sombrero-dragón. El gesto que hace con sus manos representa la pluralidad y la unidad; los caminos que separan y los que unen.

Significado en la lectura del oráculo tolteca

Senteotl es el Gran Espíritu. Dado que se trata de una entidad que lo abarca todo y está hecho sólo de energía, llamarlo bueno o malo carece de sentido. No es humano, ni masculino o femenino. Lo abarca todo: lo bueno y lo malo.

Senteotl es energía pura y la forma en que nos relacionamos con él depende de nosotros. Esto significa que lo bueno o malo que nos pueda suceder no es resultado de su intención, sino de cómo nos interrelacionamos con él. El bien y el mal sólo existen en la mente, mientras que el Gran Espíritu es un flujo de energía perfecto y permanente. Tú puedes conectarte a ese flujo incesante de energía. Ese es el llamado.

En esencia, el arte del guerrero espiritual es aprender la mejor manera de interactuar con la fuerza primordial a la que podemos llamar el Gran Espíritu o Senteotl. Cuando te conectas con Él, las contradicciones desaparecen y te conviertes en uno con esa energía abstracta inconcebible. Esta conexión es de suma importancia y le da significado a tu vida, aunque no seas capaz de explicar cómo ni por qué. Sólo sucede.

Obtener esta carta es una indicación de que todo lo que hagas como consecuencia de consultar este oráculo debe enmarcarse dentro de la mayor comprensión de tu conexión con la Unidad Sagrada que reina en todo espacio y tiempo del universo.

Tonatiuh
El Padre Sol

Tonatiuh - El Padre Sol

El sol es una de las figuras sagradas más importantes dentro de la visión espiritual tolteca. Es frecuentemente llamado Padre Sol, porque, junto con la Madre Tierra, forma parte de la pareja sagrada que da vida a todos los seres vivientes de nuestro planeta.

El sol, a su vez, es el hijo del fuego, llamado Abuelo Fuego[44] en las tradiciones de los antiguos mexicanos, debido a que es el más viejo y poderoso de los Poderíos de la naturaleza. A los ojos de los wixarika, el poder del sol rivaliza con el de su padre, porque aunque el fuego puede dar luz y calor en cualquier lugar y a cualquier hora, la luz del sol llega mucho más lejos y alumbra todo el día.

Los aztecas adoptaron al sol como su símbolo principal y lo asociaron con el poder militar. Inspirados por él, adquirieron la fuerza para vencer todas las dificultades que enfrentaron durante su largo peregrinaje, previo a la fundación de Meshico-Tenochtitlan en 1325

---

[44]El Abuelo Fuego es llamado Tatewari en lengua wixarika, y Weweteotl en la lengua tolteca.

d.C.[45]. La pirámide del Sol en Teotihuacán, y el famoso calendario la Piedra del Sol testifican la importancia de Tonatiuh en el México antiguo.

En la imagen de la carta, el sol vierte su energía vital sobre el mundo, representada en forma de sangre, que es el símbolo de la vida. El resultado de su esfuerzo se observa en la canasta de maíz al pie de la carta. La energía vital manando del sol se convierte en el alimento que sostiene a los seres vivos del planeta. En el centro, las dos caras del ser –tonal y nagual– están representadas para simbolizar que la dualidad eterna subyace en esta conexión sagrada.

Significado en la lectura del oráculo tolteca

Recibir la carta de Tonatiuh significa que todo lo que estás viendo y lo que harás deberá estar inspirado por la tarea sagrada del sol: llevar luz a la oscuridad.

La característica más extraordinaria del sol es su capacidad de dar luz. En términos espirituales, la luz del sol representa vida, calor, claridad, entusiasmo, sustento, respuestas, gozo, entendimiento, poder, fortaleza y protección; todos ellos conceptos positivos.

Encontrar a Tonatiuh en el centro de tu lectura es un recordatorio de que, sin importar quien seas, en cualquier momento y lugar, el Padre Sol siempre está cerca de ti, esforzándose por traer el nuevo día.

Sacar la carta del sol en el corazón de tu lectura, es indicativo de que, para aprovechar verdaderamente las revelaciones y completar las tareas señaladas en los cuadrantes, necesitas asumir plenamente tu naturaleza como un ser luminoso, hijo de Tonatiuh; esto significa la comprensión profunda de que tienes la misma tarea que tu Padre Sol: llevar luz a la oscuridad. Sin importar qué tipo de oscuridad estés enfrentando, la tuya o la de otros, tu misión es la misma.

Recuerda que estás hecho de polvo y luz. Eres un pequeño sol. A donde quiera que vayas y lo que sea que hagas, asegúrate de trabajar

---

[45]La peregrinación de los aztecas duró alrededor de 200 años, desde que salieron de Aztlán, en la región de Nayarit, hasta que encontraron el augurio que tanto habían buscado: un águila devorando a una serpiente sobre un nopal de tunas coloradas.

en favor de la luz. De esta forma, tu vida cotidiana se convertirá en una con la vida de tu Padre, y tus esfuerzos apoyarán los suyos para vencer la oscuridad y ayudar al nacimiento del nuevo día.

Esta no es sólo una manera de hablar. Cuando practicas traer la luz al mundo, cuando aprendes a mantener esta conexión sagrada presente en tu vida, esta visión se convierte en algo más poderoso e influyente que las ideas que recibes cotidianamente a través de la televisión o el internet. Esta visión sobre tu propia naturaleza y tu tarea sagrada provee un significado más feliz y poderoso para tu vida; de ella surge el bienestar auténtico. Nunca lo olvides.

Ometeotl
La Dualidad Trinitaria

Ometeotl
– La Dualidad Trinitaria

O meteotl es probablemente el nombre más común de la divinidad entre todos los pueblos indígenas de cultura tolteca. Era conocido como el dios dual y representa la unión sagrada de los opuestos.

Para los españoles del siglo XVI, Ometeotl no era más que otra superstición del culto de adoración al diablo entre los bárbaros con los que se encontraron en el Nuevo Mundo; pero la verdad es que esta deidad es la representación de uno de los más extraordinarios descubrimientos de los toltecas y de toda la humanidad: la dinámica de la dualidad en todo lo que existe, incluyendo la psique de los seres humanos.

Como el símbolo más notable de la dualidad, Ometeotl era el recordatorio constante de que cada situación siempre tiene dos lados que deben ser tomados en cuenta para poder lograr una comprensión completa.

235

El concepto básico de la dualidad es que el mundo está dividido en dos lados opuestos, pero complementarios, que los toltecas llamaron tonal y nagual. El tonal es la realidad que percibimos dentro de la forma ordinaria de la percepción, y que corresponde al dominio de la razón. El nagual, en cambio, es el lado mágico, misterioso y espiritual de la realidad que no podemos comprender en su totalidad, sino sólo atestiguar, y que corresponde al dominio del conocimiento silencioso, también conocido como la conciencia del otro yo.

Estos dos lados del universo tienen su equivalente en nuestro mundo interno. La totalidad de la conciencia humana existe en dos formas: la conciencia de la razón (la mente consciente) y la conciencia del otro yo (conocimiento silencioso).

Para los toltecas, el principio fundamental de la salud y el desarrollo humano reside en honrar y balancear nuestros dos lados. Sin la profundidad y el sentido de conexión de nuestro lado espiritual, la razón se extravía, y en vez de ser una herramienta para el desarrollo y la felicidad, se convierte en fuente de dolor y destrucción.

Este enfoque tolteca explica lo que le está pasando a nuestro mundo globalizado y a nuestras vidas en la época moderna. El mundo ha alcanzado un gran desarrollo en ciencia y tecnología, pero sin el concurso y equilibrio de una conciencia espiritual de integración con la naturaleza y con los distintos pueblos de la tierra, estas se vuelven autodestructivas y contribuyen a aumentar la explotación humana, el crecimiento de la miseria y el ecocidio.

A nivel individual, la tendencia es la misma: siempre hay opuestos que están luchando dentro de nuestra cabeza. Tratar de resolver los conflictos, ya sea con nosotros mismos o con los demás, siguiendo únicamente los dictados de nuestros pensamientos, pero sin ocuparnos del desarrollo de nuestra alma, sólo genera mayor extravío. Y aquí es donde el entendimiento tolteca de la dualidad viene a ayudarnos a vencer ese conflicto entre opuestos que siempre está presente.

Ometeotl viene de la raíz *ome,* que significa "dos", y *teotl,* "sagrado". Basada en estas raíces, la traducción literal sería "la Dualidad Sagrada", por lo que podría sorprendernos el nombre de esta carta: "la Dualidad Trinitaria".

Para comprender esto, necesitamos hacer un análisis más profundo del principio de dualidad en la visión tolteca, y para ello es muy útil el estudio de sus antiguos códices, en los que a veces encontramos a Ometeotl siendo representado como un triángulo, lo que sin duda puede parecer extraño. Pero cuando recordamos que los opuestos en la tradición tolteca no son vistos como antagonistas, sino complementarios, empezamos a entender que en su relación está involucrado un tercer elemento que representa el principio de la conexión sagrada, uniéndolos y armonizándolos. Por eso, en ocasiones Ometeotl es representado por un triángulo, pues el tercer lado simboliza la unión sagrada entre los lados opuestos.

El otro término importante que representa la unión de opuestos es Kinam, que en el diccionario de náhuatl de Molina[46] se traduce como "poder" y también como "armonía"; sugiriendo el significado completo de la palabra, Kinam se refiere a "el poder que surge de armonizar los opuestos".

Este no es un hallazgo semántico insignificante, sino un concepto que contrasta marcadamente con las características históricas de las tradiciones judeocristianas y musulmanas, donde los opuestos del bien y mal son irreconciliables. Desde esa perspectiva, la meta máxima para la felicidad y el progreso sólo puede ser lograda cuando el bien destruya al mal. El problema es que en la historia, entre las naciones y los individuos, los términos "bien" y "mal" son totalmente relativos a la persona que los usa. Por ello, siempre hay desacuerdo acerca de quién es el bueno y quién el malo (recordemos, por ejemplo, que durante los largos siglos de las cruzadas, cristianos y musulmanes se llamaban infieles mutuamente). Debido a esto, la humanidad ha pasado la mayor parte de su historia sumida en guerras interminables que sólo acarrean más dolor y conflicto. Tarde o temprano, toda la gente del mundo tendrá que comprender la perspectiva tolteca de que la evolución no se logra a través de la victoria de uno de los opuestos destruyendo al otro, sino de la integración del uno con el otro.

La unión de los opuestos da como resultado lo sagrado. Esta es la medicina sanadora que necesitamos como individuos, y también como especie, si verdaderamente queremos que nuestras vidas en este planeta tengan oportunidad no sólo de perdurar, sino para que finalmente adquieran un significado verdaderamente humano, lo que es aún más importante.

---

[46]Fray Antonio de Molina, *Vocabulario en la lengua Castellana y Mexicana,* edición facsimilar, Madrid, 1944.

Significado en la lectura del oráculo tolteca

Ometeotl en el centro de tu lectura significa que necesitas ver los dos lados involucrados en la situación que estás enfrentando, y tratar de alcanzar el lugar donde ambos sean reconocidos y eventualmente integrados.

Una vez que hayas considerado cuidadosamente el mensaje de cada cuadrante, medita acerca de la Dualidad Sagrada que está presente en toda situación y dentro de ti mismo. Sé consciente de que estás tratando con un mundo de verdades paradójicas, y no tengas miedo de abrirte a los dos lados de la verdad para que alcances esa experiencia indescriptible que es la danza entre los opuestos.

A medida que avances en las distintas tareas que el oráculo tolteca te invita a realizar, asegúrate de nutrirlas con el poder de Kinam, que surge de armonizar a los contrarios.

Si puedes hacer esto, te convertirás en un auténtico Kiname, el guerrero espiritual cuya tarea es hacer que los opuestos se unan. De ahora en adelante, esa tarea también es tuya.

Koyolshauki
La Luna

Koyolshauki - La Luna

L a luna es un Poderío femenino. Esto no quiere decir que solamente esté relacionado con la mujer, porque masculino y femenino son nombres para designar las dos energías básicas
presentes en todo, incluyendo a los seres humanos de ambos sexos.

Aunque no está considerada como uno de los cinco grandes Poderíos del mundo (fuego, sol, tierra, agua y viento), para los toltecas, Koyolshauki es extremadamente importante. Como he
mencionado a lo largo de este libro, todos los Poderíos trabajan juntos para sostener el mundo, manteniendo la vida y el movimiento
en renovación constante.

La razón por la que la luna no está incluida en la categoría de los
Poderíos más grandes es, probablemente, porque su luz no es propia, sino que la toma del sol. En este sentido, es asociada con este.

Del mismo modo en que el sol representa el día, nuestro lado
consciente y el mundo conocido, la luna simboliza la noche, el subconsciente y el nagual; el lado misterioso del ser humano. No obstante, aunque la luna representa la noche, no solamente está
asociada a la oscuridad, sino también a la luz. La luna es la luz que

existe en armonía con la oscuridad de la noche. Su característica más extraordinaria es que su luz coexiste con la oscuridad sin acabar con ella. En el sentido espiritual, la luna representa la reconciliación entre luz y oscuridad.

Su significado también proviene de su oposición complementaria con el sol, que representa al día, pero cuya luz es tan potente que aleja y deja afuera la oscuridad; esta no puede existir bajo la luz del sol, excepto en forma de las sombras creadas por ella. Pero la luna vive en la noche y brilla justo allí, en el mundo de las sombras y la oscuridad. La luna simboliza la luz de la conciencia durante la jornada del alma hacia la oscuridad del inconsciente que habita en el profundo territorio del nagual u otro yo.

Esta es la dualidad de la luna: representa la oscuridad como una expresión de las partes de ti mismo que no quieres reconocer. En su significado más elevado, es símbolo de la oscuridad misteriosa de tu conciencia nagual, en donde reside un gran poder, a menudo desaprovechado.

Koyolshauki representa al nagual, por eso es tan importante como símbolo de nuestro ser mágico.

En la carta, vemos a la luna como la matriz en donde un pedernal –representación de la mente– está en proceso de gestación. Dentro de la matriz de la luna, el pedernal simboliza la conciencia acrecentada que se alcanza cuando la mente se conecta con la realidad del nagual. Esta forma extraordinaria de conciencia es el resultado del sometimiento de la mente a la influencia del conocimiento silencioso o conciencia del nagual.

Los nueve ojos alrededor de la luna son las nueve horas que constituyen la noche tolteca –de las 9 p. m. a las 6 a. m., o de las 8 p. m. a las 5 a. m.–, dependiendo de las variaciones del amanecer y ocaso a lo largo del año. Cada una de ellas representa una oportunidad para acrecentar la conciencia. Por esto, las horas de la noche están representadas como ojos capaces de ver en la oscuridad.

Los toltecas tenían muchos nombres para la luna. Mestli es uno de ellos en lengua náhuatl. Yo escogí Koyolshauki por la belleza de su sonido y la popularidad que ganó después del descubrimiento de una escultura masiva de la diosa, el 21 de febrero de 1978, hecho por trabajadores que excavaban cerca del Zócalo de la Ciudad de México. Este hallazgo fue tan importante que condujo al establecimiento de lo que hoy conocemos como Museo del Templo Mayor, dedicado a educar al mundo sobre la cultura azteca.

Significado en la lectura del oráculo tolteca

En el oráculo tolteca, recibir a la luna como carta Regidora significa que las fuerzas de tu subconsciente están tratando de manifestarse en tu vida. Estas provienen de la conciencia oculta que necesita ser alcanzada por la luz de la conciencia y tienen que ver con los dos aspectos de la parte de ti que se queda en la sombra.

El primer aspecto de la sombra trata con partes de ti que estás rechazando, que te resistes a aceptar como verdaderas y que, sin embargo, están allí. Estas partes necesitan ser reconocidas para que vuelvas a estar completo, al integrarlas dentro del espectro total de lo que eres.

El segundo, y más profundo, aspecto trata de la integración de tu lado mágico y misterioso –nagual– en tu vida. Tienes que descubrir la conciencia de tu otro yo, que hasta ahora has usado de forma muy limitada. Debes honrar ese otro aspecto de tu conciencia y utilizar su influencia para balancear y empoderar tu vida cotidiana.

Para lograr un manejo sobrio de tu lado nagual, necesitas reconocer tu sombra. Una vez que te hayas hecho su amigo, tu sombra te podrá revelar todo el poder, belleza y libertad que contiene. Sólo debes encontrar el modo de dar ese salto de conciencia.

Para saltar a tu otro yo, tienes que crear una plataforma desde donde poder hacerlo. La plataforma es la metáfora del contexto adecuado para permitirte ese cambio de conciencia. En términos prácticos, esto sucede a través de procedimientos para entrenar tu atención, ceremonias y rituales personales adecuados a quien eres. El salto será posible sólo si te esfuerzas continuamente para vivir tu vida de manera que fortalezca tu conexión con el Gran Espíritu.

Fortalece tu espíritu y has que tus acciones sean impecables, para que puedas abrir la puerta que te lleve al poder de tu otro yo.

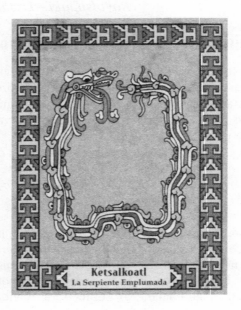

Ketsalkoatl
La Serpiente Emplumada

Ketsalkoatl
– La Serpiente Emplumada

K etsalkoatl es el símbolo más importante de la cultura tolteca. Expresa el corazón del propósito espiritual tolteca: la integración de los opuestos.

Ketsalkoatl viene de las raíces *ketsal,* que significa "pluma preciosa", y *koatl,* "serpiente"; por lo tanto, su traducción directa al español es "la Serpiente Emplumada".

Como hemos anotado antes, para los toltecas el nombre Ketsalkoatl posee tres significados principales:

Es uno de los nombres más importantes de la divinidad.

Es el nombre del líder espiritual y político más importante para los toltecas étnicos de Tula (Se Akatl Topiltsin Ketsalkoatl).

Es el eje filosófico de su cultura.

En este oráculo, nos enfocaremos en su significado como concepto espiritual y filosófico. En este contexto, Ketsalkoatl representa la conciencia de Kinam, el poder que emerge al armonizar los

242

opuestos. Esta fusión entre lo que vuela (el águila) y lo que se arrastra (la serpiente) es la base de un concepto extraordinario que define un sendero evolutivo, tanto para el individuo, como para toda la humanidad. Los opuestos, en vez de ser antagónicos, se unen dando lugar a un ser más poderoso y desarrollado.

Resulta revelador contrastar el significado de la Serpiente Emplumada con el clásico emblema azteca, que puede verse en el escudo de la bandera mexicana: la poderosa águila devorando a la serpiente sobre un nopal de tunas coloradas[47]. Esta imagen representa la orientación militar de su cultura, que es una desviación de los valores toltecas originales, que ponían en el centro al desarrollo espiritual.

La vocación imperialista azteca, representada en su famoso símbolo, es un ejemplo más de la pretensión de buscar el triunfo a costa de subyugar a otros, que ha causado tanto daño en la historia de la humanidad. Representa a uno de los dos lados de la dualidad en conflicto con su contraparte: el águila como el animal que simboliza al sol y la energía masculina venciendo a la serpiente, la luna y la energía femenina. En este sentido, los aztecas no eran tan distintos de las culturas de tradición judeocristiana e islámica, en las que se supone que el bien está destinado a derrotar al mal y la dominación de la energía masculina genera un desbalance con su contraparte femenina.

Resulta un tanto desafortunado que la historia de los pueblos indígenas de Mesoamérica sea comúnmente reducida a la historia de los aztecas, la cual representa no sólo la corrupción de las tradiciones toltecas, sino que es apenas una parte muy pequeña de la historia de los pueblos originarios de México[48].

En lo que respecta al significado tolteca de la Serpiente Emplumada, es importante comprender que, a nivel individual, la serpiente representa el lado negativo que generalmente rechazamos, y

---

[47]El nopal es una planta cactácea comestible, muy común en el campo mexicano, que produce frutos muy dulces llamados tunas, con tonalidades que varían entre rojas, moradas o verdes.

[48]La etapa azteca de la historia de México duró desde la fundación de Meshico-Tenochtitlan en 1325, hasta su caída en 1521, debida a la invasión española. Mientras que la dominancia azteca duró menos de 200 años, la cultura tolteca lo hizo alrededor de 1500 años, desde los inicios de la formación de Teotihuacán, hasta el final del deterioro de Tula.

el águila nuestros anhelos por alcanzar metas más altas. Águila y serpiente son los eternos opuestos: la materia y el espíritu, la virtud y el vicio, la tierra y el cielo, lo bueno y lo malo, el día y la noche... La Serpiente Emplumada es la sanación final del conflicto entre los opuestos, pues al unirse, el resultado existencial es la experiencia de lo sagrado, a la que llamamos simbólicamente "el vuelo de la Serpiente Emplumada". Este enfoque de integración es la medicina espiritual necesaria, tanto para nuestros conflictos internos individuales, como para los conflictos globales de nuestra especie. Si la humanidad tendrá una oportunidad para sobrevivir y completar su camino evolutivo, sólo será posible a través del vuelo de la Serpiente Emplumada.

Significado en la lectura del oráculo tolteca

Ketsalkoatl en el centro revela el significado profundo de la lectura y del tablero mismo. Recordemos que su nombre original era la Cruz de Ketsalkoatl.

Todos los cuadrantes encuentran su significado final en el centro, y todas las acciones que las cartas en ellos te invitan a llevar a cabo serán dirigidas a la realización del vuelo de la Serpiente Emplumada en tu vida.

Considera las partes de tu ser en las que tú eres el águila y la serpiente. Observa cómo viven en conflicto, creando dolor, culpa y una vida fuera de equilibrio. Imagina la posibilidad de que estos opuestos se unan y cuánto podrías crecer gracias a este proceso de integración.

La Serpiente Emplumada te dice que cuando vayas al encuentro del Gran Espíritu, no lo hagas tratando de matar a tu serpiente. El sabio tolteca no es una persona perfecta que jamás comete errores; por el contrario, es aquel que, pese a cometer errores o tener debilidades, se hace responsable de ellos como parte esencial de su tarea sagrada de convertirse en uno con el Dador de la Vida.

Esta verdad aplica para ti también. No esperes llegar a convertirte en alguien perfecto para buscar el encuentro con el Gran Espíritu. Ve así como eres ahora, con tus virtudes y defectos, pero ve, no te detengas.

La senda del tolteca no se basa en la fantasía de alcanzar la iluminación o la perfección, sino en el compromiso inflexible de continuar hacia el Espíritu a pesar de tus limitaciones. Esto es lo que significa la impecabilidad: no que seas perfecto, más bien, que siempre sigas esforzándote por desarrollar un corazón auténtico y un rostro verdadero.

El sello de los guerreros espirituales toltecas no es que nunca caigan, sino que siempre se levanten, una y otra vez, para seguir luchando por lo que es más elevado.

Koatlikue
La Madre Tierra

Koatlikue - La Madre Tierra

L a palabra Koatlikue proviene de *koatl*, "serpiente" o "cule-
bra", y *tlikue*, "falda"; quiere decir "la que tiene la falda de
serpientes". Esta imagen se refiere al hecho de que las serpientes se arrastran en tierra, constituyendo "la falda" de la Madre
Tierra. Para la cultura occidental, que suele considerarlas como la
encarnación del mal, la representación de Koatlikue con todas esas
serpientes en su falda debe parecer un ser espantoso o negativo,
pero no para los toltecas, quienes la consideraban sagrada.

El culto a Koatlikue era una práctica espiritual fundamental que
contribuía con la conexión sagrada entre los toltecas y la naturaleza. La sacralidad de la naturaleza formaba parte integral de su visión del mundo, y los llevó a desarrollar un tipo de ciencia y
tecnología no destructiva para el medio ambiente[49].

---

[49]Una de las cosas que más intriga a los investigadores modernos es que
los pueblos indígenas del México antiguo fueron capaces de construir grandes ciudades y alimentar a enormes poblaciones sin provocar devastacio-
nes ecológicas. Las tecnologías respetuosas del medio ambiente que

En la cosmogonía tolteca, la Tierra es nuestra madre, de la misma forma en que el sol es nuestro padre. Toda la vida proviene de ella y a ella volverá. Los toltecas eran muy conscientes y respetaban el hecho de que sólo vivimos una vez, pero también sabían que desde la perspectiva más amplia de la naturaleza, la vida nunca termina, gracias al trabajo de la Madre Tierra, quien tras la muerte, tomará la materia de los seres vivientes y la convertirá en nuevas formas de vida.

La Tierra es el vientre de donde todos venimos y el destino al que todos nos dirigimos. Como uno de los cinco Poderíos principales del mundo, la Madre Tierra tiene un puesto principal como maestra del amor incondicional.

En el lenguaje cotidiano, frecuentemente usamos la palabra "amor" de una forma superficial para referirnos a la atracción sexual o al vínculo que tenemos con alguien. Esta idea del amor, en que la satisfacción de nuestros deseos parece ser el aspecto más importante, carece de sentido cuando la examinamos a la luz del significado del amor que podemos aprender de la Madre Tierra. A diferencia de nosotros, ella no dice "te amo" ni habla del amor. Lo que hace es mucho más efectivo y poderoso, nutriéndonos de vida todo el tiempo; es nuestro hogar, nos provee alimentación, nos da un cuerpo para tocar y ser tocados, y un corazón para sentir. Ella nos da a otras personas para conectar con ellas, crear relaciones y familias.

Así es como nos ama y nunca se detiene, sin importar que sigamos tomando la materia de su cuerpo para fabricar cañones y armas; ella insiste en tomar la materia de nuestro cuerpo para continuar creando árboles, flores, ríos o animales. Su capacidad de estar a nuestro lado, siempre apoyándonos, la convierte en la maestra más grande que podríamos tener para aprender los misterios y la magia del amor.

Es interesante notar que el amor y la veneración a la Madre Tierra eran tan fuertes entre los indígenas de México, que para tratar de romper esa conexión, los conquistadores tuvieron que inventar a la Virgen de Guadalupe y construirle una enorme iglesia (la Basílica de Guadalupe) sobre el mismo lugar donde se ubicaba el templo

---

desarrollaron son parte de los extraordinarios logros de la agricultura prehispánica, que no sólo están siendo estudiados, sino, en algunos casos, adoptados por agricultores modernos.

a Koatlikue, en el Cerro del Tepeyac. Así fue como la Virgen de Guadalupe se convirtió en una figura religiosa tan importante para los mexicanos y habitantes de muchas otras naciones que se han incorporado al culto de la virgen morena. Para muchos indígenas que en la actualidad continúan haciendo peregrinaciones a la Villa de Guadalupe, la conexión con la Madre Tierra todavía está muy presente en sus corazones.

En la imagen de la carta, vemos a Koatlikue con un incensario en una mano, representando la actitud espiritual del buscador de la divinidad. En la otra, lleva espinas que simbolizan los sacrificios que uno debe hacer cuando emprende el camino del conocimiento. Sabemos que es la Madre Tierra por el seno que alimenta a sus criaturas, del lado izquierdo de la figura.

Significado en la lectura del oráculo tolteca

Recibir a la Madre Tierra como la carta Regidora en el centro del tablero es un mensaje claro de que todo lo que estás siendo llamado a hacer por los mensajes de los cuadrantes, tiene que ser apoyado y nutrido por la comprensión y el poder mágico del amor incondicional.

La carta de la Madre Tierra te llama a reflexionar acerca del misterio del amor, que es aún más grande que el misterio de la muerte, y que es revelado cuando comprendes que su poder reside no en cuánto amor puedes obtener, sino en cuánto amor puedes dar.

Una de las dificultades que puedes encontrar al enfrentar el desafío del amor es la actitud equivocada de esperar que este satisfaga tus deseos y alivie tu necesidad de sentirte amado. Anhelar el amor de esta manera es necesariamente neurótico, porque no puedes controlar la cantidad o la forma del amor que recibes, pues aun cuando seas amado, siempre querrás más. Es por eso que, sin importar cuánto hayan sido amadas, la mayoría de las personas sienten en silencio que no fueron amadas lo suficiente.

El deseo imperioso de ser amados aún más, o de forma diferente, junto con el hecho de que no existe forma de controlar cuánto amor recibiremos, puede provocarnos frustración y desilusión. Con el tiempo, este tipo de malestar puede dar como resultado que nos convirtamos en personas amargadas y cerradas.

Frente a este misterio, te conviene darte cuenta de que cada ser humano ama como puede, de acuerdo con sus experiencias de vida y sus circunstancias, que son distintas a las tuyas. A ti te ocurre lo mismo: amas como puedes, y eso sólo cambiará cuando aprendas a amar mejor. Esperar que nos amen como quisiéramos ser amados es una proyección de nuestro ego que, por su propia naturaleza, no podrá nunca alcanzar satisfacción completa. Es mejor agradecer los regalos recibidos, que vivir con el resentimiento de lo que pudo habernos faltado.

Al reconocer todo lo que recibimos de la Madre Tierra, podremos recordar que amar es un verbo y que la vida nos requiere aprender a amar mejor y sin condiciones. Sólo así nos será posible encontrar la paz, aun en las circunstancias más difíciles.

El misterio del amor te revela que tu libertad máxima no consiste en cuánto puedes ser amado, sino en el hecho de que no hay límites para cuánto puedes amar.

Tlawiskalpantekutli
El Señor de la Luz

Tlawiskalpantekutli
- Señor de la Luz

El nombre Tlawiskalpantekutli proviene de las raíces *tlawis* (luz), *kalpan* (casa) y *tekutli* (Señor); significa "el Señor de la Casa de la Luz", más comúnmente conocido como el Señor de la Luz.

Si consideramos cuidadosamente las raíces de este nombre, notaremos que existe diferencia entre los nombres "Señor de la Luz" y "Señor de la Casa de la Luz". Este último, es una traducción más precisa. Se nos habla de una casa de luz, y el Señor es la deidad protectora de lo que tiene lugar dentro de ella, que es el crecimiento espiritual. Esto nos revela que, en este caso, la palabra "luz" posee un significado distinto al de la luz solar.

En lugar de considerar al sol como el Señor de la Luz, lo que resultaría lógico, un símbolo nuevo fue creado para representar este particular significado: la luz en el nombre de Tlawiskalpantekutli quiere decir "florecimiento espiritual".

En la imagen de la carta, vemos una representación gráfica del planeta Venus por la mañana, al centro de un atado de cañas (juncos). Venus era considerado como el planeta de la conciencia por ser el primero que se observa en el ocaso y el último en desaparecer por la mañana. Era una estrella especial por ser –al mismo tiempo– amiga de la noche, pero también del sol.

Venus también es el planeta que representa al gran líder espiritual y político de los toltecas. Una de las leyendas más conocidas acerca del fin de la vida de Se Akatl Topiltsin Ketsalkoatl cuenta que, en el momento de abandonar Tula, se encendió como una hoguera, convirtiéndose así en Venus "la estrella del amanecer".

Los juncos en la imagen de la carta representan los ciclos del tiempo. Cada ciclo es la reproducción de algo que tuvo lugar en el pasado y que volverá a ocurrir, pero de manera diferente. Venus atando los ciclos significa que la repetición de todos ellos tiene un propósito trascendental, que puede ser comprendido sólo a través de la apertura a una conciencia espiritual más elevada.

Significado en la lectura del oráculo tolteca

El Señor de la Luz en el corazón de tu lectura es un llamado al despertar de la conciencia.

Tlawiskalpantekutli ofrece iluminación espiritual a quienes han estado luchando para encontrar el significado más profundo de su vida. Es augurio de buena fortuna, porque el momento de luz, claridad y gozo está llegando. Debes ser consciente de que el anuncio no significa necesariamente su realización. La oportunidad está aquí; el tiempo es propicio, pero depende de ti hacer que esta extraordinaria posibilidad se convierta en realidad. Si el Señor de la Luz te está llamando, abraza su llamado y haz tu parte.

Algunas veces, cambios positivos que están listos para ocurrir pueden perderse si no somos capaces de aceptar que algo tan bueno nos pueda suceder. No cometas este error.

Si una y otra vez repites en tu mente, o con palabras, que quieres alcanzar la paz y el bienestar, pero en el fondo de tu corazón no lo crees y piensas que no es posible, tu energía dividida será un estorbo en el camino hacia tus más altas aspiraciones. Cuando el Espíritu te sonría, no desconfíes; atrévete y acostúmbrate a su luz.

Por otro lado, así como disfrutas y abrazas plenamente tu iluminación espiritual, también debes ser consciente de que esta siempre es temporal. El instante de luz nunca es permanente porque le sigue la noche, luego la luz saldrá de nuevo y así sucesivamente. Es por ello que la iluminación espiritual no es tanto una meta, sino un momento especial en el camino durante el que sentirás que todo está bien, pues sin importar lo que ocurra a tu alrededor, en tu corazón eres uno con el Dador de la Vida. Debes comprender que una vez que has llegado a ese lugar maravilloso, no permanecerás en él para siempre.

En muchas ocasiones he escuchado a personas decir que se sienten confundidas o desilusionadas, porque después de pasar un tiempo maravilloso en un retiro espiritual, durante el que alcanzaron un estado de claridad y bienestar que les hacía mucha falta, posteriormente sintieron que perdían esa conexión sagrada. Pensaron que habían fallado porque no pudieron mantener viva esa conexión y ese estado de conciencia acrecentada. Es como si hubieran tocado "el paraíso" sólo por un momento, para posteriormente perderlo, cuando la vida de todos los días, sin magia, se impuso nuevamente. Este es un malentendido. En realidad, esta perdida aparente forma parte normal de los ciclos de la vida. Si la magia estuviera allí todo el tiempo, no sería especial, no sería magia.

El florecimiento espiritual es como un rayo de luz que te abrasa sin quemarte. Viene y se va. Es natural. Lo importante es que un residuo de la experiencia de lo sagrado siempre se queda en tu corazón. Tu mente puede olvidar, pero tu corazón nunca lo hará. Así es como sucede.

Estás condenado a seguir buscando la luz hasta encontrarla. Por un momento disfrutarás de ese logro, y después regresarás a la vida cotidiana, donde parecerá que no hay magia.

Esa sensación de pérdida, nostalgia y anhelo es lo que te seguirá impulsando a buscar y encontrar la conexión sagrada en tu vida, y te llevará a meditar y buscar una y otra vez al Gran Espíritu en los lugares sagrados, hasta que lo encuentres. De esta manera, los momentos de conectar y de sentirte perdido serán como la sístole y diástole de tu corazón; un latido complementario de opuestos que –juntos– crean la música que sostiene la danza de la vida.

Weweteotl
El Abuelo Fuego

Weweteotl - El Abuelo Fuego

Weweteotl es la representación del Poderío del fuego. No sólo es uno de los cinco grandes Poderíos del mundo, también el más poderoso y antiguo de todos. El Abuelo Fuego es, de hecho, el jefe de los otros Poderíos.

Para los toltecas, la vejez no era un estado indeseado de debilidad y fragilidad; significaba sabiduría, fuerza y potencia. Por eso, Weweteotl, cuya traducción es "el Dios viejo", era al mismo tiempo la deidad de la fertilidad.

Esta visión de la vejez y la fuerza unidas no sólo es simbólica, sino consistente con la forma en que la gente vivía en tiempos de los toltecas, y también con la manera en que la gente vive entre los toltecas sobrevivientes[50] de la actualidad.

Uno de los mejores ejemplos de comunidades indígenas que han conservado vivas las tradiciones y prácticas toltecas es el pueblo wixarika, caracterizado por no haber adoptado nunca al catolicismo

---

[50]Ver *Toltecas del Nuevo Milenio* de Víctor Sánchez (Bear & Company, 1996).

253

ni otra religión ajena a su cultura. En lugar de eso, han mantenido vivas sus propias tradiciones espirituales, incluso ahora, en el amanecer del tercer milenio. Entre ellos, he visto los mejores ejemplos vivientes de lo que significa esta especial asociación entre fuerza y vejez.

Durante el ascenso a la montaña sagrada de los wixarika en las regiones desérticas del norte de México, como parte de su peregrinación anual a sus sitios sagrados, en muchas ocasiones he podido observar con asombro que los ancianos son increíblemente ágiles, fuertes y ligeros. De hecho, la persona encargada de dirigirlos durante sus largas caminatas a través del desierto y al subir la montaña, es la persona de mayor edad de todo el grupo y se le conoce como *urukuakame* (aquel que guía).

Luciano, quien caminaba al frente del grupo de peregrinos del que tuve el privilegio de formar parte, siendo el más viejo de todos, caminaba y subía la montaña tan rápidamente, mientras que la gente joven –indígenas y no indígenas– teníamos serias dificultades para aguantarle el paso. Pascualito, uno de los ancianos más respetados de la comunidad, podía caminar hasta por dieciocho horas para llegar al centro ceremonial y ayudar al *marakame* (el que canta la voz del Fuego en las ceremonias) contestando sus cantos y participando en las danzas. Después de permanecer despierto por más de veinticuatro horas, y sumamente activo durante toda la ceremonia, era capaz de caminar el mismo tiempo de regreso a su rancho en un estado de felicidad y bienestar. La última vez que lo vi hacer esto, él tenía ciento diez años. A esto me refiero cuando digo que, para los toltecas, la relación entre la fuerza y la vejez no solamente es simbólica.

El secreto para mantenerse fuertes y sanos durante toda su vida es utilizar la energía personal en formas que la preserven e incrementen, que es a lo que llamamos impecabilidad. Esto contrasta con el patrón occidental moderno, en el que la energía es frecuentemente despilfarrada en forma de miedo, intolerancia y egoísmo, que es uno de los aspectos más agotadores de la obsesión con el propio yo. Dicho de modo simple, mantener la fuerza vital a una edad avanzada es uno de los resultados más asombrosos de llevar una vida equilibrada.

La razón de que Weweteotl ocupe el lugar más alto en la jerarquía de los Poderíos en la cosmogonía tolteca se debe a que "en el principio" no fue "el verbo"[51], sino el fuego. Su chispa fue la energía que inició el universo y todo lo que existe en él. Por eso Weweteotl también es considerado como el creador del universo y la primera manifestación de Senteotl, el Uno.

La comunión con el fuego se daba en el corazón de la vida espiritual y social de los toltecas. Ejemplo de esto era la práctica de tener un lugar especial en la casa dedicado al fuego sagrado. Tener una pequeña hoguera o una vela encendida constantemente era una forma de mantener la conexión con el Poderío más antiguo.

En la ceremonia del Fuego Nuevo, que se hacía cada cincuenta y dos años, los toltecas reemplazaban los muebles viejos y el techo de las casas con materiales nuevos. De la misma manera, todo se tenía que renovar: las emociones, los sentimientos, las metas, las ceremonias..., para así mantener la conciencia de que la conexión con lo sagrado requiere siempre ser renovada.

En la carta vemos a Weweteotl caracterizado con su larga barba saliendo de un caracol marino. La espiral del caracol representa los ciclos del tiempo y la eternidad.

Significado en la lectura del oráculo tolteca

Tener a Weweteotl al centro del tablero enfatiza el contenido de toda la lectura, porque es el gobernante supremo del universo, quien observa y auspicia todo lo que se muestra en los cuadrantes.

Esta poderosa carta es una invitación para que nutras tu proceso de crecimiento buscando la compañía del Abuelo Fuego y desarrollando una relación íntima con él. Una conexión sagrada de este tipo es hacer un pacto con el aliado más poderoso y sabio que podrás tener. Representa el acceso al consejo en los momentos en que necesitas claridad. Significa la oportunidad para escuchar a tu propio corazón cuando tu mente está confundida. Todo esto se abre para ti cuando sigues el camino tolteca de entablar amistad con los Poderíos del mundo.

En el caso del Abuelo Fuego, abrir y sostener esta conexión no sólo es una decisión sabia, sino práctica, porque siempre estará a la mano. Tú puedes encender un fuego sagrado en cualquier momento para pasar un tiempo conectado con Weweteotl; incluso una

---

[51]Alusión a la frase "En el principio era el verbo", Juan 1:1, La Biblia.

vela te servirá para este propósito, cuando tener un fuego al aire libre, o una chimenea, no sea viable.

Como acostumbraba a decirme mi amigo Tayau: "Comenzarás a hablarle al fuego con respeto y amor, como le hablarías a tu propio abuelo sabio, sin importar si crees que el fuego puede escucharte o no. Simplemente hazlo. Al principio, sólo conseguirás unas «pequeñas palabritas», y ni siquiera estarás seguro de si esas palabras vinieron de tu imaginación, de tu mente, del fuego, ni de qué están hechas. Lo único que sabrás es que se siente bien. Y por eso lo seguirás haciendo.

Después seguirás pasando más y más tiempo en compañía del abuelito, confesándole tus sentimientos cada vez que puedas. Un día o una noche, el Poderío te hablará con palabras más grandes, y esas palabras cambiarán tu vida. Esas palabras podrán ser una visión o una toma de conciencia inexplicable. Tal vez las escuches como palabras de verdad, como un sentimiento, una imagen o todo revuelto. No importa la forma. Lo que importa es la buena medicina que los mensajes del Abuelo Fuego traerán a tu vida".

Sholotl
Señor del Inframundo

Sholotl
– El Inframundo (La Crisis)

En la cosmogonía tolteca, el mundo estaba dividido en trece cielos y nueve inframundos. Es natural que cuando pensamos acerca de cielos e inframundos, vengan a nuestra mente las imágenes del cielo y el infierno de la tradición judeocristiana. Pero para comprender el significado de Sholotl como deidad, necesitamos abrir nuestras mentes a este tema con un enfoque diferente.

Empecemos por recordar que en la visión tolteca, el mundo no está dividido entre el bien y el mal como fuerzas antagónicas que luchan constantemente hasta que una de ellas predomine. Para los toltecas, los opuestos son lados complementarios cuya interrelación dinámica hace que el mundo se mueva, y los seres humanos aprendan y crezcan.

En congruencia con esta perspectiva, Sholotl, como deidad del inframundo, no es un demonio ni un monstruo aterrador, sino la

257

representación del inframundo como un aspecto necesario de la experiencia humana. Nada está excluido de la totalidad sagrada, por lo tanto, el inframundo debe ser considerado y tratado como cualquier otro aspecto importante de nuestra existencia.

Desde el punto de vista cultural, Sholotl era para los toltecas el Señor del Inframundo. Leyendas e historias acerca de su reino como el lugar al que la gente iba como castigo tras morir –si no fueron buenos mientras vivieron–, llenaban la mente de los no iniciados. Pero para quienes sabían cómo leer el profundo lenguaje simbólico, el inframundo era visto como un importante estado del alma que necesitamos comprender.

En la simbología tolteca, tanto la figura de la muerte, como la de la entrada al inframundo deben ser comprendidas como metáforas para situaciones en las que en lugar de enfocar nuestra atención hacia aquello que nos da vida, tendemos a hacerlo hacia lo que provoca la muerte del espíritu. Perder de vista nuestro propósito más alto y –sin darnos cuenta– dirigir nuestra energía en contra de nuestro propio espíritu, es un tipo de proceso de muerte, y su consecuencia es el pasaje temporal a través del inframundo.

Pero el inframundo no es un lugar de destrucción o castigo; por el contrario, contribuye al proceso de nutrir la vida a su propia manera. El inframundo que Sholotl representa es el tiempo de confusión y oscuridad que necesitamos atravesar para reflexionar acerca de lo que hemos estado haciendo –correcto o incorrecto–, y aprendamos a ver lo que deberíamos hacer de forma diferente.

El inframundo no es un lugar placentero. Es difícil, lleno de miedos y, a veces, dolor; pero es temporal. De hecho, el plazo de tiempo que permanecerás en él depende principalmente de ti mismo. Si aceptas el proceso, te permites la reflexión que tu alma requiere, aceptas las consecuencias de tus acciones, te haces responsable y dejas ir lo que te mantiene atado a una etapa anterior de tu vida, entonces tomarás conciencia de lo que realmente necesitas y serás liberado.

En sentido opuesto, si te resistes a aceptar la realidad de lo que te está pasando y permaneces aferrado a lo que ya está muerto, o culpas a otros por lo que en realidad es tu responsabilidad, prolongarás tu estadía en el inframundo por el tiempo que te rehúses a aprender las lecciones que necesitas asimilar en él. Es tu elección.

En este sentido, Sholotl puede ser uno de tus mejores aliados. Él es quien trae la medicina –a veces amarga– que necesitas para tu sanación y equilibrio. No luches contra este principio; trabaja en colaboración con Sholotl para que aprendas de tu visita a su reino.

Al final, deberás darte cuenta de que el inframundo de Sholotl sólo es otra región de este mundo mágico en el que hemos nacido; un lugar para aprender, crecer y, por último, regresar deliberadamente al Espíritu usando nuestro libre albedrio.

En la imagen de la carta, vemos a una persona desnuda representando el alma, nuestra esencia. El alma está cayendo desde un cielo estrellado, que representa nuestra noche u oscuridad interna. Abajo, vemos las mandíbulas del dragón listas para devorar y transformar el alma, para que nuevamente se convierta en una con la totalidad.

Significado en la lectura del oráculo tolteca

Sholotl representa la crisis. Tener esta carta como la regidora de tu lectura es una señal de que el inframundo forma parte de la situación de la vida revelada por las cartas en los cuadrantes. Ya has recibido todos los mensajes de los cuadrantes, ellos te están señalando las medidas que debes tomar. Esta carta te llama para que seas consciente de que la crisis juega un papel importante en lo que está pasando en tu vida.

Considera que no sólo estás tratando con lo que ves, sino también con lo que sucede bajo la superficie y que no se percibe a simple vista. Abre tu mente y tu corazón para que puedas verlo. Para que la conciencia y las acciones reveladas en los cuadrantes sean efectivas, tienes que estar abierto, alerta y reconocer que tu alma está visitando el inframundo.

Considera las siguientes preguntas: ¿Qué está pasando en tu vida que te empuja hacia el inframundo de tu alma? ¿Cómo se manifiesta el inframundo o la crisis en esta etapa de tu vida? ¿Qué te ha orillado a ese lugar? ¿Qué tienes que reconocer o aprender por medio de esta crisis?

Reflexiona acerca de tus respuestas y no les temas, porque desde una perspectiva más amplia, esta difícil situación es una bendición que te ayudará a alcanzar el nivel de conciencia necesario para la próxima etapa evolutiva de tu vida.

Miktlantekutli
La Muerte

Miktlantekutli – Señor de la Muerte

Miktlantekutli se traduce literalmente como "el Señor de la Muerte" y era uno de los símbolos sagrados más importantes para los toltecas. Sus implicaciones para su cultura entera eran profundas y amplias.

La conciencia de la impermanencia de la vida subyace en el centro de todo su desarrollo filosófico. En su búsqueda eterna por alcanzar un conocimiento y una verdad permanentes, descubrieron que la única certeza existente era la muerte, y por ello la colocaron en la base de su pensamiento espiritual.

Al darse cuenta de esto y de que no hay forma de evitarla, los antiguos videntes toltecas decidieron abrazar esa conciencia para acrecentar su aprecio por la vida. La vida es mucho más preciosa para quien sabe que va a morir, que para quien la vive como si nunca se fuera a acabar. La indecisión, culpar a los demás o sentirse culpable, el miedo, los remordimientos y muchos otros sentimientos y actitudes con que desperdiciamos nuestra energía vital, pierden su poder cuando nos damos cuenta de que esta vida es nuestra única oportunidad en la eternidad. Cuando recuperamos esa conciencia, ya no tenemos tiempo que desperdiciar en vacilaciones, quejas o culpas. Sólo hay tiempo para vivir tan completamente como podamos. De este modo, la conciencia de la muerte se convierte en un poderoso impulso que nos empuja a vivir vidas con propósito y a ser más congruentes con nuestro camino con corazón. Otro aspecto de la conciencia tolteca acerca de la muerte es que ellos no la miraban como algo aislado, sino siempre conectado con la otra cara de la dualidad sagrada: la vida. Vida y muerte son socias en la tarea mágica de mantener al mundo en movimiento, renovación y florecimiento constante. Todo lo vivo está sostenido por todo lo que está muriendo. Todo es parte del mismo círculo sagrado donde la impermanencia es la regla y el cambio, la constante. Vista así, la muerte no significa aniquilación, sino renovación. Es la celebración de lo que llega a su fin para que algo más pueda comenzar.

En general, la humanidad siempre ha estado obsesionada con la muerte, pero a diferencia de las culturas occidentales, los antiguos toltecas no cayeron en una relación de rechazo o negación de ella; por el contrario, la consideraban como algo sagrado y le escogieron un lugar de honor entre sus principios sagrados y deidades.

Honrar a la muerte sigue siendo una de las tradiciones del México antiguo que sobreviven en la actualidad. El Día de Muertos no es un tiempo de pena y dolor, sino de gozo y celebración de la vida. Cada región de México tiene su forma particular de celebrar y dar la bienvenida a la invitada de honor. Entre algunos sectores humildes de la sociedad mexicana, se practica el culto a la Santa Muerte, cuyos adeptos ponen altares en sus casas con la figura de un esqueleto (en ocasiones incluyen calaveras humanas verdaderas) y velas, flores y otras ofrendas.

En la imagen de la carta, la Muerte está representada por una persona parcialmente sumergida en agua, la cual está pintada de rojo y negro, que son los colores que simbolizan el camino del conocimiento. La persona tiene un pie dentro de una olla quebrada, signo de la muerte en el mundo material y del cuerpo físico. De una de sus manos se desprende el símbolo de una plegaria, mientras que con la otra hace un gesto de invocación a Senteotl, la Unidad Sagrada. El agua derramada de la olla fluye hacia un cuerpo de agua más grande, que representa la vida. La vida y la muerte conforman la dualidad sagrada que no puede ser separada.

Significado en la lectura del oráculo tolteca

Como carta Regidora, Miktlantekutli habla acerca de un proceso de muerte y renovación no sólo en un área de tu vida, sino como un proceso general que puede suceder como resultado de una crisis en la que todo –o casi todo– lo que constituía tu vida como la conocías, ha llegado a su fin.

Un proceso de renovación completa es requerido. Este podría darse de una manera tranquila, y aún feliz, porque los retoños del renuevo traen tanta vida y gozo, que dejar atrás el pasado no resultará doloroso.

En el oráculo tolteca, la carta de la Muerte no significa desgracia, sino oportunidad para la evolución y trascendencia. El tiempo de renovación está aquí. Algo ha llegado a su fin; es tiempo de dejarlo ir y abrazar el tiempo nuevo.

Un ciclo ha sido completado. Lo que antes te daba vida, ya no lo hace. Debes moverte hacia la nueva etapa. No dudes, porque si continúas aferrado a lo que fue, encontrarás pena y vacío en donde antes hubo flores y gozo.

Es hora de volver tu rostro hacia el tiempo que se aproxima. No mires atrás, porque la visión del tiempo que se aleja puede asustarte y deprimirte hasta el punto de agotar tu energía. En esta etapa, tu oportunidad para crecer será más grande que nunca. Toma la oportunidad y sácale el máximo provecho.

Tlalok
La Fuente de la Vida

Tlalok - La Fuente de la Vida

Tlalok es una de las deidades de la cultura tolteca más famosas y reconocidas, aun entre quienes no son expertos en simbolismo mesoamericano. Parte de su fama actual tiene que ver con el descubrimiento de una enorme escultura monolítica de esta deidad en los alrededores del pequeño pueblo de Coatlinchan, en el Estado de México.

El 17 de abril de 1964, este monolito de 167 toneladas fue trasladado a la Ciudad de México. La transportación de una deidad prehispánica tan colosal fue en sí misma un evento histórico. En medio de demostraciones de los nativos locales, que no querían que la pieza sagrada fuera sacada de su pueblo, y bajo una inusual lluvia torrencial, Tlalok fue trasladado y colocado en el lugar que ocupa actualmente, a la entrada del Museo Nacional de Antropología e Historia de la Ciudad de México. Debido a esas condiciones únicas, la fama de Tlalok como "el dios de la lluvia" fue asegurada para la posteridad.

Sin embargo, traducir *Tlalok* como "dios de la lluvia" es una simplificación excesiva del significado –mucho más amplio– que se revela al estudiar la espiritualidad mesoamericana.

Tlalok es la deidad del agua en su sentido más elevado como fuente de la vida. Naturalmente, sí está relacionada con la lluvia –una de las manifestaciones más notables del poder del agua, portadora de la vida–, pero su connotación trasciende a esta. Recordemos que la lluvia posee su propia deidad, Kiawitl, carta 19 del Tonalpohualli. En ese grupo de cartas, la número 9, Atl, también representa el agua, pero de abajo, con forma de océanos, lagos, ríos y manantiales. Kiawitl y Atl son símbolos del agua y ambos están relacionados con Tlalok, pero esta es la deidad más alta y de la que las otras dos emanan.

Tlalok es la fuente de la energía vital contenida dentro de las muchas manifestaciones del agua en el mundo, incluyendo no sólo a todas las formas de agua en la tierra, sino también la energía del agua en todo el universo. Su supremacía sobre las otras deidades del agua es indiscutible.

Dicho esto, debemos ser conscientes de que la naturaleza última de Tlalok es inconcebible. No hay manera de entender completamente lo que en realidad es; sólo podemos ver y relacionarnos con sus manifestaciones, lo que también es cierto para los otros Poderíos. Conectar con Tlalok, la fuente primaria de la vida, es hacerlo con una reserva de energía inagotable para la creación, gestación, fertilización, nacimiento y renacimiento o nutrimento de cualquier proceso en el que podríamos estar involucrados.

En la imagen de la carta vemos a un Tlaloke, entidad conocida como "soldado de Tlalok", en la postura de dar a luz, actuando como el Dador de la Vida. De su boca brota un canto a la vida.

Significado en la lectura del oráculo tolteca

Tener a Tlalok como carta Regidora en tu lectura es una señal clara de que, para lograr lo que está indicado en los mensajes de los cuadrantes, energía de vida debe ser inyectada continuamente al proceso. No tiene sentido ocuparse en tareas personales o de crecimiento espiritual, que a menudo son difíciles, si no tienes la energía vital para sostenerlas. Necesitas a Tlalok de tu lado.

En términos prácticos, esta carta indica que para seguir adelante con la conciencia y las tareas que has recibido en esta lectura, debes asegurarte de vivir en forma tal que la energía de la vida fluya hacia ti de manera continua. Analiza tus actividades y actitudes; revisa si están generando y sosteniendo tu energía vital o no. ¿Qué tipo de actividades llevas a cabo actualmente en tu vida? ¿Te ayudan a conservar o aumentar tu energía, o la agotan? ¿Qué otras actividades necesitas incorporar a tu vida cotidiana que incrementen tu nivel de energía?

Para comprender la energía de la que estamos hablando, no necesitas entrar en análisis complejos o tratar de adivinar. Sólo tienes que observar qué sucede con tu estado de ánimo, tu motivación, efectividad y sentido de bienestar mientras realizas cualquier actividad. Pon atención en los resultados y en cómo te sientes después de efectuarla. Podrás saber qué ayuda o perjudica a tu energía simplemente con esto.

Considera unos cuantos ejemplos sencillos: ¿Qué le pasa a tu energía cuando discutes constantemente con alguien que amas? ¿Qué sucede con tu energía vital después de pasar horas mirando falsificaciones de la realidad en la televisión? ¿Qué le pasa a tu energía después de haber estado caminando o escalando en la naturaleza durante unas horas? ¿Y después de haber servido a otros, jugado con niños, sido creativo o de tratarte bien a ti mismo?

Mientras observas de esta manera, debes enfocarte, tanto en tus actividades externas, como en las internas, debido a que eres afectado constantemente por ambas.

Piénsalo así: para todos los desafíos y oportunidades reveladas en tu lectura del oráculo tolteca, necesitas dar lo mejor de ti mismo, para ti mismo, y todo se reduce a la forma en cómo manejas tu energía. Vive de manera que te mantengas continuamente conectado con Tlalok y estarás listo para alcanzar todo lo que necesites.

Witsilopochtli
El Colibrí Zurdo

Witsilopochtli - El Colibrí Zurdo

El nombre Witsilopochtli proviene de las raíces *witsillin* (colibrí) y *opochtli* (lado izquierdo o zurdo). Se le asocia con el planeta Marte y su color es el rojo. Es conocido popularmente como "el dios de la guerra".

Con esta deidad, así como con las demás que forman parte de la espiritualidad tolteca, tenemos que profundizar si queremos comprender su significado real y aprovechar su poderoso contenido.

La fama de Witsilopochtli como un dios sanguinario proviene del hecho de que los aztecas lo eligieron como su deidad principal, que los inspiraba a desafiar y vencer a sus enemigos en sus luchas por establecer el poderoso imperio, que se encontraba en su máximo esplendor cuando los españoles arribaron a México en 1517.

Como ya ha sido mencionado, el pueblo azteca organizó su sociedad incorporando muchos de los logros culturales y tecnológicos de los antiguos toltecas. Al mismo tiempo, gran parte de su orientación cultural y prácticas sociales fueron una corrupción de la cosmovisión espiritual de los toltecas. Para entender mejor esto, debemos recordar que los aztecas fueron un pueblo errante en busca de un lugar donde establecerse, de acuerdo con la profecía soñada por Tenoch, uno de sus videntes.

Rechazados por los pueblos previamente establecidos en los lugares por los que pasaban, su peregrinación se prolongó durante dos siglos. Tuvieron que desarrollar una actitud feroz, al principio simplemente para sobrevivir, y posteriormente para establecer su imperio.

Presento aquí estas consideraciones no para justificar o condenar a los aztecas, sino para poder comprender lo que sucedió con ellos y hacer las distinciones necesarias en relación con la sabiduría tolteca, que es el tema de este libro.

Por lo anterior, no es de sorprender que el significado de Witsilopochtli para los aztecas no sea suficiente para revelar su significado espiritual.

Examinemos primero su nombre: el colibrí zurdo.

Entre los toltecas, los colibríes eran considerados animales sagrados relacionados con la poesía, la magia y las prácticas chamánicas. El hecho de que el colibrí sea el animal con el corazón más grande en la naturaleza –en proporción con el tamaño de su cuerpo– parece haber sido una de las características que más les llamó la atención. La palabra "colibrí" era sinónimo de la fuerza y valor del guerrero y símbolo de misticismo, más aún cuando se especifica que es un "colibrí zurdo". El lado izquierdo era considerado como el de la magia, misterio y espiritualidad (nagual), mientras que el derecho, el de la razón y la materia (tonal).

En sentido espiritual, Witsilopochtli representa la fuerza del guerrero místico. Su característica guerrera es relevante en el contexto de los conflictos que algunas veces tenemos que experimentar frente a las distintas situaciones de la vida. Los guerreros espirituales no pelean para derrotar a otros o destruir algo, están en guerra contra sus propias debilidades. Son guerreros no por su propensión a la violencia, sino por su compromiso silencioso de nunca darse por vencidos, sin importar cuáles sean las circunstancias. Lo que los hace fuertes no es que estén exentos de fracasar o cometer errores, sino que su fuerza proviene del hecho de que al caer, vuelven a levantarse y continúan tratando siempre de hacer lo mejor, cueste lo que cueste.

Witsilopochtli es, entonces, un símbolo del conflicto necesario para que alguien o algo evolucione hacia un estado superior.

En la carta, vemos a Witsilopochtli renacido después de sortear un conflicto o guerra. Sostiene en su mano el cetro de mando, mientras se ubica encima de una pirámide como símbolo de triunfo.

Significado en la lectura del oráculo tolteca

Como Regidor de tu lectura, Witsilopochtli representa el conflicto que estás enfrentando para poder evolucionar y pasar a la siguiente etapa de tu desarrollo. Tiempos de dificultad se advierten en el horizonte, y tu conducta como guerrero espiritual es la única forma de enfrentarlos.

Cada una de las revelaciones y tareas mostradas por las cartas en los cuadrantes requerirá un esfuerzo. Por supuesto, estas te traerán vida y gozo, pero en ocasiones, te desafiarán para que puedas crecer.

En la tarea sagrada de vivir a propósito, no tendrás éxito si gastas tu energía quejándote o sintiendo lástima por ti mismo. Debes tomar la actitud del guerrero espiritual. Estás en guerra contra las barreras que tu antiguo yo ha levantado; úsalas para construir la puerta de salida que te conduzca a la victoria.

Como guerrero, tienes que estar despierto, con paz en tu corazón y lo suficientemente sobrio para responder rápidamente cuando llegue el momento de la acción. Nadie puede garantizarte el triunfo, pero en tu propio corazón deberás mantener la confianza y voluntad de abrazar el misterio tal y como se te presenta.

No trates de evitar el conflicto porque este es el terreno donde los problemas reales de tu vida deben ser enfrentados, trabajados y resueltos. Aprende a manejarlo sin la energía inútil del enojo que sólo nubla tu visión. Enfrenta el conflicto sin rendirte al miedo que te hace olvidar qué tan fuerte eres. Simplemente deja que tu energía fluya a través de tus actos de guerrero. Ese acto impecable es todo lo que tienes para demostrarle quién eres al Gran Espíritu, que siempre te acompaña.

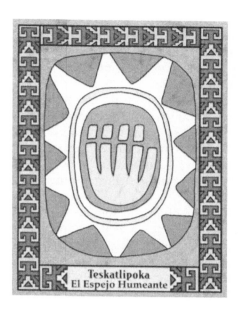

Teskatlipoka
El Espejo Humeante

Teskatlipoka
– El Espejo Humeante

E l símbolo de Teskatlipoka siempre ha estado rodeado de misterio. Es como un acertijo por descifrar. Sólo los iniciados en el conocimiento espiritual tolteca podían entender su significado sagrado.

Para la mentalidad medieval de los conquistadores europeos, Teskatlipoka no podía representar otra cosa que el demonio. Su punto de vista a priori era que todas las deidades y los conceptos filosóficos de los pueblos indígenas de Mesoamérica y las prácticas asociadas con ellos constituían simple y llanamente la adoración del diablo. Este concepto erróneo tomó fuerza, especialmente en el caso de Teskatlipoka, en parte, debido a su representación gráfica como un personaje que inspira temor.

Pero no sólo los conquistadores españoles tuvieron problemas para entender el significado profundo de esta deidad. Incluso los ciudadanos aztecas comunes también mostraban la tendencia a considerar a Teskatlipoka como una figura peligrosa. En algunas leyendas relacionadas con el Ketsalkoatl humano, Teskatlipoka se presenta como un hechicero o brujo negro, el enemigo que conspiró para provocar su caída.

El significado esencial de Teskatlipoka está expresado en su nombre: "el Espejo Humeante". Como espejo, te muestra el reflejo de ti mismo; pero el espejo está ahumado, y la imagen que muestra, distorsionada. El problema radica en que cuando actúas como tu imagen distorsionada, seguramente provocarás complicaciones para tu vida. Es como tratar de construir algo real a partir de una mentira.

Pero el espejo está ahumado sólo en la superficie. Existe algo más detrás del humo. Tu tarea es la de no dejarte engañar por la imagen distorsionada y buscar más allá del humo, hasta que logres ver a tu ser real. Si tienes éxito, conocerás tu propio corazón y descubrirás tu verdadero poder.

En este contexto, desafiar a Teskatlipoka en vez de tratar de escapar de él, o ser derrotado por él, representa tu iniciación espiritual, desafío y prueba de tu valentía. Enfrentarte con tu propio reflejo distorsionado no es una tarea sencilla, pero quien supere esta prueba estará listo para las "ligas mayores" en el juego de la vida.

En la imagen de la carta vemos una mano dentro del espejo; representa el humo que tapa la visión de lo que este pueda revelar. Alrededor de la mano se aprecian rayos de luz, que permiten intuir lo que hay más allá. La mano también es la representación del número cero, que es el principio y fin de todo; significa la oportunidad de concluir lo que sea que se necesite terminar, o comenzar lo que sea que se tenga que iniciar. La luz representa la extraordinaria victoria que podrás alcanzar si tienes éxito en tu desafío frente al espejo humeante.

Significado en la lectura del oráculo tolteca

El espejo humeante en el centro del tablero es una señal de que estás siendo desafiado por el reflejo distorsionado de ti mismo, afectando todo tu proceso de vida. Estás atrapado en el espejo ahumado, viviendo bajo el hechizo de una imagen falsa de ti. Debes considerar cada una de las cartas en los cuadrantes bajo esta luz.

Pregúntate a ti mismo: ¿Cómo me está afectando tener una imagen distorsionada de mí mismo en las distintas áreas de mi vida? Podrías estar viéndote como si estuvieras por encima de los demás. Tal vez te sientes muy orgulloso de ciertas cualidades que posees y eso te lleva a pensar en ti como superior a otros. Es sólo una imagen distorsionada de quien eres realmente.

O tal vez tu autoestima está muy baja y te percibes como alguien que no vale la pena. ¿Acaso cargas con sentimientos de culpa que te hacen verte a ti mismo como una mala persona? ¿Qué sórdida confusión te ha llevado a creer que no puedes ser amado o amar a otros? Una visión distorsionada de ti mismo podría estar presente de manera subconsciente.

Puedes intentar portar todo tipo de máscaras en el mundo exterior, y tal vez eso pueda funcionarte por un tiempo. Incluso puede parecer que la máscara te sirve en la vida cotidiana; pero al final, al nivel del alma, la visión distorsionada que tratas de vender a los demás, y aun a ti mismo, terminará por matar tu espíritu.

Tienes que empezar a reconocer el humo de la visión distorsionada, para que puedas despertar y darte cuenta de que allí existe una imagen falsa. Sólo cuando hayas hecho esto podrás ver más allá y reconocer a tu verdadero ser; pero asegúrate de no caer en el error de crear otro concepto falso de ti mismo, diferente, aunque igualmente distorsionado.

La visión de tu yo real no es parecida a ninguna descripción de ti mismo que puedas imaginar o expresar con palabras. La tarea de contemplar tu ser verdadero puede ser malentendida, como esa vieja creencia de que cuando al fin te conozcas a ti mismo, todo se volverá claro en tu vida. Pero no sucede así. Cuando llegues al fondo de ti mismo, lo único que encontrarás es un misterio infinito e indescriptible; te darás cuenta de que para ser auténticamente tú, no sólo es cuestión de encontrar algo que ya existe en algún lugar de difícil acceso. Ser auténtico es una cuestión de elegir y crear. Cuando alcances ese nivel, elegirás lo que quieres ser en un momento dado; podrás, incluso, crearte un nuevo yo para ti mismo. Así de poderoso eres.

Mirar en los niveles más profundos del espejo, más allá del humo, es tener la oportunidad de verte a ti mismo como un campo de energía, como ver una luz sin forma ni figura, que tiene el poder de manifestarse a sí misma de cualquier forma necesaria. La cualidad de esta luz es el poder de la libertad.

Apéndices

Fuentes de *El Oráculo Tolteca*

Este oráculo fue creado tomando como base las siguientes fuentes:

- Los códices mexicanos y la literatura de los cronistas españoles del siglo XVI.
- La investigación, traducción e interpretación de los códices hechas por Frank Díaz.
- La interpretación del autor acerca del material proporcionado por Frank Díaz, desde una perspectiva de desarrollo humano.

Los códices mexicanos

Códice es el nombre genérico de libros manuscritos generalmente creados antes de la invención de la imprenta. Son fuentes importantes para aprender sobre los pueblos del pasado.

Los códices mexicanos son libros pintados creados por los tlacuilos (del náhuatl *tlacuiloa,* "pintura"), escribas quienes, bajo la dirección de sacerdotes o chamanes, se dedicaron a la meditación y registro de su conocimiento sagrado en forma de pinturas.

Existen dos tipos de códices mexicanos: los prehispánicos y los que fueron elaborados durante los primeros años del periodo colonial. Los primeros fueron escritos utilizando tres clases de signos: pictogramas, que representaban objetos; ideogramas, que representaban ideas o conceptos, y signos fonéticos que representaban sílabas específicas.

La mayor parte de los códices posteriores a la llegada de los españoles, fueron escritos en el siglo XVI por los tlacuilos indígenas bajo supervisión de clérigos como fray Bernardino de Sahagún, Olmos, Motolinia, Mendieta, Durán, Valdez, Landa y Torquemada, entre otros. Contienen los tres tipos de signos mencionados, más texto adicional en lengua náhuatl, que explica el significado de los signos en los códices utilizando el alfabeto introducido por los españoles.

Se denominaba *amoshtli* a los libros pintados en lengua náhuatl. Fueron elaborados principalmente de amatl, una especie de papel hecho con la corteza interior del árbol Ficus. Algunos códices fueron escritos en piel de venado.

En cuanto a su tamaño y forma física, son tiras largas de papel amate doblado a modo de acordeón y de diversos tamaños. Por ejemplo, el *Códice de Nuttall* contiene cuarenta y ocho páginas, y tiene treinta y siete pies de largo, mientras que el *Códice de Vindobonensis* tiene cuarenta y cinco pies de largo, y cuarenta y dos páginas.

Oficialmente existen más de 500 códices mexicanos reconocidos en el mundo. Casi todos fueron sustraídos ilegalmente de México y se encuentran en museos, bibliotecas y universidades de París, Madrid, El Vaticano, Oxford, Florencia, Liverpool, Dresde, Bolonia, Nueva York, Berlín, Nueva Orleans, Basilea y Viena. La mayoría no han sido traducidos porque obtener acceso a ellos es difícil en lugares como El Vaticano, donde los mantienen lejos de la vista del público, además de una grave carencia de fondos para patrocinar dicha investigación.

En este contexto, además de la importancia de los grandes académicos expertos en paleografía y etnohistoria, los esfuerzos de investigadores solitarios como Frank Díaz, quienes se encargan de traducir estos importantes documentos sin apoyos oficiales, resultan más que notables. Su trabajo merece el respaldo de aquellos interesados en la preservación de estas antiguas fuentes de conocimiento para la humanidad.

Los cronistas de los códices mexicanos

Durante la conquista española, una de las principales actividades de los sacerdotes católicos fue la destrucción de pirámides, templos y códices. Miles de ellos fueron quemados, resultando en la pérdida de uno de los legados más notables de la humanidad con respecto de disciplinas como la medicina, astronomía, psicología, ética, arquitectura, agricultura y espiritualidad.

Fray Bernardino de Sahagún realizó un notable esfuerzo en pos de preservar el conocimiento antiguo, al pedirles a sus alumnos indígenas que registraran la cultura de sus antepasados con sus propios símbolos y en su lengua. Este enfoque antropológico, inusual para su época, generó suspicacias entre las autoridades católicas, a quienes les preocupaba que el franciscano "escribiera las idolatrías de los indios". Sahagún defendió su postura con el argumento de que "así como un médico necesita conocer todos los detalles de la enfermedad para poder combatirla, así la labor evangelizadora necesitaba conocer las idolatrías de los indios para erradicarlas". Desde luego, podemos preguntarnos: ¿fue esta su verdadera razón, o acaso sintió una secreta admiración por el conocimiento de los pueblos indígenas, a los que se les obligó a convertirse al catolicismo? Existen diferencias de opinión acerca de este asunto; personalmente, me inclino por la primera opción.

Existe una diferencia notable entre los códices prehispánicos y posteriores, debido a la influencia de los ministros católicos que querían presentar las culturas indígenas como violentas y sangrientas; pero también existe evidencia de la resistencia por parte de los tlacuilos, quienes usaban el lenguaje simbólico para preservar una parte significativa del corazón de su cultura en estos códices. No todos los sacerdotes católicos reaccionaron en contra de cada pieza de conocimiento indígena como adoratorios del demonio; algunos parecían mostrar una mezcla de atracción y rechazo. Por diversas razones, varios de ellos se involucraron en documentar fragmentos de la visión indígena del mundo y se convirtieron en cronistas de las culturas mexicanas prehispánicas.

Cronistas como Diego de Landa, fray Toribio de Benavente "Motolinia" y el propio Sahagún participaron, paradójicamente, en la destrucción de los códices y en la preservación de la cultura. El sacerdote invitaba a los sabios o mujeres indígenas a venir con su antiguo amoshtli, quienes registraban los significados para, inmediatamente, proceder a destruir los documentos.

Debido a que el significado de los símbolos utilizados para las cartas de este oráculo no siempre se encuentra de modo explícito en los códices sobrevivientes, los testimonios de los cronistas del siglo XVI resultan esenciales. Estos clérigos se encargaron de interrogar a los ancianos indígenas para obtener los significados reales y registrarlos por escrito. Sin su contribución, habría sido imposible obtener información fehaciente acerca del sentido de los símbolos Tonalpohualli y las deidades mesoamericanas, que son la base de esta obra.

La interpretación del autor sobre la sabiduría tolteca

El enfoque interpretativo del autor acerca de la sabiduría tolteca para los fines de este oráculo se basó principalmente en las siguientes fuentes:

1. Sus estudios de la historia, arqueología y testimonios escritos de las culturas aborígenes de México.

2. Su observación y análisis de las culturas indígenas sobrevivientes en México, con las que ha vivido de manera intermitente durante los últimos treinta y cinco años[52].

3. Su experiencia en la aplicación de los principios básicos del conocimiento indígena a programas de desarrollo humano para personas no indígenas de todo el mundo, a través de talleres, retiros y seminarios denominados El Arte de Vivir a Propósito.

El sistema de consulta desarrollado por el autor es una adaptación moderna basada en el conocimiento de los métodos originales de consulta de oráculo entre los toltecas y otras sociedades tradicionales en la historia de la humanidad.

El significado de las cartas fue determinado exclusivamente por el autor, quien estableció esta interpretación de las fuentes originales con una orientación enfocada en el desarrollo humano.

La contribución de Frank Díaz

Frank Díaz es antropólogo y lingüista. Nació en Cuba, y actualmente reside en México. Su pasión es descifrar y mostrar al mundo el conocimiento de la toltekayotl, es decir, compartir el conocimiento tolteca. A Frank le gusta traducir *toltekayotl* simplemente como "el arte de vivir".

Es autor de varios libros centrados en el conocimiento de los toltecas y la vida y enseñanzas de su líder espiritual Se Akatl Topiltsin Ketsalkoatl. Su libro *El Evangelio de los Toltecas* fue publicado por Bear & Company en Estados Unidos.

Frank Díaz proporcionó el conjunto de imágenes de códices a partir de las cuales el autor realizó la selección final para la presente obra. También proporcionó las raíces etimológicas y significados originales de los símbolos y deidades representados en ellas. A partir de esos significados lingüísticos e históricos, el autor elaboró la interpretación presentada en este libro.

---

[52]Aunque Víctor Sánchez ha tenido experiencias con muchos pueblos indígenas de México, su investigación más extensa ha sido realizada entre los nahuas de la Sierra Norte de Puebla, y los wixarika de la Sierra Norte de Jalisco.

Fuentes del arte

Las imágenes de las cartas provienen de fragmentos de los códices *Laud, Fejervary, Borgia y Magliabecchi,* los cuales fueron consultados en ediciones facsimilares de España y México.

Fragmentos de las imágenes originales fueron modificadas por el departamento de diseño de la editorial, en colaboración con el autor. Los cambios realizados son exclusivamente en algunos de los colores, realizados con el fin de mejorar su claridad, deteriorada en los originales debido al paso del tiempo, así como para satisfacer los estándares necesarios para el proceso de diseño gráfico e impresión. Esto aplica principalmente para los colores de fondo, que en los originales son demasiado pálidos. El tablero es un diseño creado por Víctor Sánchez y Frank Díaz, y se basa en el modelo original de la Cruz de Ketsalkoatl, representada en el *Códice Magliabecchi.*

Glosario de palabras especiales

Nota: *Las palabras indígenas incluidas en este glosario provienen en su mayoría del náhuatl, que era la lengua original de los toltecas y muchos otros grupos indígenas de México, incluyendo a los aztecas o meshikas, con excepción de aquellas indicadas como provenientes de la lengua wixarika u otra lengua.*

Agave: planta utilizada para fabricar el tequila.

Akatl: caña.

Amate: papel utilizado por las culturas prehispánicas de Mesoamérica, extraído del árbol amatl. Fue inventado por los olmecas hace 3000-4000 años.

Amatl: árbol a partir del cual se elabora el papel amate.

Amoshtli: libros o códices pintados.

Atl: el agua de abajo (lagos, ríos, arroyos, manantiales y mares).

AVP: el Arte de Vivir a Propósito; es el nombre de la organización fundada y dirigida por Víctor Sánchez. Traducido al inglés como "The Art of Living Purposefully".

Aztlán: lugar geográfico y mitológico de donde son originarios los aztecas.

Chimalma: mítica madre de Ketsalkoatl.

Coatlinchan: población del Estado de México donde fue hallada la gran escultura de Tlalok, en 1964.

Curandero: sanador.

E'ekatl: ortografía internacional fonética de Ehekatl.

Ehekatl: "dios del viento"; deidad tolteca que representa al Gran Espíritu.

Eukayotl: fuerza vital parecida al fuego, conocida en la India como kundalini.

Hikuri: en wixarika, peyote. Cactus alucinógenos del desierto de México y el suroeste de Estados Unidos.

Humun-Kulluaby: en wixarika, "la Tierra Azul". Lugar sagrado de esta cultura indígena ubicado al norte de México.

Ilama: anciana; representación de la Madre Tierra.

Itskuintli: perro de raza mexicana y origen prehispánico.

Jalisco: estado al occidente de la república mexicana.

Kahullumary: en wixarika, "el Venado Azul".

Kakayare: en la cosmogonía wixarika, las entidades míticas que crearon el mundo. También llaman así a los espíritus que pueblan los lugares sagrados en el desierto que visitan los wixarika durante sus peregrinaciones.

Kakayares: plural de Kakayare.

Kaliwey: centro ceremonial wixarika donde el fuego sagrado se cuida continuamente para que nunca se apague.

Kalli: casa.

Ketsal: ave de plumas coloridas en peligro de extinción; tiene su hábitat en la región comprendida por el estado de Chiapas, México, y Guatemala. Sinónimo de plumas preciosas para los toltecas.

Ketsalkoatl: "la Serpiente Emplumada".

Kiawitl: deidad de la lluvia.

Kinam: el poder que surge de la armonización de los opuestos.

Kiname: los que cultivan el arte de Kinam.

Koatl: serpiente.

Koatlikue: "el que tiene la falda de las serpientes"; deidad que representa a la Madre Tierra.

Koskakuautli: buitre.

Koyolshauki: deidad de la luna.

Kuautli: águila.

Kuetspallin: lagartija.

Kuikatl: canto; metáfora que representa la iluminación espiritual.

Kulwakan: capital temprana de la Meshika, conocida como un lugar de personas cultas. Quienes se presentaron como Kuluakans estaban orientados al conocimiento.

Kundalini: del sánscrito *kunda,* "raíz", "sótano", "recipiente", "horno". Palabra que significa la energía latente almacenada en la base de la columna vertebral, de acuerdo con el lenguaje teológico hindú.

Malinalli: hierba.

Mandala: del sánscrito; diseño circular que contiene formas geométricas concéntricas, imágenes de deidades, entre otras. Simboliza el universo y la totalidad en el hinduismo y el budismo.

Marakame: en wixarika, nombre del chamán que canta la voz del fuego sagrado durante las ceremonias.

Masatl: ciervo.

Masewalitslti: digno; camino tolteca hacia el desarrollo espiritual a través de las propias acciones.

Mati: mente.

Mayawel: diosa de la embriaguez sagrada, medicinal y curativa.

Meshico-Tenochtitlan: capital del imperio azteca.

Meshika: nombre étnico de los indígenas conocidos como aztecas. Azteca era el nombre de los que venían de Aztlán.

Mestli: luna.

Mikistli: muerte.

Miktlantekutli: "el Señor de los muertos"

Morelos: estado en el centro de la republica mexicana.

Nagual: el lado mágico y misterioso del universo y la psique humana.

Nahualli: el doble energético o lado mágico de la dualidad de los seres humanos.

Nahuas: nombre de los indígenas de habla náhuatl. Habitan en diversas regiones de México. La mayor concentración de ellos se encuentra en la Sierra Norte del estado de Puebla.

Náhuatl: lengua de los teotihuacanos, toltecas y aztecas. Se traduce literalmente como "armonioso", "que suena bien".

Nanahuatzin: en la leyenda del Quinto Sol, dios mitológico que salvó al mundo, sacrificándose para convertirse en el Nuevo Sol, cuando el orgulloso príncipe Tecusistecatl no pudo sacrificarse por temor.

Nayarit: estado al occidente de la república mexicana.

Nezahualcóyotl: (1402-1472) príncipe y gobernante de los alkowan, contemporáneos y vecinos de los aztecas.

Neutle: pulque. Licor utilizado, tanto para la embriaguez profana, como para la espiritualidad entre los aztecas y otras culturas precolombinas de México.

Nimomashtik: "enseñarse (a uno mismo)".

No-Nantsin: "nuestra pequeña madre"; nombre cariñoso para referirse a la Madre Tierra.

Ollin: movimiento.

Olmeca: la civilización más antigua de Mesoamérica. Los olmecas desarrollaron las raíces de la toltekayotl.

Ometeotl: "la Dualidad Trinitaria". Deidad y símbolo de la unión de los opuestos.

Opochtli: lateral izquierdo o zurdo.

Oselotl: jaguar.

Osomatl: mono.

Poderío: campo de energía que el buscador espiritual experimenta como una entidad consciente durante las experiencias ceremoniales.

Poderíos: plural de Poderío.

Puebla: estado en el centro de la república mexicana.

Pulque: licor fabricado de la planta de maguey desde la época de los antiguos toltecas, y que sigue siendo muy popular en muchas regiones del México rural.

Sahagún, fray Bernardino de: (1500-1590) fraile, sacerdote e historiador franciscano español que inició la documentación sistemática de la cultura de los indígenas de México en su lengua (náhuatl) e inscripciones jeroglíficas.

Senteotl: "el Uno", "la Unidad Sagrada". El dios único del cual todas las otras deidades son una manifestación.

Shochikalko: ciudad de influencia tolteca, contemporánea de Tula. Su nombre se traduce como "el lugar de la casa de las flores".

Shochipilli: "el Señor de las flores". Deidad y símbolo del éxtasis espiritual.

Shochitl: flor.

Sholotl: deidad del inframundo.

Sipaktli: dragón.

Tacubaya: región del centro de México que en época de los aztecas mantuvo una alianza con Tenochtitlan y Texcoco.

Tamatz: en wixarika, "el Venado Azul". Deidad sagrada tutelar del *Libro del Conocimiento.*

Tamatzin: en Wixarika, nombre cariñoso para Tamatz Kahullumary, "el Venado Azul".

Tamoanchan: lugar geográfico y mitológico de donde son originarios los toltecas, recientemente reconocido como Teotihuacán.

Tatewari: en wixarika, "Abuelo Fuego". Es el Poderío más importante, la energía que comenzó el mundo según la cosmogonía wixarika.

Tayau: en wixarika, "el hijo de Tatewari". Uno de los nombres que recibe el sol.

Tecusistecatl: en la leyenda del Quinto Sol, príncipe mitológico que actuó como cobarde cuando debió sacrificarse para convertirse en el Nuevo Sol.

Tekpatl: pedernal.

Temascatl/Temazcalli: baño ritual de vapor en un recinto cerrado, en el que las fuerzas opuestas del agua y el fuego se unen. El vapor es el mensaje de la conversación entre estos Poderíos.

Tenoch: vidente y líder de los peregrinos que salieron de Aztlán.

Tenochtitlan: capital de Meshika o el imperio azteca, fundada en 1325. La Ciudad de México fue construida sobre sus ruinas.

Teomanía: la forma tolteca de meditación que consiste en abrirse para permitir que la divinidad ingrese.

Teotihuacán: ciudad-estado de los toltecas históricos. Su construcción comenzó alrededor del 400 a.C., y su declive tuvo lugar en el siglo VII d.C.

Teotl: sagrado.

Tepeyac: colina donde los indígenas adoraban a la Madre Tierra. Para erradicar su culto, los misioneros católicos del siglo XVI decidieron imponer el culto a la Virgen de Guadalupe. Aquí levantaron la Basílica de Guadalupe, un gran templo dedicado a su imagen.

Teskatlipoka: "el Espejo Ahumado". Deidad que representa el desafío de encontrar al verdadero yo.

Tewari: nombre genérico dado por los wixarika a los pueblos no indígenas.

Texcoco: región del centro de México ubicada en el Estado de México. Antes de la conquista, fue una poderosa aliada de Tenochtitlan y Tacubaya.

Teyoli: emociones o corazón, en el sentido simbólico de las emociones y sentimientos. También es el nombre del cuadrante perteneciente a las emociones y relaciones.

Tikal: ciudad maya ubicada en el norte de Guatemala.

Tlachialoni: instrumento para calcular el movimiento de los cuerpos celestes.

Tlacuilos: escribas o pintores de los códices.

Tlalok: deidad del agua y fuente de la vida.

Tlaloke: entidades menores comandadas por Tlalok.

Tlaltipak: tierra (la superficie de la tierra).

Tlamatinime: hombres y mujeres del saber.

Tlasentlalia: práctica de revivir acciones pasadas como una forma de liberación emocional; llamada "recapitulación" por los practicantes modernos de las tradiciones toltecas.

Tlawiskalpantekutli: deidad de la iluminación espiritual.

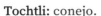

Tochtli: conejo.

Tolteca: los pueblos de Teotihuacán y Tula, y las personas que aprenden a partir de los principios que desarrollaron los antiguos toltecas. Persona del conocimiento.

Toltecas: plural de tolteca.

Toltekayotl: todo el cuerpo de conocimientos desarrollado por los toltecas; también es conocido como "el arte de vivir".

Toltequidad: palabra moderna para referirse a la toltekayotl.

Tonakatl: cuerpo. Se traduce como "nuestra carne".

Tonalamatl: Libro del Destino. Se basaba en los signos correspondientes a los veinte días de los trece meses del calendario ceremonial Tonalpohualli.

Tonalpohualli: los veinte signos del calendario que representan situaciones y principios arquetípicos.

Tonatiuh: sol.

Topiltsin: "nuestro precioso príncipe". Segundo nombre de Se Akatl Topiltsin Ketsalkoatl.

Tula: capital de los toltecas étnicos, ubicada en el estado de Hidalgo, México. Su nombre original era Shikokotitla. Fue ocupada por los toltecas entre los siglos VII y XII.

Ullama: juego de pelota ritual prehispánico.

Urukuakame: guía de los peregrinos, entre los wixarika. Se traduce como "aquél que guía".

Virgen de Guadalupe: la madre de Jesús. Según el mito católico, se le apareció al indio Juan Diego en el Cerro del Tepeyac, en México, en el siglo XVI.

Weweteotl: deidad del fuego. Conocido como Tatewari por los wixarika.

Wewetlatolli: libro sagrado de la toltekayotl. Se traduce como "la sabiduría de los ancianos".

Wixarika: grupo étnico que habita en la Sierra Norte del estado de Jalisco. El autor de este libro los llama toltecas sobrevivientes debido a su preservación de la tradición espiritual de los antiguos toltecas.

Witsillin: colibrí

Witsilopochtli: "Colibrí Zurdo". Deidad de la guerra para los aztecas.

Xochicalco: ver Shochikalko.

Yolistli: vida.

Yolotl: corazón, alma, centro.

Yolteotl: oráculo.

Zapoteca: grupo étnico de la región de Oaxaca, contemporáneo de la cultura teotihuacana.

Zócalo: plaza central de la Ciudad de México. Según la leyenda, fue el lugar donde los aztecas descubrieron al águila devorando una serpiente, y allí fundaron su ciudad.

Bibliografía

Aveni, F. *Observadores del cielo en el México antiguo,* Fondo de Cultura Económica, México, 1992.

Alvarado Tezozómoc, Fernando. *Crónica Mexicayotl,* Jus, México, 1949.

Caso, Alfonso. *El pueblo del sol,* Fondo de Cultura Económica, México, 1953.

Chimalpain Cuauhtlehuanitzin, Domingo. *Diferentes historias originales de los reinos de Culhuacan y México y de otras provincias,* Hamburgo, 1950.

De Alva Ixtlixóchitl, Fernando. *Historia Chichimeca,* Alfredo Chavero, México, 1892.

Del Paso y Troncoso, Francisco. *Descripción, historia y exposición del Códice Borbónico,* Siglo XXI (ed. facsimilar), México, 1985.

Díaz, Frank. *Sagrado Trece: los calendarios del antiguo México,* Universidad Autónoma del Estado de México, 2003.

Garibay Kintana, A.M. *Introducción a la relación de las cosas de Yucatán de fray Diego de Landa,* Porrúa, México, 1959.

León-Portilla, Miguel. *La filosofía náhuatl,* Universidad Nacional Autónoma de México, 1959.

———. *Los antiguos mexicanos a través de sus crónicas y cantares.* Fondo de Cultura Económica, México, 1961.

León-Portilla, Miguel y Salvador Mateos Higuera. *Catálogo de los códices indígenas del México Antiguo,* Boletín Bibliográfico de la Secretaria de Hacienda, México, 1957.

Meza Gutiérrez, Arturo. *El Calendario de México: Ce Tecpatl Shiwitl,* Editorial Ce Acatl, 2000.

Motolinia, fray Toribio de Benavente. *Historia de los indios de la Nueva España,* Chávez Hayhoe, México, 1941.

Sahagún, fray Bernardino de. *Historia General de las Cosas de Nueva España,* Consejo Nacional para la Cultura y las Artes, México, 2000.

Sejourné, Laurette. *El pensamiento náhuatl cifrado por los calendarios,* Siglo XXI, México, 1973.

Seler, Eduard. *Comentarios al Códice Borgia,* Fondo de Cultura Económica, México, 1980.

Códices consultados

Codex Borbónico. E. Leroux, Paris, 1899.

Codex Borgia. Academische druck-u. Verlagsanstalt, Graz, Austria, 1976.

Codex Chilam Balam de Chumayel. SEP, México, 1985.

Codex Dresden. Academische druck-u. Verlagsanstalt, Graz, Austria, 1975.

Codex Fejervary. Fondo de Cultura Económica, México, 1994.

Codex Florentino. Edición del Paso y Troncoso, Madrid, 1905.

Codex Laud. Academische druck-u. Verlagsanstalt, Graz, Austria, 1966.

Codex Magliabecchi. Academische druck-u. Verlagsanstalt, Graz, Austria, 1970.

The Codex Nuttall: A Picture Manuscript from Ancient Mexico. Edited by Zelia Nuttall, Dover Publications, New York, 1975.

Acerca del autor

Víctor Sánchez es un investigador y escritor mexicano dedicado a la investigación de campo y documental acerca de las culturas indígenas de México. Su pasión de toda la vida ha sido comprender al ser humano y su verdadero su potencial.

Aunque su formación académica proviene de la Antropología Social y la Psicología, su mayor influencia emana de sus continuas experiencias en ambientes remotos de la naturaleza y sus más de cuatro décadas de conexión con distintas comunidades indígenas de México.

Sus libros han sido traducidos a decenas de idiomas alrededor del mundo. Durante más de treinta años ha dictado conferencias y dirigido talleres en Europa, América del Norte y América Latina, acerca de cómo la conexión íntima de los seres humanos con la naturaleza despierta las funciones superiores de la conciencia.

Demasiado riguroso y escéptico para considerarse parte del movimiento de la nueva era y demasiado abierto e interesado en desarrollo del alma para aceptar las limitaciones de la investigación estrictamente académica, Víctor Sánchez creó un nuevo enfoque de desarrollo humano conectando los territorios habitualmente separados de la antropología y la psicología; la ciencia formal y la experiencia espiritual y la esfera de la razón con la del conocimiento silencioso.

Actualmente vive en Santa Fe, Nuevo México en los Estados Unidos y trabaja en una nueva serie de libros sobre la evolución de la tradición espiritual más antigua en la historia de la humanidad, basada en la relación con la naturaleza y construida no a partir de la fe, sino de la experiencia.

Para más información sobre esta obra puede visitar los siguientes sitios de internet:

wisedeerpress.com
elartedeviviraproposito.org
toltecas.com

Wise Deer Press
Santa Fe, New Mexico, USA
2022

Made in the USA
Las Vegas, NV
10 December 2023

82494105R00184